汉代天下秩序的建构与文学书写

王志强◎著

群言出版社
QUNYAN PRESS
·北京·

图书在版编目（CIP）数据

汉代天下秩序的建构与文学书写 / 王志强著 . -- 北京：群言出版社，2019.11
ISBN 978-7-5193-0553-6

Ⅰ. ①汉… Ⅱ. ①王… Ⅲ. ①政治制度史—中国—汉代②中国文学—古典文学研究—汉代 Ⅳ. ① D691 ② I206.34

中国版本图书馆 CIP 数据核字（2019）第 257588 号

责任编辑：谭　伟
封面设计：逸品书装设计

出版发行：群言出版社
地　　址：北京市东城区东厂胡同北巷 1 号（100006）
网　　址：www.qypublish.com（官网书城）
电子信箱：qunyancbs@126.com
联系电话：010-65267783　65263836
经　　销：全国新华书店

印　　刷：涞水建良印刷有限公司
版　　次：2019 年 12 月第 1 版　2019 年 12 月第 1 次印刷
开　　本：710mm × 1000mm　1/16
印　　张：16.75
字　　数：276 千字
书　　号：ISBN 978-7-5193-0553-6
定　　价：68.00 元

前　言

汉代建构的天下秩序体系，不但彰显了空间形式与文化权力之间的关联，而且隐喻着社会记忆与典范历史框架下的政治认同与思想诉求。本书借由文本的考察，思考大一统心理空间图式下的汉帝国对天下秩序的想象。中央与四方、南与北是论文试图架构的两个基点，或者说是重新检讨汉代天下秩序的建构与文学空间书写的两个论题。本书旨在通过这两个议题的研究与思考，观察汉代天下秩序建构和文学书写内蕴的政治权力、社会记忆、宗教信仰。全书结构则如下：

第一至第三章讨论汉帝国的天下支配模式。汉帝国时代的华夏与四夷，或者说中央与四方，二者同处于一名为“天下”的空间结构中。如何规划设计华夏与四夷间的秩序结构，是帝国面临的时代性困惑与形而上焦虑。汉代知识阶层分别从政治、文化、宗教三方面来探讨此问题的解决方案：第一是政治方面的边境开发模式，主张帝国以武力征讨周边之不服，借助郡县制将周边四夷纳入帝国的统一支配体系；第二是文化方面的家族模式，主张以“夷夏同源”的血缘神话将华夏与四夷凝聚成一“天下”共同体，同时又拟仿宗法制原理确定华夏支配四夷的秩序形态；第三是宗教方面的祭天模式，主张天子以祭天取得天地神灵的神力，借助无处不在的天地神力来实现对中国与四夷的无差别支配。

第四至第六章讨论北方中原文化本位下的南方形象的塑造。帝制时代的北方在文化与地域的双重维度铸就了“北方中心主义”的思维方式，南方成为带有主观精神编选、组织、建构、创制的“虚幻空间”。作为“北方中心主义”思维意象的投射，南方空间充斥着意识形态、政治想象、文化秩序等权力因素的运作，南方书写暗喻着北方文化中心观主导下的政治建构与身份认同。然而事实中的南方，不仅是一个抽象的物质空间，更是一个涵泳文化意义与生命价值的人文空间。本书选取汉代文本中的史料编撰、《诗经》阐释、《楚辞》研究三个角度来分析汉代大一统政治理念与北方文化中心论在塑造南方形象中的作用。

目 录

绪 论

一、研究对象的选择及意义

早期中国的商周王朝为了强化自身的统御地位，将作为地理空间概念的四方与周边族群联系起来，如甲骨卜辞出现的“多方”“四方”“四土”① 等概念，“方”“土”即是部落族群。春秋战国时，随着资源竞争的加剧，华夏共同体逐步形成，具有空间象征意义的中央、四方概念和表有政治文化意义的华夏、夷狄概念开始集聚汇合，中央由此而为中国、华夏，四方成为四夷，如《管子·小匡》曰：“故东夷、西戎、南蛮、北狄、中国诸侯，莫不宾服。”② 华夏与四夷所组成的空间就是“天下”，这也是当时百姓眼中的整个世界，对“世界”的清晰了解与把握令生活在此场域的百姓获得了一种空间秩序感。需要注意的是，此时所谓的华夏与四夷的活动范围大部分都在九州范围之内。

秦汉帝国一统后，九州自此作为一个不可分割的整体而存在，然随之而来不断被发现与认识的他者——东越、西南夷、匈奴等周边族群，破坏了九州士人的既定空间秩序感。这种被不臣之四夷包围的空间压迫感迥别于早期中国想象中的四夷拱卫中国的秩序感，为让百姓重新获得他们所需的安定稳健的秩序感与空间感，帝国亟须对九州与四夷安排一个和谐、平衡的规范性秩序。汉代知识阶层为此重新整合文化资源，利用社会共识和舆论基础，建构了崭新的天子支配“九州 + 四夷”的秩序结构。此天下秩序的构建，不

---

① 多方如鬼方、土方、羌方、人方、井方等，四方如“东方曰析……南方曰夹……西方曰彝……北石日宛”，四土见帝辛卜辞，“东土受年，南土受年，西土受年，北土受年”。胡厚宣：《甲骨学商史丛初集》，齐鲁大学国学研究所，1944 年版，第 369—388 页。

② 黎翔凤撰，梁运华整理：《管子校注》卷八《小匡》，中华书局，2004 年版，第 425 页。

但彰显着政治权力的空间阐述与华夏文化的心理结构，也展演了士人运用人文图式来建构文化共同体的努力。

对汉代天下秩序建构的探讨不但有利于解析大一统意识形态在“天下”场域中的运行机制，而且可以发现文学传统与帝国政策之间复杂多元的互动关系。帝国的外交政策受到天下观的影响，主张夷夏之辨则奉行羁縻政策，认同王者无外则倡导边境开发。此外，透过帝国知识阶层建构的天下秩序，不但可以了解士人的心理诉求与政治信仰，而且可以发掘文本生产与再生产对地理、文化以及历史空间的跨越，还可以明晰文本的阐释与传播、接受与改编在秩序结构形成中的功能与意义。

传统易于深入人心，前人的成见容易默化为后世的定见。中国古代天下秩序的基本模式成形于汉代，韩国学者金翰奎指出：“在汉代的世界秩序中，确认中国的世界秩序的原型，以正确地把握其构造的性格，此实为理解中国的世界秩序的本质上一个不可或缺的过程之一。”[①] 在天下秩序建构的生发期做一饶有意味的探讨与思索，不但有助于深切把握此秩序结构的文化内涵与精神实质，也有利于观察后世天下秩序的发展演变与渗透转化。

在天下秩序的建构中，贯穿于其中的是大一统叙述结构。大一统观念下，黄河中下游流域所代表的北方中原文化被视为帝国文明的唯一发源地，依次承继于此的夏、商、周被奉为盛世经典的黄金三代。北方借助政治权力中心以及礼乐文明核心的双重维度，铸就了北方中原文化本位的思想观念，后世的南北地理研究也以此为起点。在傲慢与偏见中，“南方”成为一种文化想象，一个北方文化中心视角下的文化符码，一个掺杂着身份认同以及大一统政治理想诉求的虚幻空间。走出“北方中心论”的思维定式，回溯与剖析大一统叙述结构下的南方认知，对还原南方文化的原有状态以及揭示中国文化与文学南北二源共生、和而不同的发展历程有着重要的作用。

需要注意的是，因应文学检讨范围的扩大，本书将采纳“大文学”概念[②]。在研究时本书将努力兼顾文学文本与文化文本，以期得到二者之间互有意义的对话。本书将从两方面来探讨汉代天下秩序的建构，中外一体是汉

---

① [韩]金翰奎：《古代中国的世界秩序研究》，一潮阁，1982年，第1页。转引自郑在书《苑囿：书写帝国的空间——以〈子虚〉〈上林〉两赋为例》，李丰楙、刘苑如主编《空间、地域与文化——中国文化空间的书写与阐释》，“中央研究院”中国文哲研究所，2002年版，第139页。

② 此“大文学”概念相对于纯文学而言，乃是广义的文学概念。

帝国在时代变动中对于存在与秩序的政治诉求和集体意识，而北方中原本位是南北文化在对立与依存中的价值取向和思维方式。

二、研究史的回顾与学术空间的开拓

国内学者在探讨中国帝制时代的天下秩序时，多将其与当今世界的国际秩序联系起来，希望借由“先圣之术”服务于“当世之务”，寄厚望于传统天下秩序为现代国际关系的建构提供补给与资粮。这方面代表性的论文有李扬帆的《“中华帝国”的概念及其世界秩序——被误读的天下秩序》[①]、刘擎的《重建全球想象——从“天下”理想走向新世界主义》[②]、王庆新的《儒家王道理想、天下主义与现代国际秩序的未来》[③] 等等，鸿篇巨制亦是数不胜数，如赵汀阳的《天下体系——世界制度哲学导论》[④]、韩昇的《东亚世界形成史论》[⑤]、许纪霖编的《新天下主义》[⑥]。基于面向现实的功能性与有效性，天下秩序的研究已成为一门跨越政治学、文学、历史学、哲学等多学科的显学，各种以朝代为核心的天下秩序研究论著大量涌出，如胡鸿的《能夏则大与渐慕华风——政治体视角下的华夏与华夏化》[⑦]、孙卫国的《大明旗号与小中华意识》[⑧]、何新华的《最后的天朝——清代朝贡制度研究》[⑨]，这些著作以政治学的视域来观察华夷秩序的建构，多将注意力集中于传统天下秩序的现代性转化上，在古今对比中重新发现传统的智慧，再次认识现实的处境。

---

① 李扬帆：《“中华帝国”的概念及其世界秩序——被误读的天下秩序》，《国际政治研究》2015 年第 5 期，第 28—48 页。

② 刘擎：《重建全球想象——从“天下”理想走向新世界主义》，《学术月刊》2015 年第 8 期，第 5—15 页。

③ 王庆新：《儒家王道理想、天下主义与现代国际秩序的未来》，《外交评论（外交学院学报）》，2016 年第 3 期，第 73—99 页。

④ 赵汀阳：《天下体系——世界制度哲学导论》，江苏教育出版社，2005 年版。

⑤ 韩昇：《东亚世界形成史论》，复旦大学出版社，2009 年版。

⑥ 许纪霖编：《新天下主义》，上海人民出版社，2015 年版。

⑦ 胡鸿：《能夏则大与渐慕华风——政治体视角下的华夏与华夏化》，北京师范大学出版社，2017 年版。

⑧ 孙卫国：《大明旗号与小中华意识》，商务印书馆，2007 年版。

⑨ 何新华：《最后的天朝——清代朝贡制度研究》，人民出版社，2012 年版。

相对于大陆学者立足于中国的出发点，台湾学者在“同心圆史观”的影响下，对传统中国的天下秩序研究主要从东亚出发，视中国为东亚体系的一部分。以高明士《天下秩序与文化圈的探索》[①] 为例，高氏认为天下秩序的结构由“内臣、外臣、不臣”三层同心圆组成，书中的主要篇幅在于探讨“天下秩序与东亚世界”“东亚文化圈与东亚教育圈的形成”等东亚体系的形成问题。2004 年，台湾大学东亚文明研究中心所举办了“东亚历史上的权力与经典诠释”研讨会，会议结集出版了《东亚历史上的天下与中国概念》[②] 一书，书中收集了甘怀真、平势隆郎、葛兆光等多位学者对于东亚秩序关系的论文，论文围绕着东亚秩序的形成来阐释传统中国天下概念的演变。

日本学者的天下秩序研究也是以东亚体系的建构为核心视野，但其研究又注重于中日天下观念的比较。如堀敏一的大作《隋唐帝国与东亚》[③]，从古代中日的交流互动中来探讨东亚世界的基本结构；而渡边信一郎的《中国古代的王权与天下秩序》[④]，则从日本的律令制国家结构反观中国的经学礼制传统，从而探讨传统中国的天下秩序结构；此外还有平势隆郎的《战国时代的天下与其下的中国、夏等特别领域》[⑤]，文中将天下定义为“汉字圈”，汉字圈的变动即是天下范围的变动；而阿部幸信则在《汉初天下秩序考论》[⑥] 一文中指出汉初的天下秩序是以汉为盟主、诸侯国并存的“共天下体制”，而不是所谓的“海内一统”。日本学者从政治制度、思维方式、社会团体等方面来探讨传统中国天下秩序的结构构造，思考其生成与演变，以便于回答日本的制度从何而来，思维方式何以生成，未来又将走向何方等问题。

欧美汉学家则习惯于将传统中国的天下秩序与现代社会的国际秩序做比较，以加深对东方文明与西方文明之间关系的理解。杨联陞著《从历史看

---

① 高明士:《天下秩序与文化圈的探索——以东亚古代的政治与教育为中心》，上海古籍出版社，2008 年版。

② 甘怀真编:《东亚历史上的天下与中国概念》，台湾大学出版中心，2009 年版。

③ [日]堀敏一著，韩昇、刘建英译:《隋唐帝国与东亚》，云南人民出版社，2002 年版。

④ [日]渡边信一郎著，徐冲译:《中国古代的王权与天下秩序》，中华书局，2008 年版。

⑤ [日]平势隆郎:《战国时代的天下与其下的中国、夏等特别领域》，甘怀真编:《东亚历史上的天下与中国概念》，台湾大学出版中心，2009 年版，第 53—91 页。

⑥ [日]阿部幸信:《汉初天下秩序考论》，《史林挥麈——纪念方诗铭先生学术论文集》，上海古籍出版社，2015 年版，第 125—146 页。

中国的世界秩序》[①]一文，认为相对于现代国际秩序中心与边缘的层次分明，传统中国的天下秩序并不是以自我为中心建构起来的。余英时《汉代的对外关系》[②]继承杨联陞的论点，从理论与实际两方面来分析汉代中国的世界秩序，文中指出汉代理论上的天下指的是“九州 + 四夷”，而实际支配的天下却仅限于九州。

汉代作为天下秩序建构的逻辑起点与天下体系实践的基础时期，受到了学者们的广泛关注。黎虎的《汉代外交体制研究》[③]对汉代的“交聘”制度做了一个整体的俯瞰，刘晓达的《秦始皇至汉武帝时代对“天下”观念的视觉艺术形塑》[④]从视觉艺术的角度探讨了秦汉时代的“天下”观念，专题方面的论文则有王泉伟的《构想天下秩序——汉代中国的对外战略》[⑤]、王永平的《从“天下”到“世界”——汉代中国对世界的探索与认知》[⑥]、甘怀真的《秦汉的“天下”政体——以郊祀礼改革为中心》[⑦]等优秀著作。随着对汉代天下观念研究的逐步深入，汉代天下秩序的形态也逐步清晰彰显。然而仍然存在着大量问题需要厘清：一是天下秩序的内部构造，即在“天下 = 九州 + 四夷”的天下观念下，汉代知识阶层是如何安排整理九州与四夷的关系的；二是汉帝国的内部秩序构造，也就是传统中国的南北地理结构问题，汉代是如何处理这一问题的。

首先来看天下秩序的内部构造。要探讨汉代的“天下秩序”，就有必要釐清整理早期中国的“天下”概念，以明晰“天下”的空间指向与政治思想、文化观念之间的联系。关于中国古代“天下”的意涵，学界多认为其具有双

① 杨联陞：《从历史看中国的世界秩序》，《国史探微》，新星出版社，2005年版，第1—13页。

② 余英时：《汉朝的对外关系》，[英]崔瑞德、[英]鲁惟一主编：《剑桥中国秦汉史》，中国社会科学出版社，1992年版，第406—497页。

③ 黎虎：《汉代外交体制研究》，商务印书馆，2013年版。

④ 刘晓达：《秦始皇至汉武帝时代对“天下”观念的视觉艺术形塑》，中央美术学院2013年博士学位论文。

⑤ 王泉伟：《构想天下秩序——汉代中国的对外战略》，《外交评论（外交学院学报）》2016年第3期，第100—132页。

⑥ 王永平：《从“天下”到“世界”——汉代中国对世界的探索与认知》，《全球史评论》2012年刊，第156—187页。

⑦ 甘怀真：《秦汉的“天下”政体——以郊祀礼改革为中心》，《新史学》2005年第4期，第13—54页。

层含义[①]：一层指的是“九州＋四夷”的整个世界，“是以声名洋溢乎中国，施及蛮貊。舟车所至，人力所通，天之所覆，地之所载，日月所照，霜露所坠，凡有血气者，莫不尊亲”[②]，此“天下”无所不包，无所不容，无处不在，是一个无限扩展的空间，是中国（九州）加上蛮貊（四夷）的集合体，是一个没有边界的场域；另外一层指的是仅限于九州的中国，“卒然问曰：‘天下恶乎定？’吾对曰：‘定于一’”[③]，此“天下”指的是即将归于一统的九州。

需要注意的是，天下并不仅仅指代空间领域，它还含有强烈的政治意义——天子所支配的领土与疆域。战国中晚期始，“天下”在天子支配的地理疆域层面上指的是九州，而在文化概念上指的是“九州＋四夷”[④]。也就是

① 邢义田先生便认为“‘天下’一词似乎可有广狭二义，一为日月所照，人迹所至的普天之下，一指四方之内的中国”，邢义田：《天下一家——中国人的天下观》，刘岱总主编：《根源篇：永恒的巨流》，《中国文化新论丛书》，生活·读书·新知三联书店，1991年版，第442页。另外，吕文利指出：“‘天下’的含义不外乎两种，‘天下’要么对应的是今天意义上的‘世界’，即具有空间延展性；要么对应的是今天意义上的‘中国’，即具有有限空间性。”吕文利：《中国古代天下观的意识形态建构及其制度实践》，《中国边疆史地研究》2013年第3期，第1页。毕奥南认为：“‘天下’有广狭二义，一是普天之下，一是华夏诸国。”于逢春认为先秦时代，天下的基本含义指整个世界，但由于交通条件的限制，其范围又仅限于九州，于逢春：《疆域视域中“中国”与“天下”、“中原王朝”与“中央政权”之影像》，《云南师范大学学报》2010年第1期，第10—20页。

② [宋]朱熹：《四书章句集注·中庸章句》，中华书局，1983年版，第38页。

③ [宋]朱熹：《四书章句集注·孟子集注》卷一《梁惠王章句上》，中华书局，1983年版，第206页。

④ 冯友兰指出“天下”有具体意义与抽象意义之分，具体意义就是地理上所说的“天下”，抽象意义即文化中所说的“天下”，《三松堂自序》，生活·读书·新知三联书店，2009年版，第313页。余英时先生认为由于邹衍大九州理论的传播，“中国对于它的位置的自我意识经历了一次根本的改变。视中国等于‘天下’的旧观念逐渐让位于较为实际的观念，即认为中国位于‘海内’。……‘海内’是在地理学意义上使用的，表示中国领土的界限，而‘天下’则是较纯粹的政治概念”。余英时：《汉朝的对外关系》，[英]崔瑞德、[英]鲁惟一主编：《剑桥中国秦汉史》，中国社会科学出版社，1992年版，第407页。罗志田说：“（战国时期）天下的地理概念和政治概念就两分了。此后中国人言天下，或持自然意义（虽然也是不很精确的）的普天之下，或称中国政教所及为天下。”“古人的天下观念又不仅是地理的……有时更多是出于政治的需要和考虑。”罗志田：《先秦的五服制与古代的天下中国观》，《民族主义与近代中国思想》，东大图书公司，1998年版，第31页。何新华也指出：“作为一种人文构想，天下观并不纯粹是对自然地理的论述。‘天下观’与西方的地理性的世界观不同，具有强烈的文化性。”王小红，何新华著：《天下体系：一种建构世（转下页）

说，“天下”分化为地理学意义上的“天下”与文化政治上的“天下”两层含义。或许，可以将“天下＝九州”的狭义天下观称为地理天下观，“天下＝九州＋四夷”的广义天下观为文化天下观；前者以“夷夏之辨”为标志，后者以“王者无外”为代表。

狭义天下观能够成为疆域范围代名词的原因有大致有三。首先，随着地理知识的增加与天文学的发展，知识阶层对世界的认识逐渐加深。地理知识的丰富令战国时期的知识阶层能够理性地了解其他地区的民族与文化，而天文学的进步也让人们对世界的范围有了更加深刻的理解①，天下是如此的茫然无际、广阔无垠，如此一来，天子统领整个世界的天下观不言自明地出现了松动②。其次，华夷之辨的观念加强了自我与他者的区分，规定了自我的领域范围与他者的势力空间，这一自我的领域范围便是九州，即狭义的“天

（接上页）界秩序的中国经验》，光明日报出版社，2014年版，第6—7页。曾蓝莹根据王尔敏先生对先秦典籍中对“中国”一词出现的统计，认为“此一统计说明了‘中国’一词在先秦即具有‘文化疆界’与‘领土疆界’的双重指涉。”曾蓝莹：《星占、分野与疆界——从“五星出东方利中国”谈起》，收录于甘怀真编：《东亚历史上的天下与中国概念》，台湾大学出版中心，2009年版，第198—199页。不宁唯是，“天下”一词亦是有政治与文化双重寓意，为叙述易懂，故将其分为文化天下观与地理天下观。邢义田先生即认为天下观有两端，一端是“王者无外”，一端是“严夷夏之防，摒除夷狄于华夏之外”。二者“一偏于理想，一重在现实”，邢义田《天下一家——中国人的天下观》，第425—478页。

① 地理知识的丰富，据齐思和先生在《上古时期中国与世界各国的文化交流》中的介绍，“在秦、汉以前，我们已经和朝鲜、越南、中亚西亚等地进行商品交换和文化交流。”齐思和：《上古时期中国与世界各国的文化交流》，王元化主编：《释中国》（第一卷），上海文艺出版社，1998年版，第3页。天文学的发展，如邹衍曰：“以为儒者所谓中国者，于天下乃八十一分居其一分耳。中国名曰赤县神州。赤县神州内自有九州，禹之序九州是也，不得为州数。中国外如赤县神州者九，乃所谓九州也。于是有裨海环之，人民禽兽莫能相通者，如一区中者，乃为一州。如此者九，乃有大瀛海环其外，天地之际焉。”与邹衍学说类似的还有屈原、庄子等人，《楚辞·天问》：“九州安错，川谷何洿？”《庄子·秋水》曰：“计四海之在天地之间也，不似礨空之在大泽乎？计中国之在海内，不似稊米之在大仓乎？”

② 葛兆光说：“当人们逐渐有了更广泛的地理知识之后，人们认识到自己所熟悉的地域只是天下的一部分，于是又常常使用‘海内’一词，‘海内’一词在当时，成了中国人的文化疆域的代名词。”葛兆光：《中国思想史》（第一卷），复旦大学出版社，1998年版，第338页。

下”[①]。第三，周王朝的政治制度采用的是封邦建国的朝贡制度，支配体系是氏族对氏族的支配，也就是说周天子对诸侯的实际控制力度有限，此时思想上盛行的是理念服从。而战国时期，生产力的发展带来了生产关系的松动，井田制的破坏促使族的结合走向解体，以小家庭为生产单位的生产形式开始出现并迅速发展。生产关系的转变引发了政治结构的变革，以二十等爵制[②]与编户齐民制[③]为依托，以家庭为中介的个别人身支配的集权君主制取代了氏族支配的松散封建制。随着新型社会结构的确立，在当时的思想领域中，实际控制的思想意识取代了理念臣服与政治屈从的思想意识，而成为通行的一般知识与思想。因此，想象中理念臣服、无所不包的天下观让位于仅限于实际支配疆域的九州天下观。

自战国中晚期狭义天下观成为代表地理疆域的意识形态后，文献记载中天子所支配的“天下”多指的是王朝实际支配领域的九州或者海内。如秦始皇的南海石刻，“三十有七年，亲巡天下，周览远方”[④]，秦始皇巡游的范围

① 自周王朝建国伊始，便不断地对周边的蛮夷发动征服战争，《小雅》中“蠢尔蛮荆，大邦为仇”演示的便是周王朝卿士对南方蛮夷的征服与威慑，而“昭王南征而不复”传达的也是周天子征讨南方的历史记忆。春秋时期诸侯国之间一个非常重要的政治活动便是尊王攘夷，在尊王攘夷的进程中，华夏的群体意识开始逐步形成。西周因为戎狄的入侵而亡，这件事给诸夏文化圈造成相当大的刺激，对夷狄强大的警觉以及为了维护共同的生活资源令九州诸侯逐渐进行族群认同，在彼此定义与相互确认中产生了文化与习俗上的地域共同体，从衣冠服饰、礼仪制度、典章制度、文化习俗上分辨自我与他者，称自己为“华夏”，他者为“蛮夷”，这便是华夷之辨的由来，《左传》称之为“裔不谋夏，夷不乱华”。

② 西嶋定生认为二十等爵制是皇帝实现个别人身支配的基本途径，皇帝通过普遍赐爵，从而建构起帝国统一完整的秩序结构。尾形勇补充发展了西嶋定生的学说，认为普遍爵制的赐予限于户长，而不是所有家庭成员，因此二十等爵制不是直接实现个别人身支配，实现的是家庭支配。然而无论是直接的个别人身支配，还是家庭支配，君主对人民的掌控力度与前一氏族支配时代相比都可以说发生了质的转变。[日]西嶋定生著，武尚清译:《中国古代帝国的形成与结构》，中华书局，2004年版；[日]尾形勇著，张鹤泉译:《中国古代的“家”与国家》，中华书局，2010年版。

③ 刘敏以为“春秋晚期以后，特别是战国以及秦朝这几百年间的社会变革，古代中国实现了由贵族分权的分封制(传统称为“封建”)向君主集权的郡县制的转变，正是在这一重大转变中，产生了国家以户为单位统一籍录居民的制度”。刘敏:《论“编户齐民”的形成及其内涵演化——兼论秦汉时期“编户齐民”与“吏民”关系》，《天津社会科学》2009年第3期，136页。

④ [汉]司马迁:《史记》卷六《秦始皇本纪》，中华书局，1959年版，第261页。

仅限于九州，却称其为“天下”，可知“天下”所指的是秦朝吞并六国后的实际支配领域。不宁唯是，汉朝早期亦是继承此一观念，汉中汉王城曾出土“惟汉三年，大并天下”字样的瓦当，陈直认为这些瓦当是“汉高祖都南郑时建筑宫殿所用”①。需要注意的是，此处的“惟汉三年”指的并不是汉元三年，而是汉元五年。汉高帝早期纪年为后世追认，秦灭后天下名义上的共主是义帝，所以遵从的是义帝纪元，当义帝被杀后，汉高帝自认为承义帝之统，这才是当时汉纪元的开始。义帝崩于汉二年（前205年），“二年，羽阴使九江王布杀义帝。”②“惟汉三年”，即汉五年（前202年），此年发生了一重大历史事件，即刘邦击败了当时竞争天下的对手项羽，“（五年）十二月，围羽垓下。……灌婴追斩羽东城”③，可知此瓦当中“大并天下”指的就是刘邦占据了九州的历史事件④。

汉武帝时期，天下观的意涵又发生了变动，地理意识中的天子支配领域由九州变为“九州+四夷”。也就是说，天下观的双重意涵合为一体，无论在地理上，还是在文化上，天子支配的“天下”指代的都是整个世界——“九州+四夷”。元光元年（前134年），汉武帝在《诏贤良》中说道：“朕闻昔在唐虞，画像而民不犯，日月所烛，莫不率俾。周之成康，刑错不用，德及鸟兽，教通四海。海外肃慎，北发渠搜，氐羌来服。”⑤在汉武帝的想象与眺望中，三代先王的统治范围是“日月所烛，莫不率俾”，其支配领域是“九州+四夷”的整个世界。立志“上参尧、舜，下配三王”，循先圣古迹的汉武帝，认为天子理所当然地支配整个世界，这明显与汉初的认识相龃龉。元封元年（前110年），武帝在封禅前夕坦言“南越、东瓯咸服其辜，西蛮、

① 陈直：《秦汉瓦当概述》，《文物》1963年第11期，第23页。

② ［汉］班固：《汉书》卷三十一《项藉传》，中华书局，1962年版，第1811页。

③ ［汉］班固：《汉书》卷一下《高帝纪下》，中华书局，1962年版，第50页。

④ 汉帝国在诏书中多次坦然承认自己所辖领的范围仅限于九州之地。汉文帝后二年的《遗匈奴和亲书》曰：“先帝制：长城以北，引弓之国，受命单于；长城以内，冠带之室，朕亦制之。使万民耕织射猎衣食，父子无离，臣主相安，俱无暴逆。今闻渫恶民贪降其进取之利，倍义绝约，忘万民之命，离两主之驩，然其事已在前矣。”此先帝之制，即《作丹书铁券与匈奴分土界》：“自海以南，冠盖之士处焉。自海以北，丰强之士处焉。”“海”即长城。在这份诏书中，汉朝与匈奴以长城为分界线画地而治，“俱无”“两主”意味着汉朝已经承认匈奴单于是一个与自己相等政权的主人。无独有偶，文帝给南越王赵佗的诏书中也有这样一句话：“服领以南，王自治之。”

⑤ ［汉］班固：《汉书》卷六《武帝纪》，中华书局，1962年版，第160页。

北夷颇未辑睦”[①]，天下的结构是由东南西北四方加上中央组成，汉武帝此诏说明了他将中央之中国以及东南西北四方之蛮夷视为自己的合理支配领域。汉武帝封禅时的泰山刻石又曰：“事天以礼，立身以义，事父以孝，成民以仁。四海之内，莫不为郡县，四夷八蛮，咸来贡职，与天无极，人民番息，天禄永得。”[②]“四海之内+海外四夷八蛮”共同臣服的天下结构，“与天无极”的天下想象，无疑体现了汉武帝对整个天下的认识态度。

综上所述，“天下”具有双重意蕴。战国时期开始，“天下=九州”的天下观是地理学上的通行概念，而“天下=九州+四夷”的天下观成为单纯的政治文化概念。到了汉武帝时期，“天下”概念再次发生了转变，文化天下观（“天下=九州+四夷”）走向了政治实践，代替地理天下观（“天下=九州”）成为地理学上的概念。此时，“天下”只有一个含义，无论政治文化上还是地理意识中，“天下”都是“九州+四夷”的集合体。

在秦汉乃至于整个封建时期，周边四夷并不主动臣服于中原王朝是一个历史事实。面对这一现象，中原王朝有两种反应：一种是主张“王者不臣夷狄”，认为天子的支配范围限于九州，四夷并不在天子的支配范围内，所以对其桀骜不驯无须在意；一种是坚持“王者无外”“天下一家”，认为“九州+四夷”都是天子的支配范围，此时四夷的不臣则成为挑战，帝国必须合理安排四夷在天下秩序内的位置。在“王者无外”“天下一家”的思想理念下，合理安排九州与四夷的关系，是本书的一大研究核心。

对汉代九州与四夷关系的认识是研究天下秩序的前置条件。台湾学者王明珂从边缘的视角来探讨地理空间与民族认同、天下想象以及帝国建构之间的关系，写下了一系列非常具有代表性的著作：如《华夏边缘——历史记忆与族群认同》[③]《羌在汉藏之间——一个华夏边缘的历史人类学研究》[④]《英雄祖先与弟兄民族——根基历史的文本与情境》[⑤]。胡鸿则著有《秦汉帝国扩张的制约因素及突破口》[⑥]一文，从政治体形态的不同来认识九州与四夷。王

① ［汉］班固：《汉书》卷六《武帝纪》，中华书局，1962年版，第189页。
② ［汉］应劭撰，王利器校注：《风俗通义校注》卷二《正失》，中华书局，1981年版，第68页。
③ 王明珂：《华夏边缘——历史记忆与族群认同》，允晨文化，1997年版。
④ 王明珂：《羌在汉藏之间——川西羌族的历史人类学研究》，中华书局，2008年版。
⑤ 王明珂：《英雄祖先与弟兄民族——根基历史的文本与情境》，中华书局，2009年版。
⑥ 胡鸿：《秦汉帝国扩张的制约因素及突破口》，《中国社会科学》2014年第11期，第184—203页。

明珂与胡鸿从九州与四夷的互动来探讨天下内部的秩序形态，这种研究方法是非常值得注意的。

以何种方式将政治体态、文化形态迥然有别的九州与四夷关合成“天下”共同体，是汉代知识阶层面临的时代挑战。就此，汉代知识阶层提出了三种解决模式：一是边境开发模式，以郡县制将周边四夷纳入帝国的统一支配体系；二是宗族结构模式，将九州与四夷构建为一具有血缘联系的共同体，再借由宗法结构来安排九州与四夷的关系；第三是宗教祭祀模式，天子借助祭天时的天地神力取得对整个天下的支配权。汉代知识阶层对九州与四夷之间秩序关系的规划整理，既是对天下结构的内部探讨，也是对天下秩序的顶层设计。

在汉代天下秩序的内部构造中，九州内部南北关系的构建是一个非常重要的问题。中国最正式、也是引用最多的南北论述源于《隋书·文学传序》：“江左宫商发越，贵于清绮，河朔词义贞刚，重乎气质。”①《隋书》总结南北朝时的南北文化差异问题一针见血，后世多承其论，乃至于形成南北文化差异作为一个问题而存在兴起于南北朝时期。学者们认为长江流域只有到了东汉末年，受到北方人口迁徙与文化传播的影响，经济开发、政权建立后，南方的自我地域意识才开始觉醒。只有在南朝与北朝的对抗中，南方的地域观念才开始凝聚。如胡晓明认为：

> 秦汉一统天下，更加强了中原意识。整个汉代，不仅是以中原为代表的北方文化优势主导的时代，而且大汉帝国的空前强大，高度形塑了中国人的中原正统意识。这时还几乎谈不上什么江南文化与江南意识。一直到三国时代，江东孙吴，三分天下有其一，江南地域才正式登上了历史的舞台。②

田晓菲在探讨魏晋“南北”观念的文化建构时也指出：

> 虽然在《诗经》《楚辞》中已经存在着“南方话语”，但它和南北朝

① [唐]魏征等撰：《隋书》卷七十六《文学传》，中华书局，1973年版，第1730页。

② 胡晓明：《“江南”再发现——略论中国历史与文学中的“江南认同”》，《华东师范大学学报（哲学社会科学版）》2011年第2期，第119页。

> 时代形成的“南方话语”具有重要的不同：早期文化语境中的“南方”不是相对于“北方”存在的，而是相对于“中原”存在的。换句话说，在六朝以前，南方从来都没有成为汉文化的中心。“南方”与“北方”作为文化概念的构筑始于南北朝时期。①

此脉学者以为早期中国文化语境中的“南方”是相对于“中原”、相对于“正统”“中心”而存在的，此时不存在着什么南方认同，更不用说南北问题了。南方文化处于边缘化、排斥化、异质化的状态，南方的知识阶层亦是自觉认同并接受北方中心主义的观念。

总之，学者们在探讨地域观念问题时的依据是只有在文化互相颉颃、经济彼此睥睨、政治不相上下的前提下，才能够产生地域问题，而当双方处于中心与边缘、主流与非主流、正统与异端的力量不对等状态时，学者们并不认为存在着地域问题。但如此一来，被压抑的沉默者遭到忽视，被排斥的边缘者遭到遗忘，被管控的支流遭到忽略，这种研究方法并不利于文学生态的健康发展，也不利于对秦汉文学的整体把握，只有将主流与潜流、正统与异端同时关注，才能还原真实的秦汉南北文学生态。

而且事实上，早期中国的文化中心并不只是黄河流域一地而已，中华文明是多元共生的，这方面研究比较深入的代表是凌纯声、冯其庸的中国文化多元论②与苏秉琦、张光直的区系类型论③。历史史料中也存在着大量其它地域自信自立的文化观念。以南方楚民族为例，楚民族自建国之日起便有自异于中原文化的自信精神，楚先王熊渠即说：“我蛮夷也，不与中国之号谥。”

① 田晓菲：《烽火与流星——萧梁王朝的文学与文化》，中华书局，2010年版，第239页。

② 凌纯声说：“中国文化是多元的，文化的形成是累积的。”凌纯声：《中国古代海洋文化与亚洲地中海》，《海外杂志》1954年第3卷第10期，第7—10页。冯其庸也“考察了全国各地重要的原始文化遗址，从而提出了中国文化的多元论的论点”。冯其庸：《我在人民大学的三十二年》，《秋风集》，青岛出版社，2014年版，第69页。

③ 苏秉琦把中国新石器文化分为陕豫晋邻境地区、山东及邻省部分地区、湖北和邻近地区、长江下游地区，以鄱阳湖——珠江三角洲为中轴的南方地区，以长城地带为重心的北方地区这六大区，见苏秉琦：《关于考古学文化的区系类型问题》，《文物》1981年第5期，第10-17页。张光直也说：“中国境内有许多区域性文化，它们自新石器时代到夏商周三代形成之后，一直都具有区域性的特征。三代文明比较集中地形成于黄河流域，但同时的南方、东方等等，各区域的文化也属于中国文明。”张光直：《考古学专题六讲》，文物出版社，1986年版，第47页。

楚武王亦言："我蛮夷也。今诸侯皆为叛相侵，或相杀。我有敝甲，欲以观中国之政，请王室尊吾号。"[①] 而楚成王"初收荆蛮有之，夷狄自置"[②]。楚国的势力范围在战国时期几乎囊括了半个中国，以至于传有"横则秦帝，纵则楚王"的俗言。汉代刘安及其门客所著《淮南子》曰："昔者楚人地，南卷沅、湘，北绕颍、泗，西包巴、蜀，东裹郯、邳，颍、汝以为洫，江、汉以为池，垣之以邓林，绵之以方城，山高寻云，谿肆无景，地利形便，卒民勇敢……楚国之强，大地计众，中分天下。"[③]"中分天下"的言辞显然寄托着著者的理想与骄傲，承载着南方士民自豪自强的地域意识。只是随着帝国大一统进程的推进，这分地域意识逐渐被同化、压抑乃至于消逝。因此研究秦汉大一统时代的"南北"问题，不但有利于发现被轻视、埋没的"南方"，而且有利于对秦汉文学做一个总体的把握。

三、研究方法与研究重点

本书采用的不是"纯文学"概念，而是"大文学"概念，即将文学、文本、文献、文化视为一体来探讨汉代天下秩序的建构。结合现代的空间理论，论文不再将天下视为一个静态固定的物质空间，而是一个集物质空间、精神空间以及社会空间于一体的世界，因此着重于探讨天下空间的生成与政治权力、意识形态、文化秩序、社会结构之间的复杂关系。而在探讨南北文学地理问题时关注北方文化中心主义视野的生成，探讨政治伦理、主流意识形态以及审美情趣对南北文学地理的形塑作用以及所呈现的文学地理观，以期重新审视南北文学，不但有益于了解南北文学的各自特色，也有益于判别南方文学自身的意义与价值。

本书着重于探索文学文本中的文化空间，即文本对社会空间、政治空间生成的反应。汉代天下秩序的建构关乎着帝国的外夷政策，主张"夷夏之辨"则有羁縻政策，主张"王者无外"则有边境开发、以德怀远等政策。此中司马相如的《喻巴蜀檄》《难蜀父老》以及汉代的征颂文学为边境开发张

① ［汉］司马迁：《史记》卷四十《楚世家》，中华书局，1959 年版，第 1692、1695 页。

② ［汉］司马迁：《史记》卷三十二《齐太公世家》，中华书局，1959 年版，第 1491 页。

③ ［汉］刘安编撰，何宁集释：《淮南子集释》卷十五《兵略训》，中华书局，1998 年版，第 1060—1062 页。

本，司马迁的“四夷列传”则提出家族形态——以将四夷纳入血缘宗法制的方式来构建天下的秩序结构，甘泉文学与巡狩文学则指出可以借由祭天仪式——借取天地的神力来实现对中国与四夷的无差别支配。这些文本对天下场域有自己的认识与把握，它们对天下秩序的安排即是本书的研究中心。

此外，本书的研究将回归具体的历史语境，思考大一统思维方式下的天下秩序与文学书写。大一统叙述结构作为一个凝聚性心理结构与象征意义体系，既是“天下一家”政治理想的实践源泉，也是南北文学地理的叙述策略。如毛诗郑笺的诗学阐释，只有将十三份《诗谱》结合起来考察，才能发现它对“二南”的阐释隐喻着《禹贡》九州地理的一体性与完整性；又如史料中的楚人认识，既是北方中心论下的文化歧视与偏见，更是大一统叙述结构中的身份认同。只有把握住“大一统”的历史语境，才能对秦汉文学与空间书写做出一番更为审慎的剖析。

本书将积极采纳自然地理、历史地理、政区地理、文化地理在南北两大地域方面的研究成果。《汉书·地理志》在探讨人地关系时即看到自然环境、经济结构、人口迁徙、文化传承及教化等因素对区域风俗的影响，程千帆先生曰：“文学中方舆色彩，细析之，犹有先天后天之异。所谓先天者，即班氏之所谓风，而原乎自然地理者也。所谓后天者，即班氏之所谓俗，而原乎人文地理者也。前者为其根本，后者尤多蕃变，盖虽山川风气为其大齐，而政教习俗时有熏染；山川终古若是，而政教与日俱新也。凡刘君所论文学南北之异，执此以绳，无不可解。”[①] 南北文学地理的生成与自然、历史、文化、意识形态等多方面因素有关，近年来南北地理研究的多层次、多方面成果也可以为文学地理的研究提供很好的借鉴。

四、总体框架结构

本书的写作目的在于揭示汉代天下秩序的建构与权力结构、意识形态之间的关系，以及检讨南方空间在北方中心文化论视域下的重塑，因此华夏与周边四夷的互动关联和北方中原文化本位下的南方认知，是本书的思考构架与写作旨趣。本书目次及梗概依次如下：

第一章《边境开发：郡县式的天下支配》。汉武帝选择以边境开发——

① 程千帆：《文论十笺》，黑龙江人民出版社，1983年版，第124页。

将周边四夷纳入帝国郡县制的模式来实现其“中外一体”的理想，此举引发了思想界的大争论。反开边派以汉初的狭义天下观为基础，认为开发四夷是虚耗中国、徒劳无益的做法，天子只需要管理好他的九州就可以了。对此，司马相如著《喻巴蜀檄》《难蜀父老》等文章针锋相对，指出天子对“九州＋四夷”的人民都担有教化的责任，边境开发是兴灭继绝的盛事。征颂文学则继此指出怀柔四夷的效果微乎其微，只有征伐一途，才能实现“天下一家”。

第二章《“四夷列传”：宗法式的天下秩序》。司马迁的“四夷列传”具有双重历史隐喻：一重是指华夏与四夷以共同的血缘关系融汇成一个称为“天下”的“家”，另一重则是根据文化来判别此“家”内谁是正统与嫡传、谁是支庶与旁孽。九州与四夷借由“空间”的媒介与“血缘”的联系，最终形成一个血肉相连、息息相关的天下共同体。与此同时，模仿大宗支配小宗的宗法制原理，依据文化的先进性，成为大宗的华夏便理所当然地支配小宗的四夷。

第三章《祭天文学：宗教式的天下秩序》。汉代祭天文学展示了天子通过祭祀与天地交通往来，借由天地神力取得对整个天下的支配，从而实现“天下一家”政治理想的文化意蕴。论文在这里主要选取了甘泉文学以及巡狩文学两个代表性的文学体裁来探讨祭天仪式与“天下一家”之间的关联。

第四章《史料编纂：北方文化本位下的南方想象》。在汉代的南方史料编纂与文本书写中，“南方空间”受到了北方主流意识形态与价值象征的改造。具体表现为南方的固有文本被重新改写、组构，南方价值被赋予新的意义判断和思想诠释，以及在文本书写中，书写者有意识地选取一些事迹彰显南方文化的鄙陋与不堪，在反复书写与传唱中强化对南方的偏见与歧视。

第五章《〈毛诗〉阐释：大一统视野下的南方认知》。毛传郑笺的《诗经》阐释以《禹贡》九州的大一统政治地理来阐释十五《国风》的地理归属，将每一《国风》一一对应于九州地理位置，为保证九州地理的完整性与一统性，地理位置模糊的“二南”被阐释为雍、梁、荆、豫、徐、扬等六州之地。同时，郑玄的风雅正变说认为《诗经》收录地方之“风”的核心原则是该地域服从于周王朝的统治权威，“诗”乃周王朝之“诗”，反叛与抗衡者自绝于周室，是没有资格入选《诗经》的，这体现了郑氏大一统的政治思维方式与文化诉求表征。

第六章《〈楚辞〉研究：儒学背景下的南方探讨》。本章将从《楚辞》的编纂与研究两方面来探讨汉代经学背景下的《楚辞》处境。《楚辞》编纂展现了一个流动而开放的文本空间，相对于《诗经》将每一《国风》视为静止孤立的地理空间，《楚辞》中的“楚”是帝国整体中的一部分，自身就含有整体的特性。而《楚辞》的章句训诂以及对屈原评价方面则展现了以北方儒家思想为依托的特征。

第一章　边境开发：郡县式的天下秩序

安部健夫在《中国人的天下观念》一文中指出，邹衍建构了天下观念的理想形态，汉武帝则是具体实践者[①]。汉武帝将文化天下观应用在政治实践中的具体表现是边境开发，即以武力讨伐周边没有臣服的四夷，从而将其纳入帝国的统一支配之下。

第一节　华夷之辨：反开边派的天下观

汉武帝的边境开发政策引发了思想界的大争论，开边与反开边的论争，一直贯穿于汉代乃至于整个帝制中国。天子的支配范围为九州的天下观在汉初的反复申述、论辩中已经成为时代共识，持有这种天下观的士人认为天子的政治事务应该以九州为中心，他只需要管理好自己的方内之地——九州，方外之地——四夷就让他自生自灭，理由是方内与方外二者之间有着不可跨越的鸿沟，不应该为化外夷狄之事去破坏九州百姓的安宁生活。此派人士主张以视而不见、置之不理，乃至于放弃当地郡县体制的态度来对待周边四夷。

一、九州为境与《上书谏伐南越》

建元六年（前 135 年），汉武帝发兵击南越，淮南王刘安上书进谏，这

① ［日］安部健夫著，宋文杰译：《中国人的天下观念——政治思想史试论》，《西北民族论丛》2017 年第 1 期，第 168—221 页。

便是历史上有名的《上书谏伐闽越》：

> 今闻有司举兵将以诛越，臣安窃为陛下重之。越，方外之地，劗发文身之民也。不可以冠带之国法度理也。自三代之盛，胡越不与受正朔，非强弗能服，威弗能制也，以为不居之地，不牧之民，不足以烦中国也。故古者封内甸服，封外侯服，侯卫宾服，蛮夷要服，戎狄荒服，远近势异也。自汉初定以来七十二年，吴越人相攻击者不可胜数，然天子未尝举兵而入其地也。
>
> 臣闻越非有城郭邑里也，处溪谷之间，篁竹之中，习于水斗，便于用舟，地深昧而多水险，中国之人不知其势阻而入其地，虽百不当其一。得其地，不可郡县也；攻之，不可暴取也。以地图察其山川要塞，相去不过寸数，而间独数百千里，阻险林丛弗能尽著。视之若易，行之甚难。天下赖宗庙之灵，方内大宁，戴白之老不见兵革，民得夫妇相守，父子相保，陛下之德也。越人名为藩臣，贡酎之奉，不输大内，一卒之用不给上事。自相攻击而陛下发兵救之，是反以中国而劳蛮夷也。且越人愚戆轻薄，负约反复，其不用天子之法度，非一日之积也。一不奉诏，举兵诛之，臣恐后兵革无时得息也。
>
> ……限以高山，人迹所绝，车道不通，天地所以隔外内也。……陛下以四海为境，九州为家，八薮为囿，江汉为池，生民之属皆为臣妾。人徒之众足以奉千官之共，租税之收足以给乘舆之御。玩心神明，秉执圣道，负黼衣，冯玉几，南面而听断，号令天下，四海之内莫不响应。陛下垂德惠以覆露之，使元元之民安生乐业，则泽被万世，传之子孙，施之无穷。天下之安犹泰山而四维之也，夷狄之地何足以为一日之闲，而烦汗马之劳乎！①

淮南王安立论的核心是天子的支配范围限于九州境内，周边四夷不属于天子的支配领域，“限以高山，人迹所绝，车道不通，天地所以隔外内也。……陛下以四海为境，九州为家……天下之安犹泰山而四维之也，夷狄之地何足以为一日之闲，而烦汗马之劳乎！”刘安认为天子是“以四海为境，九州为家”，高山荒漠等自然地理是上天用来区分中国与夷狄的，作为

① ［汉］班固：《汉书》卷六十四上《严助传》，中华书局，1962年版，第2777—2785页。

天子应该遵从上天的旨意，安分地管理好自己的方内之地就可以了。而方外之地实在是无边无际。刘安在其组织编撰的《淮南子·地形训》中记载了比邹衍更完整的大九州州名："九州之大，纯方千里。九州之外，乃有八殥，亦方千里。……八殥之外，而有八纮，亦方千里。……八纮之外，乃有八极。……凡八极之云，是雨天下……八纮、八殥、八泽之云，以雨九州而和中土。"①"九州"只是"天下"里面微末的一部分，刘安借此警示天子管理整个天下（八极）的思想只不过是春秋幻梦，只有九州才是天子的正当支配场域。

自然地理中的内外之别，与文化地理中的华夷之辨息息相关。内部的九州乃"冠带之国"，而外部的吴越是"鬋发文身之民"，"不可以冠带之国法度理"，内外之别，即是冠带与非冠带，文明与野蛮之别。九州与四夷处于不同的文化级别，这边意味着他们难以服膺于同一种文化，也就难以实现有效的统一支配。换言之，华夏之道难以教化四夷之性，《淮南子》即说："汤、武圣主也，而不能与越人乘干舟而浮于江湖；伊尹贤相也，而不能与胡人骑騵马而服騊駼；孔、墨博通，而不能与山居者入榛薄险阻也。"②即使圣明聪睿如汤、武，贤能懿和如伊尹，博学通达如孔、墨，也治理不好四夷，因为华夏跟四夷的认知方式与思维模式有着根本区别，"夫胡人见黂，不知其可以为布也。越人见毳，不知其可以为旃也。故不通于物者，难与言化。"③

且刘安认为自古以来，华夏与四夷便是两个互不相容的群体，"自三代之盛，胡越不与受正朔。"传统理想中的圣贤帝王治理的是正朔所及之地，对于未开化之地则弃之不顾，如虞诩说："自古圣王不臣异俗，非德不能及，威不能加，知其兽心贪婪，难度以礼。"④应劭亦曰："裸国，今吴郡是也，被发文身，裸以为饰，盖正朔所不及也。"⑤周边四夷兽性未除，很难用中国的礼制去约束。对于这些管理不了的四夷，刘安建议的处理方式是置

① [汉]刘安编撰，何宁集释：《淮南子集释》卷四《地形训》，中华书局，1998年版，第330—336页。

② [汉]刘安编撰，何宁集释：《淮南子集释》卷九《主术训》，中华书局，1998年版，第624—625页。

③ [汉]刘安编撰，何宁集释：《淮南子集释》卷十一《齐俗训》，中华书局，1998年版，第764—765页。

④ [南朝宋]范晔：《后汉书》卷八十六《南蛮列传》，中华书局，1965年版，第2833页。

⑤ [汉]应劭撰，王利器校注：《风俗通义校注·佚文》，中华书局，1981年版，第607页。

之不理、视而不见，让他们自生自灭，“吴越人相攻击者不可胜数，然天子未尝举兵而入其地也。”事实上，早于建元三年（前138年），汲黯、田蚡就表达过类似的意思。汉武帝接到东越相攻的情报后，令汲黯前往视察，“东粤相攻，上使黯往视之”，汲黯半途而返，理由是越人相攻乃天性使然，没有必要当回事，“至吴而还，报曰：‘粤人相攻，固其俗，不足以辱天子使者’。”① 田蚡也认为对于蛮夷互相攻击的情况，汉政府可束手旁观，“蚡以为越人相攻击，其常事。又数反复，不足烦中国往救也。”②

夷狄成为正朔所不及、文明所不到之地，是由自然条件决定的。在早期中国的认知中，气为化生万物的天地之根，华夏与夷狄禀气不均，东汉鲁恭言：“万民者，天之所生。天爱其所生，犹父母爱其子。……夫戎狄者，四方之异气也。蹲夷踞肆，与鸟兽无别。若杂居中国，则错乱天气，污辱善人，是以圣王之制，羁縻不绝而已。”③ 张衡也说道：“昆仑东南，有赤县之州，风雨有时，寒暑有节。苟非此土，南则多暑，北则多寒，东则多风，西则多阴，故圣王不处焉。中州含灵，外制八辅。”④ 华夏之民乃中和之气所生，故其性格中和平正，而四夷乃是“四方之异气”所生，所以其人与鸟兽无别，所谓“中州含灵，外制八辅”。

淮南王安支持、采用狭义天下观与其政治理念有关，他要借此天下观来证明放任主义的必要性、优越性。放任周边四夷任其自由发展的政治理念，背后的潜台词是放任藩国自由行动。如果帝国政府采用无为而治的理念，对藩国的自主发展十分有利。《淮南子·原道训》认为政府最高妙的统治手段在于“达于道者，反于清净；究于物者，终于无为”⑤。刘安鼓吹清静无为，一改《吕氏春秋》兼依天、人的思想路数，将无为之道拔高到无以复加的地步，并将其置于宇宙、社会与个人的规范法则与生存本原之上，成为一切的终极价值与内在依据。无为之道作为最高妙的法则存在，天子应该以它为自己的行动指南，即是说，天子只需要管理好其实际支配领域——“冠带之国”的九州就好了，所以也就反对任何形式的有为的开边。

---

① [汉]班固：《汉书》卷五十《汲黯传》，中华书局，1962年版，第2316—2319页。

② [汉]班固：《汉书》卷六十四上《严助传》，中华书局，1962年版，第2776页。

③ [南朝宋]范晔：《后汉书》卷二十五《鲁恭列传》，中华书局，1965年版，第876页。

④ [清]严可均编：《全上古三代秦汉三国六朝文·全后汉文》卷五十五《灵宪》，中华书局，1958年版，第1552页。

⑤ [汉]刘安编撰，何宁集释：《淮南子集释》卷一《原道训》，中华书局，1998年版，第41页。

对于宗室王叔的意见，汉武帝不得不有所表示。武帝特意派遣严助去宣读旨意并申明利害，“上嘉淮南之意……又谕淮南曰……嘉王之意，靡有所终，使中大夫助谕朕意，告王越事。”汉武帝的旨意即“今王深惟重虑，明太平以弼朕失，称三代至盛，际天接地，人迹所及，咸尽宾服，藐然甚惭”，更改了淮南王对“天下”的理解，更改后的天子统辖范围是“际天接地，人迹所及，咸尽宾服”。汉武帝采用的是“天下 = 九州 + 四夷”的天下观，所以天子有责任有义务去管理闽越的事宜。此后，淮南王借坡下驴，表现了自己的顺从，“于是王谢曰：‘虽汤伐桀，文王伐崇，诚不过此。’”当武帝得知刘安理解自己后大喜过望，“助由是与淮南王相结而还。上大悦。”

二、虚耗中国与《弃珠厓议》

反开边派除了从文化区别的华夷之辨角度来说明周边四夷的不可开发性，还从实际利益的角度出发，认为武力征伐四夷不但会耗损中国既有实力，而且新增的土地与人口也不能为帝国带来相对的利益。贾捐之留有著名的《弃珠厓议》，其文曰：

> 臣闻尧、舜，圣之盛也，禹入圣域而不优，故孔子称尧曰“大哉”，《韶》曰“尽善”，禹曰“无间”。以三圣之德，地方不过数千里，西被流沙，东渐于海，朔南暨声教，迄于四海，欲与声教则治之，不欲与者不强治也。故君臣歌德，含气之物各得其宜。武丁、成王，殷、周之大仁也，然地东不过江、黄，西不过氐、羌，南不过蛮荆，北不过朔方。是以颂声并作，视听之类咸乐其生，越裳氏重九译而献，此非兵革之所能致。及其衰也，南征不还，齐桓救其难，孔子定其文。以至乎秦，兴兵远攻，贪外虚内，务欲广地，不虑其害。然地南不过闽越，北不过太原，而天下溃畔，祸卒在于二世之末，《长城之歌》至今未绝。……
>
> 今天下独有关东，关东大者独有齐、楚，民众久困，连年流离，离其城郭，相枕席于道路。人情莫亲父母，莫乐夫妇，至嫁妻卖子，法不能禁，义不能止，此社稷之忧也。今陛下不忍悁悁之忿，欲驱士众挤之大海之中，快心幽冥之地，非所以救助饥馑，保全元元也。《诗》云“蠢尔蛮荆，大邦为仇”，言圣人起则后服，中国衰则先畔，动为国家难，自古而患之久矣，何况乃复其南方万里之蛮乎！骆越之人父子同川而

浴，相习以鼻饮，与禽兽无异，本不足郡县置也。颛颛独居一海之中，雾露气湿，多毒草虫蛇水土之害，人未见虏，战士自死，又非独珠厓有珠犀玳瑁也，弃之不足惜，不击不损威。其民譬犹鱼鳖，何足贪也！

臣窃以往者羌军言之，暴师曾未一年，兵出不逾千里，费四十余万万，大司农钱尽，乃以少府禁钱续之。夫一隅为不善，费尚如此，况于劳师远攻，亡士毋功乎！求之往古则不合，施之当今又不便。臣愚以为非冠带之国，《禹贡》所及，《春秋》所治，皆可且无以为。愿遂弃珠厓，专用恤关东为忧。①

贾捐之指出上古圣贤的支配范围也“不过数千里，西被流沙，东渐于海，朔南暨声教，迄于四海”，然而“颂声并作，视听之类咸乐其生，越裳氏重九译而献”；相反，致力于讨伐南方蛮荆的周宣王一去不返，务欲广地的秦帝国二世而亡，究其原因，就在于他们“不虑其害”。接着，贾捐之浓墨重彩地描述了兴兵远征的“害”，在九州百姓惶惶戚戚、流离失所，已成为社稷的大患时，帝国远征意味着征兵、征税，意味着百姓痛苦的加剧，意味着社会怨气的加深，因此，征伐珠厓可谓是“驱士众挤之大海之中，快心幽冥之地，非所以救助饥馑，保全元元也”，将帝国置于危险的边缘。总之，在贾捐之看来，讨伐珠厓既不符合过往历史中的圣君传统，还会造成现实社会的动荡不安，“求之往古则不合，施之当今又不便。”

就现实利益来说，劳师远征珠厓的花费太过高昂。贾捐之以往昔征伐西羌的费用为例，“暴师曾未一年，兵出不逾千里，费四十余万万”，其后果是国家财政为之一空，“大司农钱尽”，讨伐珠厓的花费只会只多不少，“夫一隅为不善，费尚如此，况于劳师远攻，亡士毋功乎！”珠厓战争一起，中国为之一空，这是贾捐之反对讨伐珠厓的一个重要原因，也是后世反开边者的坚定立场，如西汉末期的严尤评点历代征伐匈奴的事迹时说：

当周宣王时，猃狁内侵，至于泾阳，命将征之，尽境而还。其视戎狄之侵，譬犹蚊虻之螫，驱之而已。故天下称明，是为中策。汉武帝选将练兵，约赍轻粮，深入远戍，虽有克获之功，胡辄报之，兵连祸结三十余年，中国罢耗，匈奴亦创艾，而天下称武，是为下策。秦始皇不

① ［汉］班固：《汉书》卷六十四下《贾捐之传》，中华书局，1962年版，第2834页。

忍小耻而轻民力，筑长城之固，延袤万里，转输之行，起于负海，疆境既完，中国内竭，以丧社稷，是为无策。①

严尤点评的基础在于征伐所造成的物资消耗力度，周宣王对待夷狄的方法是“驱之而已”，消耗最轻，可为中策；汉武帝对待夷狄的方法是“选将练兵”，致使“中国罢耗”，消耗其次，已为下策；秦始皇对待夷狄的方法是“不忍小耻”，导致“中国内竭”，则被视为无策。严尤认为帝国政府的首要目的在于保障百姓生活，提高个人待遇，而不是消耗民力去做讨伐四夷等无用之事，“大用民力，功不可必立，臣伏忧之。”东汉的庞参详细列举征伐四夷对百姓既有生活秩序的毁坏与戕害：“重之以大军，疲之以远戍，农功消于转运，资财竭于征发。田畴不得垦辟，禾稼不得收入，搏手困穷，无望来秋。百姓力屈，不复堪命。”② 帝国对周边四夷的讨伐，会给百姓带来无尽的伤痛，给帝国带来极大的经济损耗。

汉武帝三十几年的边境开发，破坏了帝国既有的经济与社会秩序，“孝武奢侈余敝师旅之后，海内虚耗，户口减半。”③ 汉代知识阶层就此曾大力批判汉武帝：“武帝虽有攘四夷广土斥境之功，然多杀士众，竭民财力，奢泰亡度，天下虚耗，百姓流离，物故者半。蝗虫大起，赤地数千里，或人民相食，畜积至今未复。亡德泽于民，不宜为立庙乐。”④ 夏侯胜认为汉武帝虽有扩土之功，然此功抵不过虚耗国力之过，没有资格立庙。汉武帝晚年，他也意识到了开发边境对国力的损耗，为此拒绝了桑弘羊屯田轮台、开发西域的请求，“今请远田轮台，欲起亭隧，是扰劳天下，非所以优民也。”⑤ 蔡邕也说：“夫以世宗神武，将率良猛，财赋充实，所拓广远，而犹有悔焉。”⑥

弃置珠厓的第二个理由在于珠厓乃不毛之地，对其开发不能给帝国带来相应的利益。贾捐之认为珠厓之地“雾露气湿，多毒草虫蛇水土之害”，珠厓之民宛如鱼鳖，与禽兽无异，“骆越之人父子同川而浴，相习以鼻饮，与禽兽无异”。因此，得到这块地方并不值得高兴，失去也不值得忧虑，它本

---

① [汉]班固：《汉书》卷九十四下《匈奴传下》，中华书局，1962年版，第3824页。

② [南朝宋]范晔：《后汉书》卷五十一《庞参列传》，中华书局，1965年版，第1687页。

③ [汉]班固：《汉书》卷七《昭帝纪》，中华书局，1962年版，第233页。

④ [汉]班固：《汉书》卷七十五《夏侯胜传》，中华书局，1962年版，第3156页。

⑤ [汉]班固：《汉书》卷九十六下《西域传下》，中华书局，1962年版，第3913页。

⑥ [南朝宋]范晔：《后汉书》卷九十《鲜卑列传》，中华书局，1965年版，第2991页。

身并没有纳入帝国支配的资格，“本不足郡县置也。”周边四夷乃不毛之地、无用之处的观点渊源有自，李斯谏诤秦始皇征战匈奴时的理由便是“得其地，不足以为利；得其民，不可调而守也”[①]，韩安国也说匈奴是“得其地不足为广，有其众不足为强”[②]。无论是开发西南夷，还是置郡苍海、朔方，公孙弘的态度都是始终如一地反对，“时方通西南夷，巴、蜀苦之，诏使弘视焉。还奏事，盛毁西南夷无所用。……时又东置苍海，北筑朔方之郡。弘数谏，以为罢弊中国以奉无用之地，愿罢之。”[③]在公孙弘的认知中，中国以外之地都是无用之地，中国以外之民都是无用之民，不值得中国消耗力量去开发、去征服。此种见解贯穿于整个汉代，如杜钦曰：

即以为不毛之地，亡用之民，圣王不以劳中国，宜罢郡，放弃其民，绝其王侯勿复通。(《说王凤处置夜郎等国》)[④]

今遣使者承至尊之命，送蛮夷之贾，劳吏士之众，涉危难之路，罢弊所恃以事无用，非久长计也。(《说王凤绝罽宾》)[⑤]

杜笃《论都赋》曰：

若夫文身鼻饮缓耳之主，椎结左衽鐻鍝之君，东南殊俗不羁之国，西北绝域难制之邻，靡不重译纳贡，请为藩臣。上犹谦让而不伐勤。意以为获无用之虏，不如安有益之民；略荒裔之地，不如保殖五谷之渊；远救于已亡，不若近而存存也。[⑥]

杨终《建初元年大旱上书》曰：

何况去中土之肥饶，寄不毛之荒极乎？且南方暑湿，障毒互生。[⑦]

---

① [汉]班固：《汉书》卷六十四上《主父偃传》，中华书局，1962年版，第2800页。
② [汉]班固：《汉书》卷五十二《韩安国传》，中华书局，1962年版，第2398页。
③ [汉]班固：《汉书》卷五十八《公孙弘传》，中华书局，1962年版，第2618—2619页。
④ [汉]班固：《汉书》卷九十五《西南夷传》，中华书局，1962年版，第3844页。
⑤ [汉]班固：《汉书》卷九十六上《西域传上》，中华书局，1962年版，第3887页。
⑥ [南朝宋]范晔：《后汉书》卷八十上《杜笃列传》，中华书局，1965年版，第2607页。
⑦ [南朝宋]范晔：《后汉书》卷四十八《杨终列传》，中华书局，1965年版，第1598页。

乐恢《上书谏征匈奴》曰：

《春秋》之义，王者不理夷狄。得其地不可垦发，得其人无益于政，故明王之于夷狄，羁縻而已。[①]

庞参《奏记邓骘》曰：

今苟贪不毛之地，营恤不使之民，暴军伊吾之野，以虑三族之外，果破凉州，祸乱至今。夫拓境不宁，无益于强；多田不耕，何救饥敝！故善为国者，务怀其内，不求外利；务富其民，不贪广土。[②]

袁安曰：

匈奴不犯边塞，而无故劳师远涉，费损国用，徼功万里，非社稷之计。(《上书谏伐匈奴》)

今北庭弥远，其费过倍，是乃空尽天下，而非建策之要也。(《又上封事谏立北单于》)[③]

汉帝国作为一个以农耕文明立国的政权组织，其秩序结构的核心是耕地与农民。周边四夷之所以被视为无用之地，很大一部分原因是四夷的水土由于自然条件与生产因素的限制，不能被帝国吸纳作为耕田，而游牧之民随水草而居的生活状态，也难以令帝国进行有效的管理，因此才有不毛之地、无用之民的认知视野。

鉴于以上两方面的原因，贾捐之建议汉帝国放弃珠厓，将自身的关注重心放到九州之上，“愿遂弃珠厓，专用恤关东为忧。”对此建议，丞相汉元帝颁布诏书曰：

① [汉]刘珍撰，吴树平校注:《东观汉记校注》卷十六《乐恢传》，中华书局，2008年版，第699页。

② [南朝宋]范晔:《后汉书》卷五十一《庞参列传》，中华书局，1965年版，第1688页。

③ [南朝宋]范晔:《后汉书》卷四十五《袁安列传》，中华书局，1965年版，第1519、1521页。

> 珠厓虏杀吏民，背畔为逆，今廷议者或言可击，或言可守，或欲弃之，其指各殊。朕日夜惟思议者之言，羞威不行，则欲诛之；孤疑辟难，则守屯田；通于时变，则忧万民。夫万民之饥饿，与远蛮之不讨，危孰大焉？且宗庙之祭，凶年不备，况乎辟不嫌之辱哉！今关东大困，仓库空虚，无以相赡，又以动兵，非特劳民，凶年随之。其罢珠厓郡。民有慕义欲内属，便处之；不欲，勿强。①

汉元帝将历代讨伐四夷的原因归结于君王的情绪作怪，“羞威不行”，然个人的荣辱与社稷的重担相较为轻，“夫万民之饥饿，与远蛮之不讨，危孰大焉？”因为开发边境会困苦中国之民，所以汉元帝决定放弃珠厓，“其罢珠厓郡。”当时的知识阶层热烈讴歌贾捐之与汉元帝的弃崖珠之举，如匡衡说：“诸见罢珠崖诏书者，莫不欣欣，人自以将见太平也。”② 扬雄曰：“朱崖之绝，捐之之力也。否则介鳞易我衣裳。”③ 匡衡、扬雄等人认为虚耗中国的财力去维护珠厓的统治，是以“介鳞易我衣裳”，所以弃置珠厓是维护九州百姓利益之举，是走向天下太平之路。

此外，东汉时期还发生过弃西域与弃凉州的两场论战。主张弃西域的司隶校尉崔据等人说：“朝廷前所以弃西域者，以其无益于中国而费难供也。”④“费难供”“无益于中国”是上面分析的弃珠厓原因。汉安帝永初元年（107 年）则发起了弃凉州议，“大将军邓骘以军役方费，事不相赡，欲弃凉州，并力北边。”⑤ 凉州是九州的既有领土，因此，邓骘放弃它的理由只说了耗损太大，“军役方费，事不相赡”，而未曾敢言“无益于中国”。

综而可知，反对开边者认为天子的支配范围仅限于九州，其统御重心因而也就在九州，对周边四夷无须投入过高的关注，征伐四夷的做法只会虚耗中国，获得一些无用的土地和介鳞般的人口。

---

① [汉]班固：《汉书》卷六十四下《贾捐之传》，中华书局，1962 年版，第 2835 页。

② [汉]班固：《汉书》卷八十一《匡衡传》，中华书局，1962 年版，第 3337 页。

③ [汉]扬雄撰，汪荣宝注疏，陈仲夫点校：《法言义疏》卷十三《孝至》，中华书局，1987 年版，第 555 页。

④ [南朝宋]范晔：《后汉书》卷四十七《班勇列传》，中华书局，1965 年版，第 1588 页。

⑤ [南朝宋]范晔：《后汉书》卷五十八《虞诩列传》，中华书局，1965 年版，第 1866 页。

第二节　王者无外：开边派的天下观

“明犯强汉者，虽远必诛”这句在现代耳熟能详的话，一直被当作国家强大的盛世之音。发出此言的陈汤、甘延寿，主张以武力讨伐一切不服之臣，使天下混而为一，“臣闻天下之大义，当混为一，昔有唐虞，今有强汉。匈奴呼韩邪单于已称北藩，唯郅支单于叛逆，未伏其辜，大夏之西，以为强汉不能臣也。”①“天下之大义，当混为一”，九州和四夷都要归于天子的支配之下，这反映的便是传统中的广义天下观。持此天下观的士人认为九州和四夷都属于天子的领土，天子对此场域所有人民的生活负有不可推卸的责任，因此，天子要将他的德治扩而充至整个天下，这无分方内方外。

一、推广仁泽与《难蜀父老》

反开边派的声音让汉武帝应接不暇，先朝大臣多“不足与计”，唯有吸收新鲜血液来壮大自己的声威，才能贯彻自己的开边意志。为此，汉武帝多次征召贤良文学，以培养与自己志同道合的小团体，“是时征伐四夷，开置边郡，军旅数发，内改制度，朝廷多事，屡举贤良文学之士。”②这个小团体构成了汉武帝的内朝，亲侍左右，成为武帝边境开发的智囊团，负责批驳反对派大臣的意见与宣传武帝的旨意，“上令助等与大臣辩论，中外相应以义理之文，大臣数诎。”劳干先生认为汉代内朝出现的原因在于君权与相权的矛盾，“中朝的起源始见于《汉书·严助传》说：‘中外相应以义理之文。’”③但内朝出现的直接触因恐怕更多是旧式大臣多持保守意见，主张沿用文、景之时的守文政策，反对汉武帝的开边战略。为扭转此一局面，汉武帝引用拔擢一批文学侍从作为对抗旧式大臣的亲近幕僚，这批幕僚的性质在保守派大

① [汉]班固：《汉书》卷七十《陈汤传》，中华书局，1962年版，第3015页。

② [汉]班固：《汉书》卷六十四上《严助传》，中华书局，1962年版，第2775—2794页。

③ 劳干：《论汉代的内朝与外朝》，《台湾“中央研究院”历史语言研究所集刊》1948年第13册，第227—267页。

臣看来多与贾谊类似，“洛阳之人年少初学，专欲擅权，纷乱诸事。”[①]

在这个智囊团中，“其尤亲幸者，东方朔、枚皋、严助、吾丘寿王、司马相如。相如常称疾避事。朔、皋不根持论，上颇俳优畜之。唯助与寿王见任用，而助最先进。”[②]严助如前所言，常替汉武帝宣达旨意，是武帝开边的坚定支持者，吾丘寿王亦是如此，“后愿守塞扞寇难，复不许。久之，上疏愿击匈奴，诏问状，寿王对良善，复召为郎。”[③]而《史记》将《司马相如列传》置于《西南夷列传》之后，即是肯定司马相如在开发西南夷中的功劳。

需要注意的是，汉武帝虽有开边之举，却缺乏理论体系与价值依据来证明自己开边的合道性与合理性，无法堵住大臣的指责或获得士人的认可。严助与吾丘寿王等人对反对派大臣的批驳多为就事论事，而缺乏立意深远的价值论证与高瞻远瞩的文化系统。因此，汉武帝迫切需要一种理论体系来证明其开边的必要性与合理性。《难蜀父老》应时而出，为汉武帝进行深层次、大规模的开边提供了必要的文化支撑与价值依据。

在《难蜀父老》中，存在着羁縻派与开边派的言语交锋，其中“耆老大夫荐绅先生之徒”是羁縻派的代表，而“使者”是开边派的代表。羁縻派的理由如下：

> 盖闻天子之于夷狄也，其义羁縻勿绝而已。今罢三郡之士，通夜郎之途，三年于兹而功不竟，士卒劳倦，万民不赡；今又接以西夷，百姓力屈，恐不能卒业，此亦使者之累也，窃为左右患之。且夫邛、筰、西僰之与中国并也，历年兹多，不可记已。仁者不以德来，强者不以力并，意者其殆不可乎！今割齐民以附夷狄，弊所恃以事无用。[④]

羁縻派的理念以狭义天下观为核心，其理由一如前面分析的反对派意见：一是虚耗中国，劳方内之民事方外之夷，以本事末，轻重失衡，“远方绝地不牧之民，不足烦中国”；二是九州为境，“邛、筰、西僰之与中国并”，这一个“并”字很能说明问题，在羁縻派看来，“邛、筰、西僰”等西

① [汉]班固:《汉书》卷四十八《贾谊传》，中华书局，1962年版，第2222页。
② [汉]班固:《汉书》卷六十四上《严助传》，中华书局，1962年版，第2775页。
③ [汉]班固:《汉书》卷六十四上《吾丘寿王传》，中华书局，1962年版，第2794页。
④ [汉]司马迁:《史记》卷一百一十七《司马相如列传》，中华书局，1959年版，第3049页。

南夷在地位上与中国是并列对等的，并非属于中央政府。

赞成开边的司马相如，则以“使者”的口吻叙述自己认同开边的原因：

> 且《诗》不云乎，“普天之下，莫非王土；率土之滨，莫非王臣。”是以六合之内，八方之外，浸浔衍溢，怀生之物有不浸润于泽者，贤君耻之。今封疆之内，冠带之伦，咸获嘉祉，靡有阙遗矣。而夷狄殊俗之国，辽接异党之地，舟舆不通，人迹罕至，政教未加，流风犹微。内之则犯义侵礼于边境，外之则邪行横作，放弑其上，君臣易位，尊卑失序，父兄不辜，幼孤为奴，系累号泣，内向而怨，曰：“盖闻中国有至仁焉，德洋而恩普，物靡不得其所，今独曷为遗己！”举踵思慕，若枯旱之望雨。盭夫为之垂涕，况乎上圣，又恶能已？……四面风德，二方之君鳞集仰流，愿得受号者以亿计。……创道德之涂，垂仁义之统，将博恩广施，远抚长驾，使疏逖不闭，昒爽暗昧得耀乎光明，以偃甲兵于此，而息讨伐于彼。遐迩一体，中外禔福，不亦康乎？夫拯民于沈溺，奉至尊之休德，反衰世之陵夷，继周氏之绝业，天子之急务也。①

使者眼中的“贤君”统领所有“怀生之物”，“怀生之物”即《中庸》“舟车所至，人力所通，天之所覆，地之所载，日月所照，霜露所坠，凡有血气者”② 中所言的“凡有血气者”，也就是说，天子统领所有存在于日月之下的人类，所谓“汉秉威信，总率万国，日月所照，皆为臣妾”③。显而易见，这里展演的是天子支配“九州 + 四夷”的广义天下观，司马相如在《封禅文》中也说：“陛下仁育群生，义征不惠，诸夏乐贡，百蛮执贽。”④ 诸夏与百蛮的乐贡执贽，体现的便是九州和四夷的臣服。

此贤君的责任是令万民都沐浴到他的仁泽，“怀生之物有不浸润于泽者，贤君耻之。”这种贤君意识继承的是孟子的政治理想，“思天下之民，匹夫匹妇有不与被尧舜之泽者，若已推而内之沟中。”⑤ 孟子借伊尹的事迹来阐释

---

① ［汉］司马迁：《史记》卷一百一十七《司马相如列传》，中华书局，1959 年版，第 3051 页。
② ［宋］朱熹：《四书章句集注·中庸章句》，中华书局，1983 年版，第 38 页。
③ ［南朝宋］范晔：《后汉书》卷八十九《南匈奴列传》，中华书局，1965 年版，第 2947 页。
④ ［汉］班固：《汉书》卷五十七下《司马相如传下》，中华书局，1962 年版，第 2604 页。
⑤ ［宋］朱熹：《四书章句集注·孟子集注》卷十《万章章句下》，中华书局，1983 年版，第 314 页。

“圣之任者”的道德内涵，圣者的任务是令世上所有人都能享受到仁泽，因此他要主动将自身的优越文化向外扩，直至充塞于天地之间。司马相如将孟子理想秩序中的仁政观运用到实际的开边政策中，借此指责“耆老大夫荐绅先生之徒二十有七人”的狭义天下观，他以经典文本的典范意义作为自己立论的根基，从而在文化上占据了制高点，极大地增强了开边政策的合道性与合统性。接着司马相如说方内的九州已经大治，而方外的夷狄却不曾沐浴到华夏文明的光辉，“今封疆之内，冠带之伦，咸获嘉祉，靡有阙遗矣。”“而夷狄殊俗之国，辽接异党之地，舟舆不通，人迹罕至，政教未加，流风犹微。”在司马相如看来，天子不但负责“封疆之内”群众的幸福，也对改善“夷狄殊俗之国”的“政教未加，流风犹微”的生活状态担有义不容辞的责任，也就是说，帮助野蛮落后的周边四夷迈入礼乐文明是天子的使命与担当。司马相如反复论证君主对“九州 + 四夷”的责任与义务，就是为了说明将四夷纳入帝国支配的开边政策是君主践行先贤政治理想的必要方法。

以上阐述的是贤君的责任，即开边的必要性，而后司马相如诠释了开边的正义性，即代天行道。西南夷无人伦道德，不知尊卑秩序，“邪行横作，放弑其上，君臣易位，尊卑失序，父兄不辜，幼孤为奴，系累号泣”，将其纳入道德的秩序体系是天子的正义之举。在汉代知识阶层的认知中，人间政治秩序的有效运行映射在自然上便是节气的和宁安详、循环往复，无序杂乱的政治秩序是对天地之德的背弃，背弃便有天灾地祸产生。“恶政生恶气，恶气生灾异。螟虫之类，随气而生；虹蜺之属，因政而见。治道失于下，则天文变于上；恶政流于民，则螟虫生于野。”[①] 为了维护宇宙秩序的正常运转，必须要更改恶政，回归正统，正确的方法便是将中国的礼仪秩序运用至周边四夷身上。事实上，代天行道思想是汉代支持边境开发政策中最为常见理由。汉武帝认为他征伐匈奴的原因在于其混乱的道德体系与政治秩序，“匈奴逆天理，乱人伦，暴长虐老，以盗窃为务……故兴师遣将，以征厥罪。”[②] 汉元帝的诏书更是将征讨西羌的理由说得显露直白，即西羌政治秩序的紊乱扰乱天道的正常运行，“羌虏……甚逆天道，故遣将军帅士大夫行天诛。”[③] 此种例证不胜枚举，可见恢复宇宙秩序的信仰对于征伐四夷的指导

① [汉]陆贾著，王利器校注:《新语校注》卷下《明诫》，中华书局，1986年版，第155页。
② [汉]班固:《汉书》卷五十五《卫青传》，中华书局，1962年版，第2473页。
③ [汉]班固:《汉书》卷七十九《冯奉世传》，中华书局，1962年版，第3298页。

作用之大。

依据四夷缺乏完备的道德秩序，司马相如想象了“夷狄殊俗之国”的民众对于归属中国的渴望：“盖闻中国有至仁焉，德洋而恩普，物靡不得其所，今独曷为遗己！”想象的背后隐藏了华夏文化优于周边文化的自我感知，而这些知识背景与历史记忆自战国时期便已传承开来，孟子便曾想象过周边夷狄对纳入华夏文化圈的渴望：“‘汤始征，自葛载’，十一征而无敌于天下。东面而征，西夷怨；南面而征，北狄怨，曰：‘奚为后我？’民之望之，若大旱之望雨也。归市者弗止，芸者不变，诛其君，吊其民，如时雨降，民大悦。”①

最后，司马相如指出开发西南夷的最终目的是实现“遐迩一体，中外禔福”的政治理想，这是典型的“天下一家”思想，它追求的是传统理想中不分中外，无别夷夏，世界大同的政治秩序。“对于天下，所有地方都是内部。所有地方之间的关系都以远近、亲疏来界定，这样一种关系界定模式保证了世界的先验完整性，同时又保证了历史性的多样性。”② 这里需要指出的是，“天下一家”指的是华夏将周边四夷纳入自己的政治体系成为一家，而不是华夏与四夷以对等关系结盟成为一家。元帝初年，车骑都尉韩昌、光禄大夫张猛与呼韩邪单于订立盟约：“自今以来，汉与匈奴合为一家，世世毋得相诈相攻。”③ 此盟约表示的是汉与匈奴以平等的身份合为一家，然而韩昌与张猛的行为受到公卿大臣的强烈批评，“昌、猛擅以汉国世世子孙与夷狄诅盟，令单于得以恶言上告于天，羞国家，伤威重，不可得行。”朝臣认为这种盟约是对天朝上国的侮辱，因为汉王朝作为至高无上的中央帝国，在天下的政治版图中不存在拥有同等地位的他者。余英时先生曾说过：“在整个东汉时期，中国政府仅仅把匈奴当作一股‘事实上’的军事力量，而始终拒绝承认他们是一个‘理论上的’政治实体。”④ 即使周边四夷的力量强大到足以匹配汉帝国，汉帝国仍然不承认其是一个政治实体，不承认其与自己有同等的政治地位，而是将其视为还没有归复（但终将归复）的地区。

“使者”与“耆老大夫荐绅先生之徒”之所以采用不同的天下观，其原因

---

① [宋]朱熹：《四书章句集注·孟子集注》卷六《滕文公章句下》，中华书局，1983年版，第268页。

② 赵汀阳：《“天下体系”——帝国与世界制度》，《世界哲学》2003年第5期，第2—33页。

③ [汉]班固：《汉书》卷九十四下《匈奴传下》，中华书局，1962年版，第3801页。

④ 余英时：《汉代贸易与扩张》，上海古籍出版社，2005年版，第259页。

有以下两点：首先，耆老大夫作为地方豪强势力，希望政府采用无为而治的政治方针，以便其自由发展、自我成长，而“使者”作为拥护中央集权的士人，渴望建功立业的他们是主张政府奋发图强地有为统治，所以支持以边境开发为内容的广义天下观。另外，司马相如赞成广义天下观与他的大赋创作理论也有很大的关联。汉大赋讲究恢廓宏览：“赋家之心，苞括宇宙，总览人物。”[①] 赋家将整个宇宙天地容纳于内心，把人世间所有人物涵括于笔下，追求没有限制的书写境界与叙述结构，这与文化天下观没有边界限制的思维方式具有相通性和一致性。

总而言之，《难蜀父老》表现的是狭义天下观与广义天下观的争论，最终以代表狭义天下观的“耆老大夫荐绅先生之徒”的屈服、代表广义天下观的“使者”的大胜而结束。“于是诸大夫芒然其所怀来，而失阙所以进，喟然并称曰：‘允哉汉德，此鄙人之所愿闻也。百姓虽怠，请以身先之。’”司马相如开边的理由是“九州＋四夷”都是天子的支配领域，天子要对所有生活在此领域的百姓负责，他有责任有义务要让所有人类沐浴礼乐文明的光辉。这巧妙地回答了羁縻派的责难，既然方内方外都是汉天子的子民，也就没有什么本末之分、轻重之别了。因此开发西南夷并不是一件劳民伤财的事情，而是一件“创道德之途，垂仁义之统”的践行先贤古圣理想的神圣伟大事业。《难蜀父老》有意识地对广义天下观进行深层次的价值阐释与现实导向，为开边的合理性与必要性提供了理论依据与文化支撑，这才是“武帝大说”的原因所在。后世的征颂文学承继《难蜀父老》的思路，继续为开边作合理的解释。

二、威服四夷与征颂文学

征伐类的赋颂作品最早可以追寻到《诗经·周颂》。《左传·宣公十二年》载：“武王克商，作《颂》曰：‘载辑干戈，载櫜弓矢。我求懿德，肆于时夏，允王保之。’”[②] 这就是后世的大武歌诗，歌颂武王伐纣之声威。西汉征颂文学的代表是扬雄的《赵充国颂》，扬美赵充国克定西羌之功。到了东汉，涌

① [晋]葛洪：《西京杂记》卷二，中华书局，1985年版，第12页。

② 《春秋左传正义》卷二十三《宣公十二年》，清嘉庆本《十三经注疏》，中华书局，2009年版，第4086页。

出了大量的征颂文学，如班固、傅毅、崔骃三人都做了《窦将军北征颂》，马融有《广成颂》，史岑有《出师颂》。

在传统的以德怀远思想中，征伐是与德柔背离的。德柔派认为周边四夷之所以承认中国的权威，服从于中国的支配，主要原因就在于中国有道德有仁义。尚敏《陈兴广学校疏》即言："所以制御四夷者，以有道德仁义也。"[①] 满昌《劾奏昆弥使者》亦曰："夷狄以中国有礼谊，故诎而服从。"不以兵力威服四夷，而以道德怀柔四夷是这派人士的主张。班固曰："今乌桓就阙，稽首译官，康居、月氏，自远而至，匈奴离析，名王来降，三方归服，不以兵威，此诚国家通于神明自然之征也。"[②] 班固将周边四夷的纳贡臣服归结于"国家通于神明自然之征"，而非汉章帝的四处征伐。又如萧望之认为因宣帝圣德巍巍，单于慕义归化，"前单于慕化乡善称弟，遣使请求和亲，海内欣然，夷狄莫不闻。……辅其微弱，救其灾患，四夷闻之，咸贵中国之仁义。"[③] 黄霸亦云："陛下圣德充塞天地，光被四表，匈奴单于乡风慕化，举国同心，奉珍朝贺，自古未之有也。"[④] 扬雄《法言》云："汉德其可谓允怀矣。黄支之南，大夏之西，东鞮、北女，来贡其珍。汉德其可谓允怀矣，世鲜焉。"[⑤] 这些人热烈讴歌的是大汉之德吸引四夷主动臣服，洋溢夸颂的是大汉之仁义光被四表。汉代士人将扩边视为尚武，是仁德的对立面，因此扩边即是无德之行，如光武帝《报臧宫马武请来匈奴诏》曰：

> 柔者德也，刚者贼也，弱者仁之助也，强者怨之归也。故曰有德之君，以所乐乐人；无德之君，以所乐乐身。乐人者其乐长，乐身者不久而亡。舍近谋远者，劳而无功；舍远谋近者，逸而有终。逸政多忠臣，劳政多乱人。故曰务广地者荒，务广德者强。有其有者安，贪人有者残。残灭之政，虽成必败。[⑥]

---

① ［晋］袁宏撰，张烈点校：《后汉纪》卷十五《孝殇皇帝纪》，中华书局，2002 年版，第 298 页。

② ［南朝宋］范晔：《后汉书》卷四十上《班固列传》，中华书局，1965 年版，第 1374 页。

③ ［汉］班固：《汉书》卷七十八《萧望之传》，中华书局，1962 年版，第 3279—3280 页。

④ ［汉］班固：《汉书》卷七十八《萧望之传》，中华书局，1962 年版，第 3282 页。

⑤ ［汉］扬雄撰，汪荣宝注疏，陈仲夫点校：《法言义疏》卷十三《孝至》，中华书局，1987 年版，第 546 页。

⑥ ［南朝宋］范晔：《后汉书》卷十八《臧宫列传》，中华书局，1965 年版，第 695—696 页。

光武帝认为“务广地者荒，务广德者强”，贪图四夷土地的扩边不但什么也得不到，而且会荒废自己已经拥有的九州，贪人有者残。“残灭之政，虽成必败。”君王只要勤修德行，就一定能够发展好既有的九州，“有其有者安”，也一定能够怀柔到周边的四夷，“舍远谋近者逸，而有终。”此“终”即是四夷来朝。

相较于此，征颂文学则认为道德已经不能够感化四夷，唯有武力征服，才能平定其乱，如傅毅《西征颂》曰：“愠昆夷之匪协，咸矫口于戎事。干戈动而复戢，天将祚而隆化。”[①] 傅毅认为只有动了干戈，昆夷之属才会安宁下来。崔骃《北征颂》曰：“卒厘王庭，夷部落，刈尸逐，顿禺犊，刊句林，剿瘯鹿。殄无遗育，歼类减族。裘毳之伦，肉噍之党，莫不沮胆，交臂虏属。”[②] 只有经过了“殄无遗育，歼类减族”的暴力摧残，“裘毳之伦，肉噍之党”的四夷才会俯首称臣。德柔不如威服，是汉代主征伐士人的惯性视野，如陈忠《议救西域疏》总结德柔与威服的利弊时说：“由此察之，戎狄可以威服，难以化狎。”[③] 陈忠认为教化对四夷的收效甚微，只有武力，才能他们臣服。一生都在讨伐西羌的段颎也认为只有将羌人打怕了，才能获取四夷的臣服：“臣以为狼子野心，难以恩纳，势穷虽服，兵去复动。唯当长矛挟胁，白刃加颈耳。……如此，则可令群羌破尽，匈奴长服，内徙郡县，得反本土。”[④] 狼子野心的四夷只有在面临“长矛挟胁，白刃加颈”的威胁时，才会放下反叛的念头。“群羌破尽，匈奴长服。”可以说，征颂文学的核心是歌颂帝国以武力征服周边不服之四夷，将其纳入帝国支配体系的赫赫声威。

汉武帝的开边策略在威服视野下也因此变得具有合理性。如汉宣帝《议武帝庙乐诏》曰：“孝武皇帝躬履仁义，选明将，讨不服，匈奴远遁，平氐、羌、昆明、南越，百蛮乡风，款塞来享。”[⑤] 相对于儒者将周边四夷想象成慕义归化的情况，汉宣帝认为汉武帝时期四夷来朝的主要原因在于武帝积极不懈的征讨，而杜笃《论都赋》亦曰：

---

① ［清］严可均编：《全上古三代秦汉三国六朝文·全后汉文》卷四十三《西征颂》，中华书局，1958 年版，第 1414 页。

② 马积高主编：《历代辞赋总汇》（先秦汉魏晋南北朝卷），湖南文艺出版社，2014 年版，第 263 页。

③ ［南朝宋］范晔：《后汉书》卷八十八《西域列传》，中华书局，1965 年版，第 2912 页。

④ ［南朝宋］范晔：《后汉书》卷六十五《段颎列传》，中华书局，1965 年版，第 2148 页。

⑤ ［汉］班固：《汉书》卷八《宣帝纪》，中华书局，1962 年版，第 243 页。

是时孝武因其余财府帑之蓄，始有钩深图远之意，探冒顿之罪，校平城之仇。……拓地万里，威震八荒。肇置四郡，据守敦煌。并域属国，一郡领方。立候隅北，建护西羌。捶驱氐、僰，寥狼邛、莋。东撤乌桓，蹂辚濊貊。南羁钩町，水剑强越。残夷文身，海波沫血。郡县日南，漂槩朱崖。部尉东南，兼有黄支。连缓耳，琐雕题，摧天督，牵象犀，椎蚌蛤，碎琉璃，甲玳瑁，戕觜觿。于是同穴裘褐之域，共川鼻饮之国，莫不袒跣稽颡，失气虏伏。①

杜笃以铺叙的笔法指出武力征讨与四夷臣服之间的联系，如果没有武帝的四处征伐，“东撤乌桓，蹂辚濊貊。南羁钩町，水剑强越”，四夷是不会“袒跣稽颡，失气虏伏”的。只有武力征服，四夷才会有纳贡臣服之举，如《和熹邓后谥议》曰：“永元之世，以为遗诛，今畏服威灵，稽颡即毙。徼外绝国，慕义重译，求献其琛。”② 只有令周边四夷感到恐惧害怕，桀骜不驯的四夷才不敢乱动，“蛮夷反覆，虽难测知，然大兵聚会，必未敢动摇。”③

征讨四夷的目的在于加强对中国的控制。征伐虽有一时之费，却有万世之功。班固《封燕然山铭》曰：“上以摅高、文之宿愤，光祖宗之玄灵；下以安固后嗣，恢拓境宇，振大汉之天声。兹所谓一劳而久逸，暂费而永宁者也。”④ “一劳而久逸、暂费而永宁”是征伐的初衷，也是后人理解汉武帝、汉宣帝积极扩边的出发点，如耿国曰：“臣以为宜如孝宣故事受之，令东扞鲜卑，北拒匈奴，率厉四夷，完复边郡，使塞下无晏开之警，万世有安宁之策也。”⑤ 耿国之子耿秉曰：“昔武帝单极天下，欲臣虏匈奴，未遇天时，事遂无成。宣帝之世，会呼韩来降，故边人获安，中外为一，生人休息六十余年。”⑥ 就现实利益来说，攻略四夷不但是为了中国的万世之基考虑，也是因为主动征伐的损耗更低一些。陈忠《议救西域疏》曰：

---

① [南朝宋]范晔：《后汉书》卷八十上《杜笃列传》，中华书局，1965年版，第2600页。
② [清]严可均编：《全上古三代秦汉三国六朝文·全后汉文》卷七十二《和熹邓后谥议》，中华书局，1958年版，第1733页。
③ [南朝宋]范晔：《后汉书》卷八十九《南匈奴列传》，中华书局，1965年版，第2955页。
④ [南朝宋]范晔：《后汉书》卷二十三《窦宪列传》，中华书局，1965年版，第815页。
⑤ [南朝宋]范晔：《后汉书》卷十九《耿国列传》，中华书局，1965年版，第715页。
⑥ [南朝宋]范晔：《后汉书》卷八十九《南匈奴列传》，中华书局，1965年版，第2953页。

西域内附日久，区区东望扣关者数矣，此其不乐匈奴慕汉之效也。今北虏已破车师，势必南攻鄯善，弃而不救，则诸国从矣。若然，则北虏财贿益增，胆势益殖，威临南羌，与之交连。如此，河西四郡危矣。河西既危，不得不救，则百倍之役兴，不訾之费发矣。议者但念西域绝远，恤之烦费，不见先世苦心勤劳之意也。①

如果不主动攻略四夷，令四夷降服称臣，则边境会受到四夷的不断侵扰，如此一来造成的损失则更为巨大，“百倍之役兴，不訾之费发矣。”因此，征伐是止戈为武，减少损耗，“常以中国虚费，边陲不宁，其患专在匈奴。以战去战，盛王之道。”②

征伐的最终目的在于实现“天下一家”的政治理想。这方面在征颂文学中表现得十分明显，如扬雄《赵充国颂》：“遂克西戎，还师于京。鬼方宾服，罔有不庭。”③ 赵充国讨伐西羌的原因在于西羌寇乱中国，征伐的结果是西羌纳贡称臣，“鬼方宾服”。“罔有不庭”展现了“九州 + 四夷”都臣服于天子的政治想象，这也是征颂文学的模式化书写，如班固《窦将军北征颂》：“勒边御之永设，奋橹之远径，闵遐黎之骚狄，念荒服之不庭。”④ 崔骃《北征颂》：“跨朔土而遐征兮，讨不庭之猾虏。”傅毅《窦将军北征颂》：“何獯鬻之桀虐？自上世而不羁。哀昏戾之习性，阻广漠之荒垂。”⑤ 史岑《出师颂》：“历纪十二，天命中易。西零不顺，东夷构逆。……素旄一麾，浑一区宇。”⑥ “普天之下，莫非王土，率土之滨，莫非王臣。”四夷之不庭是对传统政治理想的挑衅，《大戴礼记》便说圣禹曾征伐四方不服，最后达到天下一家的目的，“(大禹)据四海，平九州，戴九天，明耳目，治天下。举皋陶与益以赞其身，举干戈以征不享不庭无道之民，四海之内，舟车所至，莫不宾服。”⑦

---

① [南朝宋]范晔：《后汉书》卷八十八《西域列传》，中华书局，1965年版，第2912页。
② [南朝宋]范晔：《后汉书》卷十九《耿秉列传》，中华书局，1965年版，第716页。
③ [汉]班固：《汉书》卷六十九《赵充国传》，中华书局，1962年版，第2995页。
④ [清]严可均编：《全上古三代秦汉三国六朝文·全后汉文》卷二十六《窦将军北征颂》，中华书局，1958年版，第1223页。
⑤ [唐]欧阳询撰，汪绍楹校：《艺文类聚》卷五十六，中华书局，1965年版，第1073页。
⑥ [南朝梁]萧统编，[唐]李善注：《文选》卷四十七《出师颂》，上海古籍出版社，1986年版，第2097页。
⑦ [清]王聘珍撰：《大戴礼记解诂》卷七《五帝德》，中华书局，1983年版，第125页。

凭借征伐来达到天下一家的思想影响深远，后世文献记载中常见此类描述，如江淹《北伐诏》："朕统历驭政，志包函夏。庶总文轨，无思不服。而逖焉狡虏，久为边虞。及宋末不庭，授策乖律。北州外沦，威风内毁。"① 清代《巴尔库尔关庙碑记》："今圣天子仁寿合天，覆育万类，中外一家，遐方绝徼，罔有不庭。蠢兹小丑阿喇布坦，恃远背德，侵凌外藩，天子轸念远人皆吾赤子，不忍听其自相片戋虐，遂命公统领满汉蒙古诸军，驻于巴尔库尔，声罪致讨。"② 大一统帝国的天子统率既有的九州，而经过征讨，四夷俯首称臣，天子也就实现了"天下一家"——支配"九州＋四夷"的政治理想。

第三节　边境开发的可能与内涵

汉武帝在后世一直被认为开创了汉帝国扩张的新时代，其开边政策令汉帝国的疆域达到了农耕文明的巅峰，后世王朝的疆域范围不出其右。汉武帝何以能够一改汉初的守文政策而选择开边政策，是一个值得深思的问题。

一、边境开发的实践基础

天子支配场域的地理观发生转变有其固有的内在理路与外在逻辑，它发生在特定的现实基础与文化积累之上，而不是一蹴而就的。以边境开发为标志的文化天下观能够走向政治实践，与经济上的国力强盛、文化上的受命理论以及思想上的夷狄认识有关，三者共同构筑了文化天下观意涵的实践基础。

首先来看帝国国力的强盛。

马克思主义唯物史观认为社会存在决定社会意识，经济基础决定上层建筑，意识层面地理观的演化与现实层面经济国力的变动密切相关。在秦汉乃

① [南朝] 江淹著，[明] 胡之骥注：《江文通集汇注》卷八《北伐诏》，中华书局，2006年版，第314页。

② [清] 吴翌凤编：《清朝文征》(下册)，任继愈主编：《中华传世文选》，吉林人民出版社，1998年版，第940页。

至于整个皇权时期，周边四夷并不主动臣服于中原王朝。面对这一事实，中原王朝内部有两派意见：一派主张“王者不臣夷狄”，认为四夷并不在天子的支配范围内，“五帝三王，礼所不施，不及以政”[①]，所以对四夷的桀骜不驯态度不以为意。在这种观念下，四夷不臣服中原王朝并不是一个挑战，而是一件十分正常的事。另一派则宣扬“王者无外”“天下一家”，认为“九州+四夷”都是天子的支配范围，在不能令周边四夷主动放弃自己的文化信仰与风俗习惯时，帝国只能另寻他路。汉武帝选择的是策略是边境开发，将周边四夷纳入帝国的郡县体制，成为被统一支配的编户齐民。

可见，中原王朝选择广义天下观的“王者无外”还是狭义天下观的“王者不臣夷狄”，取决于是否回应周边四夷的桀骜不驯，回应与否则和帝国的国力关系十分紧密。可以这样说，当国力强盛时，帝国采取积极姿态的广义天下观，使天下成为真正的“一家”；当国力衰退时，帝国则采取保守态势的狭义天下观，而不理夷狄是否臣服[②]。罗志田即说：“历代凡盛朝则多发挥其开放性之正面。到夷夏势均力敌或夷势盛于夏时，士人则往往强调其封闭性的负面。”[③] 所谓开放性即“天下一家”，“九州+四夷”都是天子的支配场域，而封闭性则是“夷夏之辨”，仅仅将中国视为天子的支配之地。

汉初，国力未曾恢复，经济凋敝，百废待兴，“汉兴，接秦之弊，丈夫从军旅，老弱转粮饟，作业剧而财匮，自天子不能具钧驷，而将相或乘牛车，齐民无藏盖”[④]，这样的现状无力支撑帝国征讨周边之不服，因此选择狭义天下观的“王者不臣夷狄”作为国策。南越曾是秦帝国郡县体系下的一部分，继承秦帝国遗产的汉帝国面对赵佗自立为王的政治变故，予以承认既定事实，只是希望其不要与帝国为难即可。“秦已灭，佗即击并桂林、象郡，自立为南粤武王。高帝已定天下，为中国劳苦，故释佗弗诛。十一年，遣

① [汉]班固:《汉书》卷八《宣帝纪》，中华书局，1962年版，第270页。

② 邢义田先生说：“概略言之，当中国国力丰厚，充满自信的时代，如汉、唐、明、清之盛世，以天下为一家的理想往往抬头，使中国文化或政治力量有向外扩张的倾向；当中国国力不振或遭受外来的威胁，如唐安史之乱以后，两宋以及明、清易代之时，闭关自守，间隔华夷的论调又会转盛。”邢义田:《天下一家——中国人的天下观》，中华书局，2011年版，第465页。

③ 罗志田:《夷夏之辨的开放与封闭》，《中国文化》1996年第2期(总第14期)，第222页。

④ [汉]司马迁:《史记》卷三十《平准书》，中华书局，1959年版，第1417页。

陆贾立佗为南粤王，与剖符通使，和集百粤，毋为南边害，与长沙接境。”[①] 所谓“高帝已定天下”，此“天下”即是九州，而“为中国劳苦，故释佗弗诛”，是说汉廷国力衰弱，没有力量去管理周边四夷。这是典型的因国力衰弱而选择狭义天下观，认为“天下”的范围不包括四夷，而仅限于九州的历史事实。匈奴的情况亦是如此，大汉在帝国初期与匈奴的对抗中处于劣势，汉高祖白登之围的历史记忆一直萦绕在知识阶层的脑海里，季布在反驳樊哙自请领兵征伐匈奴时便说：“夫高帝将兵四十余万众，困于平城，今哙奈何以十万众横行匈奴中，面欺！”[②] 因此汉政府采取和亲赐币（实际上就是朝贡。高后给匈奴的诏书很是卑躬屈膝：“单于不忘弊邑，赐之以书，弊邑恐惧。……弊邑无罪，宜在见赦。”[③]）的态度对待匈奴。而在天下观上亦是以长城为界，分内外各自支配各自的领域，汉王朝采纳的是将匈奴政权视为在地位上与汉帝国并列同等的地理天下观。国力衰弱、忽略四夷、地理天下观三者间是相互影响、互为补充的概念，国力衰弱的状态令初生的汉帝国选择了狭义的地理天下观，而地理天下观则充当忽略四夷的理论依据。

到了汉武帝时，汉朝国力强大旺盛，达到一个前所未有的巅峰，“汉兴七十余年之间，国家无事，非遇水旱之灾，民则人给家足，都鄙廪庾皆满，而府库余货财。京师之钱累巨万，贯朽而不可校。太仓之粟陈陈相因，充溢露积于外，至腐败不可食。众庶街巷有马，阡陌之间成群，而乘字牝者傧而不得聚会。”[④] 这就为边境开发提供了良好的物质基础，故武帝一改汉初的保守政策，选择了“王者无外”的文化天下观作为国策，对周边四夷采取进攻姿势，以此实现真正的“天下一家”。国力强盛、征伐四夷、文化天下观也是一条线：国力强盛令汉武帝选择了广义的文化天下观，而文化天下观则为武帝开边提供了理论基础与价值依据。

国力的强盛与否不但会影响汉朝的决策，同时也会对周边四夷产生作用。如汉宣帝时匈奴衰弱分裂，呼韩邪单于准备归顺汉朝的原因便是左伊秩訾所说的汉朝方盛，“强弱有时，今汉方盛，乌孙城郭诸国皆为臣妾。自且鞮侯单于以来，匈奴日削，不能取复，虽屈强于此，未尝一日安也。今事汉

① [汉]班固：《汉书》卷九十五《南粤传》，中华书局，1962年版，第3850页。
② [汉]司马迁：《史记》卷一百《季布列传》，中华书局，1959年版，第2730页。
③ [汉]班固：《汉书》卷九十四上《匈奴传上》，中华书局，1962年版，第3755页。
④ [汉]司马迁：《史记》卷三十《平准书》，中华书局，1959年版，第1420页。

则安存，不事则危亡，计何以过此。”[①] 而其他匈奴大臣对此的态度是“汉虽强，犹不能兼并匈奴，奈何乱先古之制，臣事于汉，卑辱先单于，为诸国所笑！虽如是而安，何以复长百蛮”。这些匈奴大臣并不反对臣服于国力强盛的王朝，他们只是认为汉朝的国力并没有强盛到让匈奴臣服的程度。国力是一个影响天下观的重要因素，国力强盛不但让中原王朝对文化天下观充满信心，同时也会让周边四夷对文化天下观并不抗拒。可以说，国力强大是文化天下观走向政治实践最根本的原因。

其次是受命理论的建构。

王权正当性的来源是任何政权都不能回避的现实问题，帝国的统治者必须就此建构一个合理的帝国秩序结构。如哈贝马斯认为“任何一种统治都试图唤醒和培养人们对其合法性的信念，一切权力都要求为自身辩护”[②]，任剑涛也说：“任何时代的政治统治都必须为自己的统治正当性提供理由，从而获得政治统治的基本尊严。”[③] 秦汉时期，政权的正当性理论经历了从“任力”到“受命”的发展，英国汉学家鲁惟一说：“秦汉时期，皇权经历了从依赖武力到依靠信仰和理论、从通过军事力量夺取控制权到开始借助宗教认可的支持而管理的发展。”[④]

秦帝国以武力扫平关东六国，继之而起的汉帝国也是凭借军事力量统一了天下，因此在汉初的知识阶层看来，武力是政权建立的保证。汉高帝作为汉王朝的缔造者，他对自己取得天下的方式有着非常清晰的认识：“高帝骂之曰：‘乃公居马上而得之，安事诗书！’”[⑤] 在汉高帝看来，他之所以领有天下，靠的是他率领军队一城一地攻打下来的，他所建立的王权的合法性在于实际占有九州。大臣劝刘邦登基为帝时的理由也是如此，“大王起微细，诛暴逆，平定四海，有功者辄裂地而封为王侯。大王不尊号，皆疑不信。臣

① [汉]班固：《汉书》卷九十四下《匈奴传下》，中华书局，1962年版，第3797页。

② [德]尤尔根·哈贝马斯著，刘北成、曹卫东译：《合法性危机》，上海人民出版社，2000年版，第127页。

③ 任剑涛：《道德与中国传统政治的合法性》，《华中师范大学学报（人文社会科学版）》2005年第1期，第27—34页。

④ [英]鲁惟一著，王浩译：《汉代的信仰、神话和理性》，北京大学出版社，2009年版，第162页。

⑤ [汉]司马迁：《史记》卷九十七《陆贾列传》，中华书局，1959年版，第2699页。

等以死守之。”[①] 刘邦提三尺剑，一一征讨不服，消除混乱的征战局面，重新恢复天下的正常秩序，便是得天下的正当性——以武力恢复天下秩序。汉朝瓦当出土数量可观，瓦当上多次出现“汉并天下”的字样，陈直认为这些瓦当是“西汉最初之物”[②]。“汉并天下”很容易让人联想起秦汉时代知识阶层理解中的“秦并天下”，“秦王政立二十六年，初并天下为三十六郡，号为始皇帝。”[③] 秦始皇通过占有关东六国的领土，对九州百姓实行了编户齐民的支配制度，此即是秦始皇号称拥有天下的依据所在。因此所谓“并”即武力吞并，也就是说汉朝领有天下的合法性在于其凭借军力颠覆暴秦，扑灭西楚，而取得对九州的支配权，宋代的黄震便以为“汉并天下，皆信力也”[④]。前面所述的“惟汉三年，大并天下”瓦当更能说明这一事实，所谓“大并天下”，指的便是汉王刘邦在武力竞争中击败西楚霸王项羽，从而占有了九州。在汉初民众的认知中，汉王朝借助武力占有了九州，因此拥有了支配九州的天然合法性，其政权合法性来源讲求的是“力”。“任力”论主张王权对某地的实际占有就是它的合法性来源，因周边四夷不在汉王朝的实际支配领域内，所以汉初“天下”的范围仅限于实行编户齐民制的九州。

然而事实证明，“任力”理论有着极大的缺陷，它虽然可以论证汉政权的合法性，但同时也意味着其他政权取代汉帝国的合理性。汉初几十年间的诸侯叛乱连绵不绝，便是信奉“天子者，兵强马壮者为之”的诸侯王对皇权缺乏应有的敬畏的后果，也就是说，皇权的权威性与神圣性存在着认知空虚。“任力”理论的先天性缺陷令汉政权产生了严重的正当性困惑与合法性焦虑，因此，安定下来的汉政权，迫切需要一种新的理论来证明自身的合理性，许倬云先生便说：“汉室建立大一统的政权，但是刘邦崛起民间，凭气力以定天下，汉代初建时，天下喘息未定，未惶其他。一二代之后，肯定政权的合法性，遂成为当务之急了。”[⑤]

当“任力”已不能作为政权存在的正当性理由，需要建构一套新的理论来安抚民众的观念信仰并满足知识阶层的心理预期时，“受命”理论应运而出。汉景帝时，儒者辕固生与道者黄生关于政权合理性问题有过一次激烈的

① ［汉］司马迁：《史记》卷八《高祖本纪》，中华书局，1959年版，第379页。
② 陈直：《秦汉瓦当概述》，《文物》1963年第11期，第23页。
③ ［汉］司马迁：《史记》卷五《秦本纪》，中华书局，1959年版，第220页。
④ ［宋］黄震：《黄氏日钞》，文渊阁《四库全书》本，上海古籍出版社，1987年版，第278页。
⑤ 许倬云：《秦汉知识分子》，《求古编》，联经出版事业公司，1982年版，第493页。

争议：

> 辕固，齐人也。以治《诗》孝景时为博士，与黄生争论于上前。黄生曰："汤、武非受命，乃杀也。"固曰："不然。夫桀、纣荒乱，天下之心皆归汤、武，汤、武因天下之心而诛桀、纣，桀、纣之民弗为使而归汤、武，汤、武不得已而立。非受命为何？"黄生曰："'冠虽敝必加于首，履虽新必贯于足。'何者？上下之分也。今桀、纣虽失道，然君上也；汤、武虽圣，臣下也。夫主有失行，臣不正言匡过以尊天子，反因过而诛之，代立南面，非杀而何？"固曰："必若云，是高皇帝代秦即天子之位，非邪？"于是上曰："食肉毋食马肝，未为不知味也；言学者毋言汤、武受命，不为愚。"①

黄生与辕固生争论的实质是王权正当性理论的竞争。黄生认为汤武获得天下的原因在于汤武借由武力打败了桀纣，王权的正当性在于凭借武力击败旧有的君主，而获得土地与人民的支配权，这是"以力得天下"；辕固生认为汤武之所以取得天下，其原因在于受命，王权的合法性来源于受天命，这是"受命治天下"，有些类似于西方的"君权神授"②。辕固生将王权正当性置于一个超越性力量而不是战场上的胜利，以此克制竞争者的肆意妄为，增添皇权的神秘性与威严性。余英时先生曾说："政统需要道统的支持，以证明它不是单纯地建立在暴力的基础之上。……建筑在赤裸裸的暴力基础上的'势'是不可能有号召力的，政权多少都要具备某种合法性（或者也可以说是'合道性'，即英文的 legitimacy）。"③ 面对辕固生与黄生的争论，拥有最终仲裁权的汉景帝选择了回避："言学者毋言汤、武受命，不为愚。"景帝时，正处于汉初"以力得天下"思想理念与武帝时建构的"受命治天下"体系的中间期，所以默而不言，选择回避。

"受命"理论的建构成熟于汉武帝时期。汉武帝自身非常信从"王者受命"这一儒者建构的政治理想，甫一登基，他便举贤良文学之士，在建元元

---

① [汉]班固：《汉书》卷八十八《儒林传》，中华书局，1962年版，第3612页。

② 徐复观认为董仲舒所说的"受命之君，天意之所予也"是典型的"君权神授"说。徐复观：《两汉思想史》（第二卷），华东师范大学出版社，2001年版，第255页。

③ 余英时：《道统与政统之间》，《士与中国文化》，上海人民出版社，1987年版，第105—119页。

年（前 140 年）的《策贤良制》中问道："三代受命，其符安在？灾异之变，何缘而起？"① 从这里不难看出汉武帝心中的历史性焦灼与形而上困顿，这种焦虑与困惑不但是汉武帝的个人情结，而且是整个帝国的集体心态与共同意识。董仲舒以《天人三策》回答了武帝的疑问，并以此建构了一个精密的"王者受命"理论体系，他说："天之所大奉使之王者，必有非人力所能致而自至者，此受命之符也。"董氏提出王者之所以成为王者而拥有天下，不是靠着"人力"（即攻占征伐）而做到的，关键在于其"受天命"，所谓"受命之君，天意之所予也"②。王者"受天命"之后，便成为天之子，代替"天"管理整个天下。"天"作为每一个个体安身立命的场域，个人生命的终极意义在于"天人合一"③。当人与天合，个体便可以天地为后盾，个人的孤独感可以轻易消除，自我生命中的焦虑亦可以得到释放。这样一来，个人就能在这个错综复杂的世界中找到生命的真意。因此，生民要实现其生命意义便要必须要尊敬"天"以及服从"天"的代理人——天子的管理。在此意义上，天子就理所当然地支配"九州 + 四夷"的所有人民。"帝国的合法性直接诉诸'天'，而不是诉诸'前王'；这样一来，超越性诉求取代了连续性诉求，或者说，是否具有连续性已经不再构成政权正当性的基础。"④ 董仲舒认为王权的正当性来源于受命，王者只有受天命才能够治天下。在此影响下，班彪写下了著名的《王命论》，以此宣扬王权的正当性在于"受命"："帝王之祚，必有明圣显懿之德，丰功厚利积累之业……未见运世无本，功德不纪，而得屈起在此位者也。"班彪认为凭借武力是不可能取得天下的，即使取得天下，那也只是暂时性的拥有，如秦二世而亡，项羽五载而败。相对于此，隗嚣则认为："昔秦失其鹿，刘季逐而掎之。"隗嚣信奉的是典型的"以力克天

① [汉] 班固：《汉书》卷五十六《董仲舒传》，中华书局，1962 年版，第 2496-2500 页。关于武帝《策贤良制》以及董仲舒《天人三策》的创作时间，学界一直围绕着建元元年（前 140 年）、元光元年（前 134 年）和元朔五年（前 124 年）争论不休，成祖明考订其作于建元元年，其考证详细，可从之。成祖明：《诏策贤良文学制度背景下的"天人三策"》，《历史研究》2012 年 4 期，第 134—143 页。

② [汉] 董仲舒著，[清] 苏舆撰：《春秋繁露义证》卷九《深察名号》，中华书局，1992 年版，第 281 页。

③ 余英时：《论天人之际——中国古代思想起源试探》，联经出版事业股份有限公司，2014 年版。

④ 李长春：《〈春秋〉"大一统"与两汉时代精神》，冯达文主编：《两汉思想与信仰》，巴蜀书社，2013 年版，第 38 页。

下”观点。班彪批评这种观点是世俗浅短之见：“世俗见高祖兴于布衣，不达其故，以为适遭暴乱，得奋其剑，游说之士至比天下于逐鹿，幸捷而得之，不知神器有命，不可以智力求也。”因为社稷神器的归属是由天命来决定的，而不是人力所能争取的：“距逐鹿之瞽说，审神器之有授。”①

在“受命”理论下，天子只要“天命”在身，就可以泰然地宣称其支配了整个天下，“唯天子受命于天，天下受命于天子……诸所受命者，其尊皆天也，虽谓受命于天亦可。”②纵使天下无边无际，且天子当前的支配领域仅限于九州，但天子管理“九州＋四夷”的天下是“天”的旨意，与其实际掌控范围无关。

总而言之，“任力”论认为只有将一地纳入郡县体系与编户制度，那么此地才可以说被王朝支配了，奉行的是“先征服，后支配”的观念；“受命”论则认为王者因“天命”的允诺，理所当然地支配着整个天之下的领域，这是先验的支配。汉武帝时期，在“受命”理论的影响下，汉武帝认为他对“九州＋四夷”有着天然的支配权，所以周边四夷的不服是对“天命”的违抗，天子征讨不服是完成“天”交给他的任务。由此可见，受命理论的建构对文化天下观走向政治实践有着极大的推进作用。

第三就是夷狄认识的发展。

在先民的思想世界中，对夷狄存在着两种不同的认知：一种认为虽然华夏与夷狄的生活方式、文化信仰有差异，但不否认双方都是属于“人”这一范畴；另外一种是将夷狄归类为禽兽，判定其属于一种非人的存在。华夏习惯性地对周边民族冠以“蛮夷戎狄”的称呼，而据邢义田先生的考证，早期“蛮夷戎狄”的含义并不带有低贱的意思，而只是一些普通的称谓：“卜辞中已有夷、戎和狄三字，但无蛮字。其中戎字是指兵器，狄是一位贞人的名字，只有一个夷字是指方国。夷字从‘人’，无低贱之意。……从此看来，戎、夷、蛮、狄成为文化低落部族的代名词必是周以后的发展。”③发展至后来，因生存竞争等因素的影响，“夷狄”一词开始作为对周边民族的蔑称，

① [汉]班固：《汉书》卷一百《叙传上》，中华书局，1962年版，第4207—4212页。

② [汉]董仲舒著，[清]苏舆撰：《春秋繁露义证》卷十一《为人者天》，中华书局，1992年版，第319页。

③ 邢义田：《天下一家——中国人的天下观》，中华书局，2011年版，第449页。学者王明珂也认为“最早‘戎’只是指这些人群的武力化特性，而无野蛮人的含意”。王明珂：《华夏边缘——历史记忆与族群认同》，允晨文化，1997年版，第221页。

乃至于被视为某种非人的禽兽。

首先来考察将夷狄认知为人的文献，《礼记·王制》曰：

> 中国戎夷，五方之民，皆有性也，不可推移。东方曰夷，被发文身，有不火食者矣。南方曰蛮，雕题交趾，有不火食者矣。西方曰戎，被发衣皮，有不粒食者矣。北方曰狄，衣羽毛穴居，有不粒食者矣。中国、夷、蛮、戎、狄，皆有安居、和味、宜服、利用、备器，五方之民，言语不通，嗜欲不同。①

这里将“五方之民”合称，“中国戎夷”并举，显然揭橥了中国与戎夷都是属于人的范畴。所谓“五方之民，皆有性也”，即中央（华夏）之民与四方（四夷）之民都有其特有的“天性”，他们之间的区别只在于“言语不通，嗜欲不同”等生活习惯的差异而已，并不存在着人与非人的本质上区分。《左传》还保留了一些夷狄自我认知的珍贵资料，襄公十四年，姜戎自称“我诸戎饮食衣服，不与华同，贽币不通，言语不达”②，在姜戎的感官认知中，自己与华夏的区别只在于饮食、衣服、语言、货币等外在表现形式的不同，实质上仍然同属于人类这一群体。熊渠封其三子为王时也说道：“我蛮夷也，不与中国之号谥。”熊渠相当自豪地称自己为蛮夷，恐怕在其眼中，蛮夷与中国的含义相差不大，只不过是“号谥”不同罢了。从由余与秦缪公的对话中更能看出蛮夷的自信自傲：

> 缪公怪之，问曰：“中国以诗书礼乐法度为政，然尚时乱，今戎夷

① 《礼记正义》卷十二《王制》，清嘉庆本《十三经注疏》，中华书局，2009年版，第2896页。关于《王制》成篇年代，可参见王锷先生《清代〈王制〉研究及其成篇年代考》。王锷先生以为“《礼记·王制》‘古者以周尺八尺为步’以前的经文部分，大概写成于战国中期，与郭店楚简写作的年代相近。‘古者以周尺八尺为步’以后，显然是秦汉人解释前面‘经文’部分的文字，在刘向父子整理图书以前，《王制》原文和解释文字已经抄写在一起，成为目前我们看到的样子”。因此可以将引文中对夷狄的认识归属于战国时期。王锷：《清代〈王制〉研究及其成篇年代考》，《古籍整理研究学刊》2006年第1期，第19—25页。另外也可参见王锷《〈礼记〉成书考》相关内容，中华书局，2007年版，第172—188页。

② 《春秋左传正义》卷三十二《襄公十四年》，清嘉庆本《十三经注疏》，中华书局，2009年版，第4246页。

无此，何以为治，不亦难乎？”由余笑曰：“此乃中国所以乱也。夫自上圣黄帝作为礼乐法度，身以先之，仅以小治。及其后世，日以骄淫。阻法度之威，以责督于下，下罢极则以仁义怨望于上，上下交争怨而相篡弑，至于灭宗，皆以此类也。夫戎夷不然。上含淳德以遇其下，下怀忠信以事其上，一国之政犹一身之治，不知所以治，此真圣人之治也。”①

由余认为蛮夷自有其礼乐法度，而且是“真圣人之治也”，是远胜于中国的。而只有当夷狄与中国在本质上（即都归属于人）是对等时，二者才可能进行比较。汉代中行说在面对汉使者对匈奴文化的嘲讽讥笑时，说道：

汉使或言匈奴俗贱老，中行说穷汉使曰：“而汉俗屯戍从军当发者，其亲岂不自夺温厚肥美赍送饮食行者乎？”汉使曰：“然。”说曰：“匈奴明以攻战为事，老弱不能斗，故以其肥美饮食壮健以自卫，如此父子各得相保，何以言匈奴轻老也？”汉使曰：“匈奴父子同穹庐卧。父死，妻其后母；兄弟死，尽妻其妻。无冠带之节、阙庭之礼。”中行说曰：“匈奴之俗，食畜肉，饮其汁，衣其皮；畜食草饮水，随时转移。故其急则人习骑射，宽则人乐无事。约束径，易行；君臣简，可久。一国之政犹一体也。父兄死，则妻其妻，恶种姓之失也。故匈奴虽乱，必立宗种。今中国虽阳不取其父兄之妻，亲属益疏则相杀，至到易姓，皆从此类也。且礼义之弊，上下交怨，而室屋之极，生力屈焉。夫力耕桑以求衣食，筑城郭以自备，故其民急则不习战攻，缓则罢于作业，嗟土室之人，顾无喋喋占占，冠固何当！”②

中行说讽刺礼乐文化的虚伪做作，盛赞匈奴文化的淳朴敦厚，这番对比的前提也是匈奴民众与华夏百姓都是人类。

另外再来检讨史料中将夷狄判断为非人存在的禽兽的情况。德国学者艾伯华（Wolfram Eberhard）认为当族名被自我宣称时，在语言中代表的是“人类”，但当被其他群体宣称时，则被归类为“非人类”。“自称族名经常在该语言中也代表‘人类’的意思，以此划定能分享族群利益的‘人’的范

① ［汉］司马迁：《史记》卷五《秦本纪》，中华书局，1959年版，第192—193页。
② ［汉］班固：《汉书》卷九十四上《匈奴传上》，中华书局，1962年版，第3760页。

围。相反的，当一群人以一些‘他称族名’称呼其他人群时，这些族名常有‘非人类’或有卑贱的含义。”[①] 艾伯华的结论放在中国古代历史中有一定的缺陷，蛮戎夷狄自我宣称为“蛮夷”时如上所述，其的确代表的是“人类”，但作为他者的华夏称他们为“蛮夷”时其含义亦指向“人类”，这在上面的事例中已经分析过了。但艾伯华的理论仍有其意义，“他称族名”表示“非人类”的情况在早期中国也有很多，如《左传》载闵公元年管仲对齐侯的建议，“戎狄豺狼，不可厌也”[②]，襄公四年载魏绛的认识，“戎，禽兽也”[③]，在这些文献中，戎狄被直接看成了与豺狼一般的野兽。《国语·周语》所记载的夷狄也是与凶猛的野兽一般无二：“夫戎、狄，冒没轻儳，贪而不让。其血气不治，若禽兽焉。”“狄，封豕豺狼，不可厌也。”[④] 结合以上文献，可以发现夷狄是作为一种非人类的存在而被记录下来的，华夏对夷狄的印象有如《山海经》所想象的狗头国之类夸张无比，选择塑造的夷狄形象完全与人类没有什么联系。

夷狄认知影响着地理观的形成。若认为周边四夷是属于人的范畴，则对其进行支配是顺理成章的事情，之所以进行边境开发、文化传播，是因为作为人而存在的四夷可以成为天子的子民；而倘若认为周边四夷是属于非人类——即禽兽的范畴，对其置之不理便是理所当然的事情，之所以选择“羁縻之谊”“让而不臣”，因为没有必要与禽兽去较真。对夷狄的认识不断被重复叙述，且被选择、重组、塑造成有利于现实的集体记忆，夷狄之地有没有必要去开发，取决于对生活在那片土地之上的夷狄的认识。

整理历史的发展途径，不难发现汉代对夷狄的认识是不断变化的，忽焉认为他们是人，忽焉又认为他们是野兽般的“非人”，现实境况的需要是夷狄认识变化的依据。在开边之争中，持地理天下观的保守派认为夷狄是非人的存在，而持文化天下观的改革派则认为夷狄属于人的范畴。反对开边的韩

---

① Wolfram Eberhard，*The Local Cultures of South and East China*，转引自王明珂：《华夏边缘——历史记忆与族群认同》，允晨文化，1997 年版，第 72 页。

② 《春秋左传正义》卷十一《闵公元年》，清嘉庆本《十三经注疏》，中华书局，2009年版，第 3876 页，

③ 《春秋左传正义》卷二十九《襄公四年》，清嘉庆本《十三经注疏》，中华书局，2009 年版，第 4195 页。

④ [春秋] 左丘明撰，徐元诰集解：《国语集解》卷二《周语中》，中华书局，2002 年版，第 49 页。

安国便以为匈奴是一群野蛮的禽兽，难以驯化，“今匈奴负戎马足，怀鸟兽心，迁徙鸟集，难得而制。”[①] 刘安亦是持此态度，“越，方外之地，劗发文身之民也。不可以冠带之国法度理也。”[②] 文帝时期的季布也说：“且夷狄譬如禽兽，得其善言不足喜，恶言不足怒也。”[③] 主父偃在对匈奴总结时说道：“夫匈奴行盗侵驱，所以为业，天性固然。上自虞、夏、殷、周，固不程督，禽兽畜之，不比为人。”[④] 匈奴“天性”有如禽兽，本质上已经不是属于人的范畴了，自古以来便是“禽兽畜之，不比为人”。既然将周边四夷的形象塑造成禽兽般的“非人”物种，那么这些“动物”便不需要去管制，这些土地也不值得去占有。

而在支持边境开发的内朝之士的认知中，夷狄是作为人类而存在的。严助对刘安解释武帝发兵诛闽越时就说道：“闽王伏辜，南越被泽，威震暴王，义存危国。”[⑤] 严助在论述中把东瓯闽越当成“暴王”“危国”之属的人类。司马相如的手法亦是如此，“夫拯民于沈溺，奉至尊之休德，反衰世之陵夷，继周氏之绝业。”[⑥] 由上可知，将夷狄认知为人的观念也促进了文化天下观走向政治实践。

概言之，汉武帝之所以推行边境开发政策，这与当时的经济、文化、思想各个方面条件的成熟有关。也就是说，经济上的国富民强为边境开发提供了物质基础，文化上的受命理论以及思想上的夷狄认识为边境开发提供了理论准备，在多方面因素的综合下，边境开发成为可能。

二、“称臣称名”的郡县制内涵

在《难蜀父老》中，耆老大夫反对开边的理由是：“盖闻天子之于夷狄也，其义羁縻勿绝而已。……仁者不以德来，强者不以力并，意者其殆不可乎！”他们对夷狄的主张是“羁縻勿绝”，理论依据是“仁者以德，强者以力”，此理论依据代表的是传统中的“以德怀远”观。值得注意的是，“羁縻

---

① [汉]班固：《汉书》卷五十二《韩安国传》，中华书局，1962年版，第2398页。
② [汉]班固：《汉书》卷六十四上《严助传》，中华书局，1962年版，第2777页。
③ [汉]班固：《汉书》卷九十四上《匈奴传上》，中华书局，1962年版，第3755页。
④ [汉]班固：《汉书》卷六十四上《主父偃传》，中华书局，1962年版，第2801页。
⑤ [汉]班固：《汉书》卷六十四上《严助传》，中华书局，1962年版，第2788页。
⑥ [汉]司马迁：《史记》卷一百一十七《司马相如列传》，中华书局，1959年版，第3051页。

勿绝”与“以德怀远”作为古代华夏帝国的外夷政策，事实上有着不同的内涵。在这里，借用传统中国表示屈服与优待的专有词汇“称臣”“称名”“不称臣”“不称名”[①]，可以更好地分析不同外夷政策之间的差异。

“羁縻勿绝”的实质是“让而不臣”。“羁縻勿绝”，《史记》索隐解为：“羁，马络头也。縻，牛缰也。《汉官仪》：‘马云羁，牛云縻。’言制四夷如牛马之受羁縻也。”[②]司马贞认为“羁縻”一词源自套住牛马的缰绳，颜师古注《汉书·郊祀志》“天子犹羁縻不绝，冀遇其真”时曰：“羁縻，系联之意。马络头曰羁也。牛靷曰縻。”[③]颜师古将“羁縻”解为“系联”，与司马贞的解释大致类似，二者将注意力集中在对四夷的控制方式上。事实上，汉代的萧望之对“羁縻勿绝”做过更为精确的解释：“外夷稽首称藩，中国让而不臣，此则羁縻之谊。”[④]东汉虞诩上奏顺帝时也说过：“自古圣王不臣异俗，非德不能及，威不能加，知其兽心贪婪，难率以礼。是故羁縻而绥抚之。”[⑤]萧望之与虞诩都认为“羁縻”的实质是以“不臣”之礼对待夷狄。可见，羁縻在汉代士人的认知中是以“客礼”“不臣”来对待外夷，并不是视四夷如牛马，而是主人与客人的关系。羁縻政策的具体表现为“欲朝者不距，不欲朝者不强”[⑥]，此即孟子所说的“来者不拒，去者不追”。班固也是这样理解的：“来则惩而御之，去则备而守之。其慕义而贡献，则接之以礼让，羁縻不绝。”[⑦]换言之，羁縻政策的实质是夷狄入于华夏则以华夏之礼对待他们，不入华夏则以夷狄之礼对待他们，所谓“不拒、不强”“来则、去则”，暗含的都是

---

① 称臣传达的是屈服之意，日本学者尾形勇将其定义为“臣某”形式，并认为“这种特殊的自称方式，在秦汉以后的整个古代，乃至清代皇帝的统治体制下，一直为群臣所遵守。至少在官僚界，遵守这种方式，被提高为一种不自觉的习俗。”[日]尾形勇著，张鹤泉译：《中国古代的“家”与国家》，中华书局，2010年版，第91页。此外，在中国传统文化中，“名”是敬重的对象，不应该轻易自称，“称名”表现的是臣服与卑微之意，《白虎通·姓名》即说：“名者，幼小卑贱之称也。”[清]陈立撰，吴则虞点校：《白虎通疏证》卷九《论名》，中华书局，1994年版，第407页。

② [汉]司马迁：《史记》卷一百一十七《司马相如列传》，中华书局，1959年版，第3050页。

③ [汉]班固：《汉书》卷二十五下《郊祀志》，中华书局，1962年版，第1248页。

④ [汉]班固：《汉书》卷七十八《萧望之传》，中华书局，1962年版，第3282页。

⑤ [南朝宋]范晔：《后汉书》卷八十六《南蛮西南夷列传》，中华书局，1965年版，第2833页。

⑥ [汉]班固：《汉书》卷九十四下《匈奴传下》，中华书局，1962年版，第3814页

⑦ [汉]班固：《汉书》卷九十四下《匈奴传下》，中华书局，1962年版，第3834页。

“不臣”。

此外，汉代的官制也可以说明此问题。根据班固的《百官公卿表》，汉代有两个处理帝国与周边四夷关系的机构：一是典客，“秦官，掌诸归义蛮夷，有丞。景帝中六年更名大行令，武帝太初元年更名大鸿胪”，即以客礼来对待与华夏保持友好关系的四夷；一为典属国，“秦官，掌蛮夷降者。武帝元狩三年昆邪王降，复增属国”，即以臣礼来对待已经投降归附的四夷。“归义”与“归附”之间的差别主要体现在客礼与臣礼的接待方式上。需要着重注意的是下面这句话：“武帝元狩三年昆邪王降，复增属国。”① 这说明汉武帝元狩三年（前120年）以前，汉廷处理四夷关系的机构只有典客而没有典属国，故开发西南夷时的耆老大夫主张以客礼式的“羁縻不绝”来对待西南夷是一个符合当时实际制度的理由。

“称臣而不名”是“以德怀远”的具体实践。前文曾言萧望之建议对匈奴采取“让而不臣”的策略，而汉宣帝的诏书则是“称臣而不名”②，二者之间的差别表现的便是羁縻政策与以德怀远政策的差异。羁縻政策允许存在“不臣”的现象。《白虎通·王者不臣》中“王者三不臣”之一便是夷狄，“夷狄者，与中国绝域异俗，非中和气所生，非礼仪所能化，故不臣也。”③“不臣”则否定四夷为中国所支配，表示的是天子所支配的天下仅限于九州。而“以德怀远”则认为整个“九州＋四夷”都是内部，都是“臣”于天子的对象。所以汉宣帝对于萧望之建议中的“位在诸侯王上”等优待四夷条件全盘接受，但唯独不能容忍“让而不臣”这一条。因为“普天之下，莫非王土；率土之滨，莫非王臣”，于天子来说，天下不允许存在“不臣”的对象。罗志田曾说：“可知对夷狄修文德以来之的取向自始不过是一种理想，很少达到实践的层面，不臣不治才是现实政治中运用的真正方略。”④ 罗志田先生看出了“修文德以来之”与“不臣不治”之间的差异，但没有具体指出差异所在。其

① ［汉］班固：《汉书》卷十九上《百官公卿表》，中华书局，1962年版，第730—735页。

② 汉宣帝诏书曰：“今匈奴单于称北籓，朝正朔，朕之不逮，德不能弘覆。其以客礼待之，令单于位在诸侯王上，赞谒称臣而不名。”萧望之主张的是“让而不臣”，而汉宣帝主张的是“称臣而不名”。［汉］班固：《汉书》卷七十八《萧望之传》，中华书局，1962年版，第3283页。

③ ［清］陈立撰，吴则虞点校：《白虎通疏证》卷七《论三不臣》，中华书局，1994年版，第318页。

④ 罗志田：《夷夏之辨的开放与封闭》，《中国文化》1996年第2期（总第十四期），第221页。

实“修文德以来之”表示的是“称臣而不名”，而“不臣不治”表示的是“让而不臣”。

“以德怀远”作为一个深入人心的政治理想，有着深厚的文化基础与思想底蕴，长期以来被知识阶层奉为圭臬。“以德怀远”讲究以德服人，利用仁德达到令远方臣服的目的。孔子在《论语·季氏》曾说：“故远人不服，则修文德以来之。既来之，则安之。”[①]《左传·僖公七年》也说：“招携以礼，怀远以德。”[②]《中庸》有“柔远人则四方归之，怀诸侯则天下畏之”[③]。墨者也讲求“以德怀远”，《非命》篇言：“近者安其政，远者归其德。”[④]据常金仓教授的考察，德柔“本来是诸夏内部的统治方法，现在人们又将‘德以柔中国’的原则通过效法典范的方法推广于四夷，于是就出现了‘以德怀远’”[⑤]。“以德怀远”宣扬的是广义的天下观，当中外成一体，天下成一家时，“柔四夷”便如“柔中国”般，仍然属于内部管理范式的实践。

贾谊对“以德怀远”理想有着深入的挖掘。“今汉帝中国也，宜以厚德怀服四夷，举明义，博示远方，则舟车之所至，人迹之所及，莫不为畜，又且孰敢分然不承帝意？”[⑥]贾谊认为德义拥有令所有人都希冀靠近、濡慕不已的品性，只要汉政府施行仁义，则远方四夷自然襁褓负子地投入汉帝国的怀抱。“以德怀远”所主张的天下是“九州＋四夷”的集合体：

> 或曰：“天子不怵，人民宦之。”曰：“苟或非天子民，尚岂天子也？”诗曰：“普天之下，莫非王土；率土之滨，莫非王臣。”王者，天子也。苟舟车之所至，人迹之所及，虽蛮貊戎狄，孰非天子之所作也？[⑦]

---

① ［宋］朱熹：《四书章句集注·论语集注》卷八《季氏》，中华书局，1983年版，第170页。

② 《春秋左传正义》卷十三《僖公七年》，清嘉庆本《十三经注疏》，中华书局，2009年版，第3904页。

③ ［宋］朱熹：《四书章句集注·中庸章句》，中华书局，1983年版，第30页。

④ ［清］孙诒让撰，孙启治点校：《墨子间诂》卷九《非命上》，中华书局，2001年版，第268页。

⑤ 常金仓：《“夷夏之辨”与“以德怀远”说》，《陕西师范大学学报（哲学社会科学版）》1997年3月第1期，第118页。

⑥ ［汉］贾谊撰，阎振益、钟夏校注：《新书校注》卷四《匈奴》，中华书局，2000年版，第135页。

⑦ ［汉］贾谊撰，阎振益、钟夏校注：《新书校注》卷四《匈奴》，中华书局，2000年版，第139页。

在贾谊的叙述中，天子统领世间所有人民，周边四夷也是天子的属民，这是不容置疑的真理。“以德怀远”的目的在于将四夷纳入汉政府的郡县制体系。“将必以匈奴之众，为汉臣民，制之令千家而为一国，列处之塞外，自陇西延至辽东，各有分地以卫边，使备月氏、灌窳之变，皆属之置郡。”[①]“为汉臣民”“属之置郡”代表着四夷对汉帝国“称臣”。所谓“制之令千家而为一国”，即是说远方四夷有着“敌国之义”，《白虎通义》“王者臣有不名王”之中的“诸父诸兄”不名的理由是“有敌体之义”[②]，有“敌体之义”则可以“不称名”，有“敌国之义”则也可以“不称名”，这就是汉宣帝令匈奴“称臣而不称名”思想的由来。

贾谊对传统的以德怀远观有着很大程度上的发明创造。传统的以德怀远观是放任周边四夷自由发展，而自己自顾自地对内施行仁义，他们认为时间一长，外部的四夷就会主动慕义而来，这便是所谓的“修文德以来之”，先对内修习“文德”，诱惑招纳四夷“来”，当其过来之后，再将“文德”扩展至其身上，“既来之，则安之”[③]。相对来说，这种方法比较消极，注重于等待四方的主动归顺。而贾谊的以德怀远观则是主张主动出击，在周边四夷还未被中国的仁义吸引过来时，汉政府要有意识地将仁义施展在他们身上，当他们感受到仁义的美妙时，便会自动归义于汉政府。慕义而来与沐义而归，前者是四夷先被引诱过来再对其施行仁义，后者是先对其施行仁义再将其引诱过来。这是二者之间的区别所在，也是贾谊计策的积极主动之处。

贾谊以德怀远观的具体内容为“三表五饵”之策，即利用汉朝优越的物质文化与精神文化诱惑吸引匈奴，令其在丰富的物产与动人的礼乐中丧失自己的本性，习焉不察间染上汉风汉俗，从而自然而然地归顺汉文化圈，最终纳入汉政府的郡县体制。贾谊的计策切中匈奴要害，中行说游说匈奴单于时说：

> 初，匈奴好汉缯絮食物，中行说曰：“匈奴人众不能当汉之一郡，然所以强之者，以衣食异，无仰于汉。今单于变俗好汉物，汉物不过什

① ［汉］贾谊撰，阎振益、钟夏校注：《新书校注》卷四《匈奴》，中华书局，2000年版，第134页。

② ［清］陈立撰，吴则虞点校：《白虎通疏证》卷七《论五不名》，中华书局，1994年版，第325页。

③ ［宋］朱熹：《四书章句集注·论语集注》卷八《季氏》，中华书局，1983年版，第170页。

二，则匈奴尽归于汉矣。其得汉絮缯，以驰草棘中，衣袴皆裂弊，以视不如旃裘之坚善也。得汉食物皆去之，以示不如重酪之便美也。”①

中行说认为匈奴之所以强盛，凭借的就是与众不同的游牧生活习俗，但现在匈奴民众却向往农耕文明的汉文化，长此以往，匈奴人民很容易丧失自身的优越性、独立性而被同化。因此中行说建议单于去除汉家文化的痕迹，保持游牧文明的民风习俗。贾谊计策的具体成效主要彰显在汉武帝时。张骞曾建议武帝用汉代广博的货物贿赂乌孙：“蛮夷恋故地，又贪汉物，诚以此时厚赂乌孙，招以东居故地，汉遣公主为夫人，结昆弟，其势宜听，则是断匈奴右臂也。”② 这一举措达到了预期的效果，乌孙开始与汉朝结交。“乌孙使既见汉人众富厚，归报其国，其国乃益重汉。其后岁余，骞所遣使通大夏之属者皆颇与其人俱来，于是西北国始通于汉矣。”③ 利用精美的汉物来引诱周边四夷臣服的计谋不止施行于乌孙一国，对西域也实行过这一政策，据载：

天子既闻大宛及大夏、安息之属皆大国，多奇物，土著，颇与中国同俗，而兵弱，贵汉财物；其北则大月氏、康居之属，兵强，可以赂遗设利朝也。诚得而以义属之，则广地万里，重九译，致殊俗，威德遍于四海。④

这些事实说明了贾谊之策的有效性。吕思勉《秦汉史》也认为“贾生五饵之策……非处士之大言，其效诚有可期者也。使武帝而有深谋远虑，当时之匈奴，实可不大烦兵力而服”⑤。

“称臣称名”是边境开发的最终目标。边境开发的目的是将四夷直接纳入郡县体制，编户齐民式地进行管理，其支配系统采用的是帝国现有的行政制度，如汉武帝征讨南越后，新增了南海、合浦、苍梧、郁林、交趾、九真、日南等郡，讨伐西南夷后，置武都、牂柯、越巂、沈黎、文山等郡。根据尾形勇先生的考察，汉帝国的臣下在面对皇帝时，他们的自称形式多为

① [汉]班固：《汉书》卷九十四上《匈奴传上》，中华书局，1962年版，第3755页。
② [汉]班固：《汉书》卷六十一《张骞传》，中华书局，1962年版，第2692页。
③ [汉]司马迁：《史记》卷一百二十三《大宛列传》，中华书局，1959年版，第3169页。
④ [汉]班固：《汉书》卷六十一《张骞传》，中华书局，1962年版，第2690页。
⑤ 吕思勉：《秦汉史》，中国友谊出版公司，2009年版，第97页。

“臣某”，即“称臣称名”，如《独断》便言“凡群臣上书于天子者有四名……左方上附曰：某官臣某甲上”[①]。“称臣称名”是君臣之礼，表现的是臣子如同奴隶一样的身份。[②] 与“以德怀远”的“不名”相比，边境开发追求的是“称名”，代表着一种自卑谦让。郑玄注《曲礼》便说：“对至尊，无大小，皆称名。”[③] 称名意味着天子进一步的支配与臣下更高级别的附庸。

在“天下一家”的结构中，称名而不称姓，是因为有一抽象的“汉家”存在，此“家”姓“汉”，所有在此“家”内的人都必须遗忘自己的私姓，而全部姓“汉”，因此称名便代表着成为此“汉家”的一员，不称名则意味着四夷不是此“汉家”的成员。相较于此，“称臣而不名”表示的是天下是由姓“汉”的“家”，姓“匈奴”的“家”，姓“朝鲜”的“家”等家共同组成，“汉家”为此所有“家”的族长，四夷之“家”臣服于“汉家”之下。栗原朋信认为考察汉代的君臣关系时，存在“内臣”与“外臣”之别，四夷是作为“外臣”而存在的[④]。栗原氏的分析确为精准，内臣为“汉家”内的君臣关系，然而四夷的“家”独立于“汉家”而存在，正是外臣的形式。

根据上面的考察，“羁縻勿绝”是宾客之礼，讲求的是对四夷“让而不臣”，其天下的范围仅限于华夏；“以德怀远”是优待外臣的殊礼，讲求的是“称臣而不名”，其天下指的是“九州 + 四夷”；“边境开发”是君臣之礼，讲求的是“称臣称名”，其天下也是指“九州 + 四夷”。从“以德怀远”到“边境开发”的转换，就是文化天下观由政治理念到具体实践的嬗变。由前往后，天子的支配程度逐渐加深，天下作为一个被天子支配的共同体也逐步形成。

结 语

在传统中国的政治语境里，王者追求的最终目标是“天下一家”“世界

① [汉]蔡邕：《独断》卷上，中华书局，1985年版，第4页。

② [日]尾形勇著，张鹤泉译：《中国古代的“家”与国家》，中华书局，2010年版，第63—87页。

③《礼记正义》卷二《曲礼上》，清嘉庆本《十三经注疏》，中华书局，2009年版，第2688页。

④ [日]栗园朋信：《上代日本对外关系研究》，转引自[日]尾形勇著，张鹤泉译：《中国古代的“家”与国家》，中华书局，2010年版，第111—112页。

大同”，但达到此目标不是一蹴而就，而是逐步进行的。“王者欲一乎天下，曷为以外内之辞言之？自近者始也。”[①] 由近及远，即先京师、次华夏、再四夷、终于天下一家，其表述方式与修身、齐家、治国、平天下是相同的。何休运用“春秋三世说”来对他们进行解释，他说：“于所传闻之世，见治起于衰乱之中，用心尚粗牿，故内其国而外诸夏，先详内而后治外。……于所闻之世，见治升平，内诸夏而外狄夷。……至所见之世，着治太平，夷狄进至于爵，天下远近小大若一，用心犹深而详，故崇仁义，讥二名。”[②] 何休将历史分为三个发展阶段，由次递升分别为：内其国而外诸夏，内诸夏而外狄夷，着治太平，夷狄进至于爵。“按‘春秋三世说’的说法，一旦实现‘夷狄进至于爵，天下远近小大若一’之后，则原先的夷狄与‘诸夏’无别、业已成为‘中国’的一员。此时，‘天下’与‘中国’合而为一。”[③] “天下”随着历史的发展而逐渐延伸，最终由地理分限之天下，达到浑然一体之天下，实现天下一家、世界大同的政治理想。边境开发即是汉武帝选择的通往中外一体的路，当四夷全部在天子的支配下时，整个天下也就成为一家了。

---

① 《春秋公羊传注疏》卷十八《成公十五年》，清嘉庆本《十三经注疏》，中华书局，2009 年版，第 2297 页。

② 《春秋公羊传注疏》卷一《隐公元年》，清嘉庆本《十三经注疏》，中华书局，2009年版，第 4774 页。

③ 陈玉屏：《略论中国古代的“天下”“国家”和“中国”观》，《民族研究》2005 年第 1 期，第 71 页。

第二章 “四夷列传”：宗法式的天下秩序

中国皇权时代的官方史书，也就是俗称的“二十四史”，每套里面都有一系列的“四夷列传”。“四夷列传”可以说是古代中国简明的外交史，它关注的是王朝与周边民族的互动，即九州与周边四夷之间的关系。在“天下＝九州＋四夷”的认识视野中，夷夏关系暗示的即是天下秩序。也就是说，对夷夏关系的书写只是文本的表相，天下秩序的建构才是文本的本相。

太史公的“四夷列传”① 作为第一份专门记载周边外夷的文献，已成为后世史家模仿拟制的文类典范，探讨传统中国如何构建天下秩序，它会是一个很好的视角。目前学界对于太史公“四夷列传”的研究多集中于族群建构，以“夷夏同源”② 理论来解释太史公所建构的“天下”。然此“天下”的内部秩序——华夏与四夷在“天下”内部是什么样的关系：是平等共处，还是主导与服从？如果是主从，谁是主谁是从？关于这方面的研究学界却少有阐发。

第一节 血缘认同：“夷夏同源”神话的建构

传统中国探讨夷夏关系的方法主要有以下三种：血缘亲族、地域空间

---

① 《史记》中的“四夷列传”具体为：《匈奴列传第五十》《南越列传第五十三》《东越列传第五十四》《朝鲜列传第五十五》《西南夷列传第五十六》《大宛列传第六十三》。

② 可参见于逢春：《华夷衍变与大一统思想框架的构筑——以〈史记〉有关记述为中心》，《中国边疆史地研究》2007 年第 2 期，第 21—34 页；王明珂：《华夏边缘——历史记忆与族群认同》第十章《汉人的形成：汉代中国人的边疆异族想象》，允晨文化，1997 年版，第 289—319 页。

与礼仪文化。如卢向国认为“华夷之辨”主要包括以下三个方面：“一是辨种族……二是辨地域……三是辨文化。”[①] 张星久综述近代对“华夷之辨”的研究时说道：“在这些研究中比较一致的看法是，在‘华夷之辨’的三个方面的标准或三层基本含义中，‘华’‘夷’的种族之分、居住区域上的内外之别相对比较次要，而文化标准即是否认同、实行华夏礼乐文化，才是辨别‘华’‘夷’更根本、更重要的标准。”[②] 其中血缘关系是人类的根基性情感，是早期社会中最重要的人际关系，以血缘为纽带建立的人际关系结合制度能够建构最有凝聚力的共同体。在司马迁的历史叙述中，华夏与四夷虽然有着文化风俗、语言习惯、饮食衣服等各个方面的不同，但在本质上，二者身上流着相同的血脉，是同一个祖先的后代。

一、武力征伐的否定

汉武帝时代，对于如何处理华夏与四夷的关系，存在着两种截然不同的意见。以司马相如等中朝大臣为代表的进取派主张“天下一家”“中外一体”的政治理念，宣扬通过边境开发将四夷与华夏统合成一个有秩序的共同体；而以外朝大臣为主的保守派则深持“夷夏之别”“内外之分”的观念，提议不用去理会四夷的存在。对于这两种态度，司马迁是站在“中外一体”的天下一边的，据《史记·太史公自序》言：

> 汉兴以来，至明天子，获符瑞，封禅，改正朔，易服色，受命于穆清，泽流罔极，海外殊俗，重译款塞，请来献见者，不可胜道。臣下百官力诵圣德，犹不能宣尽其意。且士贤能而不用，有国者之耻；主上明圣而德不布闻，有司之过也。且余尝掌其官，废明圣盛德不载，灭功臣世家贤大夫之业不述，堕先人所言，罪莫大焉。[③]

① 卢向国：《中国传统政治文化研究》，中共中央党校出版社，2004年版，第216—217页。

② 张星久：《政治情境中的“华夷之辨”——秦汉以后“华夷之辨”的历史语境与意义生成》，《武汉大学学报（哲学社会科学版）》2015年第5期，第5—14页。另外，柳岳武也认为古代探讨华夷关系有三个角度，“首先，血缘为标准的‘华夷之辨’。……其次，地缘为标准的‘华夷之辨’。……再次，衣饰、礼仪等文化为标准的衡量阶段。”柳岳武：《“一统”与“统一”——试论中国传统“华夷”观念之演变》，《江淮论坛》2008年第3期，第150—155页。

③ ［汉］司马迁：《史记》卷一百三十《太史公自序》，中华书局，1959年版，第3299页。

司马迁深深地为汉帝国“泽流罔极，海外殊俗，重译款塞，请来献见者，不可胜道”的盛况感到自豪。“臣下百官力诵圣德，犹不能宣尽其意。”这种万国来朝的情景便是天子支配“九州＋四夷”理念的具体表现，可知司马迁偏向于“天下一家”“中外一体”的天下观，而目前学界也认为司马迁的《史记》书写模式隐藏着“天下一家”“中外一体”的政治理想[①]。于逢春曾“以《史记》五帝、夏、商、周、秦‘本纪’与楚、吴、越‘世家’、匈奴等‘列传’为中心，探索司马迁是如何苦心孤诣地建构‘华夷同源、天下一统’的框架”[②]，于氏将司马迁的《史记》书写看成是一种历史建构，认为司马迁是从“华夷同源、天下一统”的认知视野出发来叙述“五帝、夏、商、周、秦‘本纪’与楚、吴、越‘世家’、匈奴等‘列传’”。可以说，“四夷列传”是司马迁在“天下一家”的文化情境中，书写“夷夏同源”的历史神话。

而对于汉武帝为实现目标而采用的边境开发政策，司马迁深持否定态度，这在《史记》书写中表现得非常明显。

首先，司马迁认为兵事是诛暴救危，兴灭继绝的工具：“兵者，圣人所以讨强暴，平乱世，夷险阻，救危殆。”[③] 兵事只有在“强暴、乱世、险阻、危殆”等状况下方可使用，它是一种被动、不得已、等而下之的选择，汉末的袁涣说：“夫兵者，凶器也，不得已而用之。鼓之以道德，征之以仁义，兼抚其民而除其害。夫然，故可与之死而可与之生。”[④] 兴兵征伐是不得已方才使用的下下之策，即使使用时也要以道德仁义为准的，以兴利除害为目标。但是边境开发中的军事行动作为君主积极主动的选择，其目的是为了满足君主的一己私欲，其后果是致使国库空耗、民生凋敝，司马迁对此颇有异议。

《史记·律书》载汉文帝时，将军陈武提出统一封疆的建议：“南越、朝鲜，自全秦时内属为臣子，后且拥兵阻阸，选蠕观望。……今陛下仁惠抚

① 学界探讨的多为司马迁的大一统思想，而大一统思想即为“天下一家”的政治理想。具体可参见张新科：《大一统——〈史记〉十表的共同主题》，《学术月刊》2003年第6期，第71—76页；于逢春《华夷衍变与大一统思想框架的构筑——以〈史记〉有关记述为中心》，《中国边疆史地研究》2007年第2期，第21—34页；汪高鑫：《司马迁与董仲舒“大一统”思想不一致论》，《史学理论与史学史学刊》2012年版，第180—196页。

② 于逢春：《华夷衍变与大一统思想框架的构筑——以〈史记〉有关记述为中心》，《中国边疆史地研究》2007年6月第2期，第21页。

③ [汉]班固：《汉书》卷二十五《律书》，中华书局，1962年版，第1240页。

④ [晋]陈寿：《三国志》卷十一《袁涣传》，中华书局，1971年版，第333—334页。

百姓，恩泽加海内，宜及士民乐用，征讨逆党，以一封疆。”文帝对此不予认同且再三申明对军事行动的不喜：“愿且坚边设候，结和通使，休宁北陲，为功多矣。且无议军。”司马迁于此大力褒扬汉文帝的仁慈之心：“故百姓无内外之繇，得息肩于田亩，天下殷富，粟至十余钱，鸣鸡吠狗，烟火万里，可谓和乐者乎！……孔子所称有德君子者邪！”[①] 不以兵事为追求，而以安民为中心的文帝被司马迁称为“有德君子”，班固在《西南夷两粤朝鲜传》的“赞曰”中也说道：“追观太宗填抚尉佗，岂古所谓‘招携以礼，怀远以德’者哉！”[②] 将军陈武的建议与汉武帝的边境开发政策如出一辙，对汉文帝不启边衅的褒扬便是对汉武帝四处征讨的否定，且司马迁在《律书》中对兵事的叙述至陈武之议戛然而止，不曾对武帝时期的四方征讨作有任何评论，体现的便是一种拒绝合作的态度。

其次，“四夷列传”的“论赞”随处可见司马迁的讽刺意见。如《匈奴列传》的“太史公曰”便讥讽出击匈奴劳大功小：“世俗之言匈奴者，患其徼一时之权，而务谄纳其说，以便偏指，不参彼己；将率席中国广大，气奋，人主因以决策，是以建功不深。”[③]《朝鲜列传》的“太史公曰”鄙夷争战朝鲜的将帅不堪为用：“涉何诬功，为兵发首。楼船将狭，及难离咎。悔失番禺，乃反见疑。荀彘争劳，与遂皆诛。两军俱辱，将率莫侯矣。”[④] 在《平准书》中，司马迁不厌其烦地列出各路开边给帝国带来的政治、社会、民生等方面的严峻问题：

> 自是之后，严助、朱买臣等招来东瓯，事两越，江淮之间萧然烦费矣。唐蒙、司马相如开路西南夷，凿山通道千余里，以广巴蜀，巴蜀之民罢焉。彭吴贾灭朝鲜，置沧海之郡，则燕齐之间靡然发动。及王恢设谋马邑，匈奴绝和亲，侵扰北边，兵连而不解，天下苦其劳，而干戈日滋。行者赍，居者送，中外骚扰而相奉，百姓抏弊以巧法，财赂衰秏而不赡。入物者补官，出货者除罪，选举陵迟，廉耻相冒，武力进用，法严令具。兴利之臣自此始也。

① [汉]班固：《汉书》卷二十五《律书》，中华书局，1962年版，第1242—1243页。
② [汉]班固：《汉书》卷九十五《西南夷两粤朝鲜传》，中华书局，1962年版，第3868页。
③ [汉]司马迁：《史记》卷一百十《匈奴列传》，中华书局，1959年版，第2919页。
④ [汉]司马迁：《史记》卷一百一十五《朝鲜列传》，中华书局，1959年版，第2990页。

其后汉将岁以数万骑出击胡，及车骑将军卫青取匈奴河南地，筑朔方。当是时，汉通西南夷道，作者数万人，千里负担馈粮，率十余钟致一石，散币于邛僰以集之。数岁道不通，蛮夷因以数攻，吏发兵诛之。悉巴蜀租赋不足以更之，乃募豪民田南夷，入粟县官，而内受钱与都内。东至沧海之郡，人徒之费拟于南夷。又兴十万余人筑卫朔方，转漕甚辽远，自山东咸被其劳，费数十百巨万，府库益虚。乃募民能入奴婢得以终身复，为郎增秩，及入羊为郎，始于此。

其后四年，而汉遣大将将六将军，军十余万，击右贤王，获首虏万五千级。明年，大将军将六将军仍再出击胡，得首虏万九千级。捕斩首虏之士受赐黄金二十余万斤，虏数万人皆得厚赏，衣食仰给县官。而汉军之士马死者十余万，兵甲之财转漕之费不与焉。于是大农陈藏钱经秏，赋税既竭，犹不足以奉战士。①

在司马迁的认知中，边境开发与国力衰弱是呈正相关的，每一次边境开发都会给人民给国家带来莫大的伤害。边境开发不但将文景之治的积蓄耗光了，而且迫使帝国出布各种竭泽而渔的政策。所以司马迁认为武帝时代是汉帝国"盛极而衰"的年代，他对此总结道："物盛而衰，固其变也。"②"固其变也"的感叹道出了司马迁的痛心疾首，在《平准书》的"太史公曰"中，他再次申诉"固其变也"的思想："于是外攘夷狄，内兴功业，海内之士力耕不足粮饟，女子纺绩不足衣服。古者尝竭天下之资财以奉其上，犹自以为不足也。无异故云，事势之流，相激使然，曷足怪焉。"③司马迁越是反复申论汉帝国的衰落是"固其变也"，"曷足怪焉"，就越是展现了自我安慰中的痛苦心灵，而对造成此"固其变也"的罪魁祸首——边境开发，司马迁的排斥态度是显而易见的。

第三，在叙述"四夷"内属的缘由时，司马迁常省略武力征伐的贡献与作用。如汉武帝两次出兵西南夷才令其臣服纳贡，而司马迁仅记录了唐蒙的功劳："唐蒙使略通夜郎，而邛笮之君请为内臣受吏。作《西南夷列传》第五十六。"又如西域诸国纳贡称臣的缘由在于贰师将军伐破大宛，威震西域，

---

① [汉]司马迁：《史记》卷三十《平准书》，中华书局，1959年版，第1420—1422页。

② [汉]司马迁：《史记》卷三十《平准书》，中华书局，1959年版，第1420页。

③ [汉]司马迁：《史记》卷三十《平准书》，中华书局，1959年版，第1442页。

而司马迁将其归功于张骞：“汉既通使大夏，而西极远蛮，引领内乡，欲观中国。作《大宛列传》第六十三。”朝鲜纳入汉帝国的统治在于楼船将军杨仆与左将军荀彘的攻伐，司马迁却叙述卫满的功劳：“燕丹散乱辽间，满收其亡民，厥聚海东，以集真藩，葆塞为外臣。作《朝鲜列传》第五十五。”南越、东瓯亦是如此：“汉既平中国，而佗能集杨越以保南籓，纳贡职。作《南越列传》第五十三。”“吴之叛逆，瓯人斩濞，葆守封禺为臣。作《东越列传》第五十四。”[①] 司马迁对武事的置之不顾，可以很明显看出他对武力讨伐四夷的反感。

综上可知，司马迁对汉武帝以边境开发来实现“天下一家”的做法是深持否定态度的。那么，司马迁该选择何种方法来实践他的“天下一家”政治理想？王明珂先生认为在处理自我与他者竞争资源时存在着两种历史心性。一种是英雄祖先故事，代表的是一种向外征服与扩张来解决资源问题的历史心性；另外一种是弟兄祖先故事，代表的是以向内分配与调整来解决资源问题的历史心性[②]。既然实现“天下一家”政治理想不能走武力征伐的道路，司马迁只有选择第二条路，即以弟兄祖先故事的历史叙述来整合华夏与四夷的关系。弟兄祖先故事的核心在于彼此的血缘联系，通过血缘媒介将彼此放在平等的位置上，以整合、共享自然生态资源。

二、夷夏同源的建构

在司马迁的文本书写中，华夏与四夷同源而出。如北方的匈奴，“匈奴，其先祖夏后氏之苗裔也，曰淳维”[③]；南方的南越，“南越王尉佗者，真定人也，姓赵氏”[④]；东北的朝鲜，“箕子者，纣亲戚也。……于是武王乃封箕子

---

① ［汉］司马迁：《史记》卷一百三十《太史公自序》，中华书局，1959年版，第3317—3318页。

② 所谓英雄祖先，如传说中统一征服各部落的黄帝，后世各家各姓多自称黄帝后裔；所谓弟兄祖先，如炎黄子孙的称呼，表示的便是炎帝后裔与黄帝后裔在地位上具有平等性。王明珂：《英雄祖先与弟兄民族——根基历史的文本与情境》，中华书局，2009年版。又见于王明珂：《羌在汉藏之间——川西羌族的历史人类学研究》，中华书局，2008年版，第383页。

③ ［汉］司马迁：《史记》卷一百十《匈奴列传》，中华书局，1959年版，第2879页。

④ ［汉］司马迁：《史记》卷一百一十三《南越列传》，中华书局，1959年版，第2967页。

于朝鲜而不臣也”[①]，“朝鲜王满者，故燕人也”[②]；东南的东越，“闽越王无诸及越东海王摇者，其先皆越王句践之后也，姓驺氏”[③]，而勾践，“越王句践，其先禹之苗裔，而夏后帝少康之庶子也。封于会稽，以奉守禹之祀”[④]；西方的西南夷，“庄蹻者，故楚庄王苗裔也。……以其众王滇，变服，从其俗，以长之”[⑤]，而楚王的来源，“楚之先祖出自帝颛顼高阳。高阳者，黄帝之孙，昌意之子也”[⑥]。在司马迁的叙述中，华夏与周边四夷流着相同的血脉，是以不同世系共存于同一个族谱中的血缘兄弟。

在传统的历史研究中，司马迁的“夷夏同源”记载被看成是一份确定无疑的历史文献，一个不容置喙的历史事实。然而，近年来，学者们在文化阐释学、历史人类学等新兴学科的指引下，开始反思这些历史记载的真实性与可靠性，重新对华夏周边的四夷进行祖源研究，并取得了很多成果与突破。首先来看北方的匈奴，对于匈奴的起源，学界存在两种意见，一种以白鸟库吉、黄文弼为代表，认为匈奴是蒙古人种[⑦]，而岑仲勉则认为匈奴属于突厥种：“余是以信匈奴之为‘胡’与伊兰之为‘胡’，初无二致也。”[⑧]无论将匈奴看作突厥种还是蒙古利亚种，本质上都是反对将匈奴视为夏后氏苗裔的。再来看东方的朝鲜，朝鲜目前存在“檀君朝鲜”与“箕子朝鲜”两种祖源神话。孙卫国以为：“作为历史的真相，无论是檀君朝鲜还是箕子朝

---

① [汉]司马迁:《史记》卷三十八《宋微子世家》，中华书局，1959年版，第1609—1620页。

② [汉]司马迁:《史记》卷一百一十五《朝鲜列传》，中华书局，1959年版，第2985页。

③ [汉]司马迁:《史记》卷一百一十四《东越列传》，中华书局，1959年版，第2979页。

④ [汉]司马迁:《史记》卷四十一《越王勾践世家》，中华书局，1959年版，第1739页。

⑤ [汉]司马迁:《史记》卷一百一十六《西南夷列传》，中华书局，1959年版，第2993页。

⑥ [汉]司马迁:《史记》卷四十《楚世家》，中华书局，1959年版，第1689页。

⑦ [日]白鸟库吉著，何健民译:《匈奴民族考》，汤晓芳编:《蒙古族族源研究论文选集》(第二册)：内蒙古社会科学院，1985年版，第13页；黄文弼:《论匈奴族之起源》，《黄文弼历史考古论集》，文物出版社，1989年版，第83—90页。马长寿亦说：“从目前我们看到的证据说，匈奴人应该是蒙古利亚种。”马长寿:《北狄与匈奴》，生活·读书·新知三联书店，1962年版，第43—46页。

⑧ 岑仲勉:《伊兰之胡与匈奴之胡》，《匈奴论文选集》，蒙古语言文学历史研究所历史研究室，1977年版，第40—44页。冯家升也持匈奴为高鼻深目的突厥种的观点。冯家升:《匈奴民族及其文化》，《匈奴论文选集》，蒙古语言文学历史研究所历史研究室，1977年版，第118页。

鲜，因为年代的久远、资料的匮乏，都无法真正获得。”[①] 选择箕子朝鲜或檀君朝鲜，取决于朝鲜现实利益的需求，这就意味着朝鲜的祖源记忆可任凭后人建构与重塑，也就是说，朝鲜的祖源记忆更多体现了现实利益的特征，而非历史文献的真实性。又如东南方的东越，近些年来，随着百越民族史研究的不断深入，“越为夏人苗裔”的观点越来越受到学界的质疑。陈桥驿先生从语言不通、文化不同等角度坚决否定“越为禹后”的观点，认为“越为禹后”的观点“从事实来说都是无稽的”[②]；又有陈志坚著《“越为禹后”说新论》一文，运用“族群自我认同”理论再次探讨此一问题，进一步得出“越人先是认同于楚人，构建出‘楚越同源’说，随后再构建出了‘越为禹后’说”[③] 的结论。再如西南夷，对于《史记》所述的“庄蹻王滇”，张增祺根据《史记》与《后汉书》记载中的遣将时间、派遣人物、西进路线、占领地区均不相同的事实，以及滇文化的区域特性，总结道：“我们的基本看法是：《史记·西南夷列传》关于‘庄蹻王滇’的记载很可能是一个误传，不宜轻信。”[④] 此后，龚友德在其《滇文化之谜》中重申了张增祺的观点[⑤]；而李昆声在《云南考古材料所见百越文化考》中，以贵重海贝、崇拜孔雀等十九项滇文化特征为由，认为滇文化属于越文化，滇应是百越的一支，而与楚文化无关[⑥]；黄懿陆的《滇国研究》在经过详细论证后，也认为“滇国主体民族非越人莫属”[⑦]。根据这些研究结果可知，《史记》中周边四夷所谓的华夏“祖先”，是站不住脚的。

综而可知，司马迁“夷夏同源”历史叙述的真实性存在着很大问题，周边四夷的祖先与华夏并无多大关系，可以确定，这种历史叙述是司马迁的建构。但如果将历史不再看成是历史事实，而是历史知识或者历史文本，那么

① 孙卫国：《传说、历史与认同：檀君朝鲜与箕子朝鲜历史之塑造与演变》，《复旦学报（社会科学版）》2008 年第 5 期，第 19—32 页。

② 陈桥驿：《越为禹后说溯源》，《浙江学刊》1985 年第 3 期，第 96—100 页。

③ 陈志坚：《“越为禹后”说新论》，《清华大学学报（哲学社会科学版）》2013 年第 4 期，第 31—38 页。

④ 张增祺：《“庄蹻王滇”的真伪问题》，《中国西南民族考古》，云南人民出版社，1990 年版，第 273—274 页。

⑤ 龚友德：《滇文化之谜》，云南民族出版社，1993 年版，第 8—9 页。

⑥ 李昆声：《云南考古材料所见百越文化考》，《云南考古》1983 年 12 月第 14 期。

⑦ 黄懿陆：《滇国研究》，云南美术出版社，2001 年版，第 9 页。

或许可以从文本与文本生产的社会情境之间的关系出发，重新思考历史文本的叙事方式与结构，探讨文本的生产方式与书写模式。由此，文献与历史的事实性研究可以转为文本与情境的原理性探讨，客观事实的追求被主观认同的方法所取代。关于这一转变，王明珂先生说道：

> 近数十年来人文社会科学学者多注意“文本”(text)与“情境”(context)的互映、互生关系。在特定情境下，社会权力(power)如何规范、导引及创作各种作为论述(discourse)之文本，并由此产生“知识”(knowledge)；文本或多重文本所生之论述，如何在内外情境各种权力角逐中改变作为社会记忆之知识，以应和或造成社会情境变迁；人们在文本叙事的书写、阅读与理解中，如何受不同层次的叙事“结构”或“形式”(form)所影响，以及这些叙事“结构”或“形式”与社会情境有何种互倚关系。[①]

文本的生产受到社会权力的影响，在“内外情境各种权力角逐中”而成为社会记忆的知识。也就是说，文本是在情境下生产的，文本成为情境的表征，情境成为文本的本相，二者互相诠释，文本的生发离不开情境，情境也将其特征表现在文本中。如果将“四夷列传”不再看成是一份根据历史真实记录下来的文献资料，而是一份在历史情境中诞生的文本资料，或许有助于理解司马迁建构“夷夏同源”神话的意蕴。

综上，“四夷列传”是“天下一家”政治理想下的时代产物。汉武帝与中朝官员主张以边境开发来实现“天下一家”的政治理想，司马相如的《难蜀父老》便是为此主张背书。在此派人士的理念中，华夏借武力征服周边四夷，将其纳入“以均质性为特征的郡县制和‘个别人身支配’的统治体制”[②]，从而将蛮夷之地化为华夏之邦，由此整个天下都是华夏之域，此即是“中外一体”“天下一家”。

---

① 王明珂：《英雄祖先与弟兄民族——根基历史的文本与情境》，中华书局，2009年版，第10—11页。

② [日]饭田祥子著，张学锋译：《关于东汉边郡统治的一个考察——以放弃和重建为线索》，《日本中国史研究年刊(2006年度)》，上海古籍出版社，2008年版，第141页。

三、血缘神话的选择

研究族群的学者认为，族群是以共同起源信念为媒介团结凝聚而成的，王明珂先生在叙说祖源记忆时曾说：

> 当个人或一群人透过族谱、历史或传说，来叙述与他或他们的起源有关的“过去”时，经常其中所反映的并非完全是历史事实。人类学家以所谓的“虚构性谱系”（fictive genealogy）来形容虚构的亲属关系，以“结构性失忆”（structural amnesia）来解释被遗忘的祖先。……为何无论是口述或是文献记载中的“族源”都常有如此的虚构性质？这是因为，“起源”对于许多社会人群的凝聚都太重要了。①

司马迁虚构华夏与四夷祖先的血缘关系，就是因为起源记忆在凝聚与抟合社会人群方面具有无与伦比的影响力。以“虚构性谱系”建构的“夷夏同源”起源记忆，不但可以形成一个具有凝聚力与向心力的虚拟共同体，而且可以让现实的身份与权力合法化、制度化，也可以让价值信仰、行为准则社会化②。

司马迁之所以采用血缘神话，首先是因为血缘纽带作为人类的根基性情感，它通过模拟手足兄弟之情来凝聚成员间的彼此认同，能够最大效率地将华夏与四夷抟合成“一家”。所谓根基性情感，据克利福德·格尔茨（Clifford Geertz）的观点，血缘亲属传承作为社会存在的既定天赋（the assumed givens of social existence）产生的情感是基础性与根基性的，群体中的社会成员因得到一些既定的血缘联系，从而他与群体中其他成员由一种根基性情

---

① 王明珂：《华夏边缘——历史记忆与族群认同》，允辰文化，1997年版，第89页。

② 艾瑞克·霍布斯鲍姆（Eric Hobsbawm）曾总结创造出来的传统所具有三种典范作用：“a）建构传统以增强真实或者虚构的共同体凝聚力与向心力，b）建构传统以合法化制度、身份、权力，c）建构传统以社会化信仰、价值体系以及行为准则。” Eric Hobsbawm, “Introduction : Inventing Tradition”, *The Inventing of Tradition*, Cambridge University Press, 1983, page9.

感而联系凝聚在一起，同时格尔茨认为此既定资赋乃是主观认知的[①]。血缘关系在凝聚群体的向心力方面有着无可替代的作用，是族群认同的最高准则。王明珂先生在《羌在汉藏之间》一书中指出：

> 同一族群或民族的人们，以同胞或英语“弟兄姊妹”（brothers and sisters）相称；这显示人类的族群或民族，是一种模拟最小、最亲近之亲属群体——出于同一母亲的群体——的社会结群。因此，“共同起源”历史记忆以追溯人们的共同血缘起始，来模拟并唤起族群成员们的根基性情感联系（primordial attachments）。它也是人类“历史”的一种原始形式；我们可称之为“根基历史”（primordial history）。这是普遍存在于人类社会中的一种历史记忆形式。[②]

王氏后来在《英雄祖先与弟兄民族》一书中再次讨论“根基历史”的性质：“‘根基历史’是一种历史记忆，用以凝聚一个相信彼此有共同血缘起始，并共同享有、分配一空间资源之群体，因而‘血缘关系’与‘空间关系’为此‘历史’中最重要的因素。”[③] 族群“历史”中最重要的因素就在于血缘关系与空间关系，华夏与四夷之间的血缘关系，即为九州与四方的空间联系。司马迁的“夷夏同源”叙述便是一种典型的“共同起源”历史记忆，它通过模拟华夏与四夷间的血缘兄弟之情，唤起彼此间的根基性情感联系，将华夏与四夷塑造成为一个血缘共同体。将中央九州与周边四方塑造为一空间共同体，此空间共同体即是天下。

其次，血缘关系是秦汉时期最为重要的人际结合制度。从新石器时代开始，人类便形成了以血缘关系为媒介的群体，这些群体被称为氏族、家族或宗族。血缘关系是古代氏族社会的遗产，恩格斯曾说：“劳动愈不发展，劳动产品的数量、从而社会的财富愈受限制，社会制度愈在较大程度上受血族

---

① Clifford Geertz．“The Integrative Revolution: Primordial Sentiments and Civil Politics in the New States”．*Old Societies and New States: The Quest for Modernity in Asia and Africa.* Free Press，1963，page105—157.

② 王明珂：《羌在汉藏之间——川西羌族的历史人类学研究》，中华书局，2008 年版，第 214—215 页。

③ 王明珂：《英雄祖先与弟兄民族——根基历史的文本与情境》，中华书局，2009 年版，第 194 页。

关系的支配。……亲属关系在一切蒙昧民族和野蛮民族的社会制度中起着决定作用。”[①] 陈炎认为：“‘亚细亚生产方式’的特殊性质，使得华夏先民在进入文明社会的过程中完好地保存了氏族社会遗传下来的家族血缘关系。”[②] 在人类历史的早期，为了竞争生活资源与地域空间，血缘族群在自然法则的作用下出现，并被人类有效地利用与维护。秦汉时期，血缘家族的理念影响非常大，如盛行于整个汉代的血亲复仇现象，就体现了血缘家族关系的影响，彭卫便认为“宗族血缘关系的长期存在是复仇之风盛行的社会基础”[③]，而大规模考古发掘的汉代宗族坟墓，也可证明汉代浓厚的血缘宗族氛围。

再次，血缘神话的建构在史料中有着良好传统。据《史记·五帝本纪》载：

> 讙兜进言共工，尧曰不可而试之工师，共工果淫辟。四岳举鲧治鸿水，尧以为不可，岳强请试之，试之而无功，故百姓不便。三苗在江淮、荆州数为乱。于是舜归而言于帝，请流共工于幽陵，以变北狄；放驩兜于崇山，以变南蛮；迁三苗于三危，以变西戎；殛鲧于羽山，以变东夷：四罪而天下咸服。[④]

这段文献展示了尧帝流放四凶至四夷的历史记忆，通过对此记忆的展演与操弄，周边的四夷与华夏的四岳发生了关系。“变”说明了即使是穷凶极恶的四岳，仍然有资格对四夷进行教化与指导，因此四岳也就成为四夷的祖先。《左传》载驹支对自己身份的解释为“昔秦人负恃其众，贪于土地，逐我诸戎。惠公蠲其大德，谓我诸戎，是四岳之裔胄也，毋是翦弃”[⑤]，说明四夷为四岳的后代，此一历史记忆得到华夏的晋惠公与夷狄的驹支双方共同的认可。当时晋惠公为了增强国力，主动接纳被秦国驱逐的戎狄，他

---

① [德]马克思、[德]恩格斯著：《马克思恩格斯选集》(第四卷)，人民出版社，1972年版，第2、24页。

② 陈炎、张艳华：《家族血缘关系在中国文化中的作用》，《思想战线》2002年第2期，第41—46页。

③ 彭卫：《论汉代的血族复仇》，《河南大学学报(哲学社会科学版)》1986年第4期，第35—42页。

④ [汉]司马迁：《史记》卷一《五帝本纪》，中华书局，1959年版，第28页。

⑤《春秋左传正义》卷三十二《襄公十四年》，清嘉庆本《十三经注疏》，中华书局，2009年版，第4246页。

选择四夷为四岳的裔胄这一历史神话作为晋国与戎狄间连接的桥梁，可以借此凝聚并笼络戎狄；而戎狄在四周均为华夏的环境下，也选择此历史神话来解释自己的祖源，将自己形塑为华夏的后裔，以此共享周边的自然资源与生态空间。

与此同时，血缘关系是由主观认知与文化阐释[①]，而不是客观特征来决定与裁夺的，这便为“血缘神话”的建构与想象留下了足够的空间。在《史记》所载的世系与族谱中，有一个容易被忽略的地方，即当记录先民的迁徙过程或者说世系的演变过程时，因史料缺乏与文献散轶，太史公常说：“子孙或在中国，或在夷狄。”如秦国的世系传承，《秦本纪》便言：“其玄孙曰费昌，子孙或在中国，或在夷狄。”[②]楚国的世系亦是不明，《楚世家》记载：“其后中微，或在中国，或在蛮夷，弗能纪其世。”[③]《魏世家》记载魏国先祖毕公高后代也是流落各地：“毕公高与周同姓。武王之伐纣，而高封于毕，于是为毕姓。其后绝封，为庶人，或在中国，或在夷狄。”[④]周室子弟也曾分崩离析，《历书》记载：“幽、厉之后，周室微……故畴人子弟分散，或在诸夏，或在夷狄。”[⑤]根据这些资料可知，华夏子孙曾因各种变故流落各地，周边四夷也有着华夏子孙的模糊身影。这些书写与记录，潜在解释了何以周边四夷可能是华夏子孙的后裔这一问题。

“子孙或在夷狄”最典型的案例当属吴太伯的故事。吴太伯作为周王室出走的王子，来到了蛮夷之地的吴国，成为吴地的王。“荆蛮义之，从而归之千余家，立为吴太伯。”[⑥]太伯故事即是“子孙或在夷狄”创造的一个典范，吴地通过吴太伯将自己攀附为华夏的后代，这便潜在解释了吴地与汉帝国的血缘联系与空间关系。“周王子出走吴国”的历史记忆让华夏接纳了本属于

---

① Clifford Geertz. “The Integrative Revolution: Primordial Sentiments and Civil Politics in the New States”. *Old Societies and New States: The Quest for Modernity in Asia and Africa*. Free Press，1963，page105—157. 凯斯也认为造成族群的血统传承，更多的是文化性解释的传承（cultural interpretation of descent）。Charles Keyes. “Tile Dialectics of Ethnic Change”. *Ethnic Change*. University of Washington Press，1981，page3—30.

② ［汉］司马迁：《史记》卷五《秦本纪》，中华书局，1959 年版，第 174 页。

③ ［汉］司马迁：《史记》卷四十《楚世家》，中华书局，1959 年版，第 1690 页。

④ ［汉］司马迁：《史记》卷四十四《魏世家》，中华书局，1959 年版，第 1835 页。

⑤ ［汉］司马迁：《史记》卷二十六《历书》，中华书局，1959 年版，第 1258—1259 页。

⑥ ［汉］司马迁：《史记》卷三十一《吴太伯世家》，中华书局，1959 年版，第 1445 页。

蛮夷之地的吴国，也让本属于蛮夷的吴国成功攀附、跻身于华夏。华夏子孙出走记与失落祖先的后裔二者相辅相成，构成了一个可以互相论证的历史记忆，这就增加了“夷夏同源”血缘神话的可信度。

事实上，在司马迁当时可供汲取的先代文献资料中，不但有前面所述的“夷夏同源”历史记忆，也有“夷夏异源”的集体记忆。西周末年的史伯曾说：

> 当成周者，南有荆蛮、申、吕、应、邓、陈、蔡、随、唐，北有卫、燕、狄、鲜虞、潞、洛、泉、徐蒲，西有虞、虢、晋、隗、霍、杨、魏、芮，东有齐、鲁、曹、宋、滕、薛、邹、莒，是非王之支子母弟甥舅也，则皆蛮夷戎狄之人也。非亲则顽，不可入也。①

史伯将他认知的空间世界划为两种情况：一是“王之支子母弟甥舅”，即代表华夏的成周；另外一种则是“蛮、荆、戎、狄之人”，即与成周没有血缘关系的四夷。在史伯看来，华夏与四夷是完全没有血缘关系的。再来看南方楚族的文献记载，《左传·成公四年》曰：“史佚之《志》有之，曰：‘非我族类，其心必异。’楚虽大，非吾族也，其肯字我乎？”② 此处也认为楚族与华夏是没有血缘联系的种族。然司马迁在《吴太伯世家》中却言荆蛮与华夏拥有相同的血缘，并且说道：“余读《春秋》古文，乃知中国之虞，与荆蛮勾吴兄弟也。”③ 这份文献很值得重视，“余读……乃知”说明在司马迁旧有的理解与认识中，华夏与荆蛮拥有不同的血缘脉属，唯有如此，当他读到中国之虞与荆蛮勾吴是同宗共祖的血缘兄弟时，才会感到惊讶万分，这是典型的“夷夏同源”与“夷夏异源”之间的认知障碍与记忆冲突。

在司马迁的血缘框架叙事策略下，天下通过华夏与四夷的血缘联系而成为一个不可分割的整体。事实上，近代中华民族的建构也是借由汉族与周边少数民族的血缘联系成为共生共存的共同体。沈松侨曾著《“我以我血荐轩辕”——黄帝神话与晚清的国族建构》一文来详细分析晚清以来的“国族建

① [春秋]左丘明撰，徐元诰集解：《国语集解》卷十六《郑语》，中华书局，2002年版，第461—462页。

② 《春秋左传正义》卷二十六《成公四年》，清嘉庆本《十三经注疏》，中华书局，2009年版，第4128页。

③ [汉]司马迁：《史记》卷三十一《吴太伯世家》，中华书局，1959年版，第1475页。

构”历史进程，他认为“黄帝”是晚清知识阶层从历史记忆中找寻出来并重新诠释，使之成为中国各民族祖源的“符号”。由此中华各民族之间有着共同的血缘关系，流着相同的血液，“黄帝”符号与“轩辕子孙”记忆将汉族与周边少数民族糅合为一个整体的中华民族。中国借由这套以“黄帝”为中心的“符号政治”，成了一个整体而独特的“政治社群”。沈松侨以为“‘国族血缘’(national blood)，在空间的横向层面上，将所有的国族成员转变成兄弟手足；在时间的纵向层面上，又把他们化作同一先祖的子孙后裔。国族，透过这种隐喻性的转化过程，被当作是一个‘家族’，一个永恒的存在”[①]。“中国”因此被想象成一个凭借血缘纽带互相联系、彼此接洽的群体，成为一个相亲相爱的大家庭。

司马迁的“天下建构”与晚清以来的“国族建构”本质上是一致的。“天下建构”也是采用了“根基历史”最基本的两种元素——“血缘”与“空间”的叙事方法，重新解释了华夏（九州）与四夷（四方）的关系。司马迁将四夷解释为华夏失落祖先的子孙后代，而四夷与华夏的重新整合便可看成失散的子孙后代重归母亲的怀抱。司马迁利用“寻回失落祖先后裔”的手段来建构四夷新的祖源记忆，以此创造一个血缘性的“天下社群”。

综上所述，司马迁利用人类族群关系中最为根本的结群方式——血缘关系，建构了“夷夏同源”的祖源记忆，重新书写了四夷与华夏的关系，建构了一个新的“天下社群”。司马迁的“四夷列传”在重构“天下一家”的政治理想时，刻意强调了夷夏血缘的一致性，然而，在《史记》的其他地方，司马迁也表现了他对“夷夏之辨”传统的坚持。

第二节　文化区隔：“夷夏之辨”传统的坚持

目前学界对于司马迁“夷夏同源”神话的建构多有注意，而少有文章分析司马迁对“夷夏之辨”传统的坚持，甚至认为司马迁只讲“夷夏同源”，不

① 沈松侨：《“我以我血荐轩辕”——黄帝神话与晚清的国族建构》，《台湾社会研究季刊》1997年12月第28期，第1—77页。

说“夷夏之辨”[①]。事实上，司马迁不但从血缘亲族、地域空间的角度创制“夷夏同源”神话，也以文化的角度区隔华夏与四夷，坚持着“夷夏之辨”的传统。通过考察“夷夏同源”血缘神话的创制，可以了解司马迁对于“天下社群”的整体规划；而借由检讨文化区隔中的“夷夏之辨”，则可以了解司马迁对于此社群内部的具体安排。

一、司马迁的“夷夏之辨”思想

司马迁曾隐晦地从地域空间、礼仪文化等角度探讨了华夏与四夷的区别。在地域空间上，司马迁传达了核心——边缘的地域意识。核心与边缘的地域意识表现在文本中便是方位中的五方观念，即处于中心的华夏与位于四方的夷狄。早于殷商时期，中原王朝便有了五方观念，如甲骨卜辞载：“己巳王卜，贞：‘岁商受年？’王占曰：‘吉。’‘东土受年？’‘吉。’‘南土受年？’‘吉。’‘西土受年？’‘吉。’‘北土受年？’‘吉。’”[②]《诗经·玄鸟》：“天命玄鸟，降而生商，宅殷土芒芒。古帝命武汤，正域彼四方。”[③] 此五方观念的“中央”为中原王朝——即中国，“四方”为四边蛮夷——即东夷、南蛮、西戎、北狄。《史记》继承了思想传统中的五方观念，从“四夷列传”的“西南夷”“东越”“南越”等带有方位含义的称呼，可以看出周边四夷称呼隐含着的意蕴——不证自明的地域边缘。

而在礼仪文化上，司马迁也展现了文明——野蛮的区隔意识。《史记·淮南衡山列传》载：

> 太史公曰：《诗》之所谓“戎狄是膺，荆楚是惩”，信哉是言也。淮

---

① 汪高鑫在分析司马迁与董仲舒民族“大一统”思想不一致的时候说“董仲舒民族大一统的思想内涵是依据从变从义的原则分辨夷夏，以达到以夏化夷的目的，并从王者一统的角度提出‘王者爱及四夷’的思想；司马迁民族大一统的思想内涵则是直接从血缘上肯定华夷为同宗同祖的兄弟，故而‘不斤斤于夷夏之别’，并视华夷各族为中国历史的共同创造者。”汪高鑫：《司马迁与董仲舒“大一统”思想不一致论》，《史学理论与史学史学刊》2012年版，第180—196页。

② 郭沫若：《殷契粹编》，科学出版社，1965年版，第579页。

③《毛诗正义》卷二十《玄鸟》，清嘉庆本《十三经注疏》，中华书局，2009年版，第1343—1344页。

南、衡山亲为骨肉，疆土千里，列为诸侯，不务遵蕃臣职以承辅天子，而专挟邪僻之计，谋为畔逆，仍父子再亡国，各不终其身，为天下笑。此非独王过也，亦其俗薄，臣下渐靡使然也。夫荆楚僄勇轻悍，好作乱，乃自古记之矣。[①]

太史公信从“戎狄是膺，荆舒是惩”的价值判断，认为淮南王、衡山王作乱的主要原因在于淮南、衡山作为传统的蛮夷之地，风俗鄙陋薄劣，文化愚昧野蛮，白沙在涅，与之俱黑，分封此处的淮南王、衡山王等诸侯王受此不良习气影响，才有叛乱之举。《史记·吴王濞列传》也表达了类似观点：“太史公曰：吴王之王，由父省也。……逆乱之萌，自其子兴。……‘毋亲夷狄，以疏其属’，盖谓吴邪？”[②]“毋亲夷狄，以疏其属”展现的也是一种赤裸裸的区隔华夷的态度。

在早期中国，“夷夏之辨”比“夷夏同源”拥有着更为稳固与悠久的历史记忆。如《诗经·鲁颂》宣称：“戎狄是膺，荆舒是惩。”[③]《尚书·舜典》说：“蛮夷猾夏，寇贼奸宄，汝作士。”[④]《礼记·王制》称：“中国戎夷，五方之民，皆有其性也，不可推移。”[⑤]《论语》亦说：“夷狄之有君，不如诸夏之无也。”[⑥]作为汉初显学的《春秋公羊传》，其对夷夏关系的阐释是：“《春秋》内其国而外诸夏，内诸夏而外夷狄。”[⑦]这些经典文献都是以文化来区隔夷夏，熟稔经典的司马迁受到这些知识的浸润是可以预料的。

在秦汉时期的一般知识世界中，“夷夏之辨”也是现实的主旋律。如晁错即曰：“夫胡貉之地，积阴之处也，木皮三寸，冰厚六尺，食肉而饮酪，其人密理，鸟兽毳毛，其性能寒。杨粤之地，少阴多阳，其人疏理，鸟兽

---

① [汉]司马迁：《史记》卷一百一十八《淮南衡山列传》，中华书局，1959年版，第3098页。
② [汉]司马迁：《史记》卷一百六《吴王濞列传》，中华书局，1959年版，第2836页。
③《毛诗正义》卷二十《閟宫》，清嘉庆本《十三经注疏》，中华书局，2009年版，第1330页。
④《尚书正义》卷三《舜典》，清嘉庆本《十三经注疏》，中华书局，2009年版，第274页。
⑤《礼记正义》卷十二《王制》，清嘉庆本《十三经注疏》，中华书局，2009年版，第2896—2897页。
⑥ [宋]朱熹：《四书章句集注·论语集注》卷二《八佾》，中华书局，1983年版，第62页。
⑦《春秋公羊传注疏》卷十八《成公十五年》，清嘉庆本《十三经注疏》，中华书局，2009年版，第4988页。

希毛，其性能暑。”[①] 在晁错的想象中，华夏与周边四夷是两个完全不同的世界。对“华夷之辨”有深刻研究的董仲舒曾说：

> 《春秋》慎辞，谨于名伦等物者也。是故小夷言伐而不得言战，大夷言战而不得言获，中国言获而不得言执，各有辞也。有小夷避大夷而不得言战，大夷避中国而不得言获，中国避天子而不得言执，名伦弗予，嫌于相臣之辞也。是故大小不逾等，贵贱如其伦，义之正也。[②]

依据“谨于名伦等物者”的《春秋》传统，夷夏之间可以分为小夷、大夷和中国。三者有着严格的尊卑秩序，相互之间不得逾越。董仲舒对夷夏的详细区分与阐释，展现了他对夷夏有别的深刻认识。

可以说，无论是历史文化传统，还是当时知识阶层的认识，对于华夏与四夷的关系，都是以“夷夏之辨”的思想占据主导位置，而少有“夷夏同源”的声音。“夷夏同源”血缘神话的创制突破并挑战了当时通行的“夷夏之辨”思想，对夷夏之间的关系做出了不一样的回应，此为“夷夏同源”神话的伟大之处。而司马迁对“夷夏之辨”的坚持，也有其独特的意义与价值。

二、文化区隔中的优秀与低劣

《史记》的文学书写中存在着以地域空间来区隔夷夏的思想传统，而汉代最为显著的区隔标识为长城。汉初便有“长城以北，引弓之国，受命单于；长城以内，冠带之室，朕亦制之”[③] 的说法，长城成为划分夷夏的文化意象，卜德教授认为“长城在某种程度上达到了把定居务农的中国人与塞外游牧的夷狄隔开的预期目的”[④]。此外，高山大河也成了区隔夷夏的天然生态机制，汉文帝给南越王的诏书说：“服领以南，王自治之。”[⑤] 朝鲜与汉廷之

---

① ［汉］班固：《汉书》卷四十九《晁错传》，中华书局，1962 年版，第 2284 页。

② ［汉］董仲舒著，［清］苏舆撰：《春秋繁露义证》卷三《精华》，中华书局，1992 年版，第 85 页。

③ ［汉］司马迁：《史记》卷一百十《匈奴列传》，中华书局，1959 年版，第 2902 页。

④ ［美］卜德：《秦国和秦帝国》，［英］崔瑞德、［英］鲁惟一主编：《剑桥中国秦汉史》，中国社会科学出版社，1992 年版，第 79 页。

⑤ ［汉］班固：《汉书》卷九十五《南粤传》，中华书局，1962 年版，第 3850 页。

间也是借河流来划分彼此:“汉兴,为其远难守,复修辽东故塞,至浿水为界。”[①] 刘安认为中国与东越之间“限以高山,人迹所绝,车道不通,天地所以隔外内也”,“天地所以隔外内”这句话深切地演示了以地域空间辨别夷夏的思想,但这种以地域为区隔的态度并不带有价值判断。然而,区隔的目的是为了分辨竞争中的胜利者与失败者,“夷夏之辨”的目的是为了伸张华夏的优越地位、增强自我的认同感,其核心内容是划分谁是主导者与谁是顺服者,谁是核心与谁是边缘,谁是先进与谁是落后,谁是主体与谁是次要,而这一既有目的的实现要交给礼仪文化。

近代学者多认为中国“夷夏之辨”的核心内涵是礼仪文化之辨。如汪高鑫便说:“两汉时期的夷夏之辨,归根结底是礼仪文化之辨,而非种族、血缘之辨。”[②]“早在上古时期,人们就开始以地域关系来辨别夷夏;春秋战国时期,随着华夏与夷狄地缘关系被打破,礼仪文化则成了区分夷夏的标准。”[③] 钱穆先生也认为古代判别四夷与华夏关系的依据主要是文化。“在古代观念上,四夷与诸夏实在有一个分别的标准,这个标准,不是‘血统’而是‘文化’。”[④] 以礼仪文化区隔夷夏,即所谓“中国以诗书礼乐法度为政”[⑤],“所以为中国者,以礼义也;所谓夷狄者,无礼义也”[⑥]。

汉代知识阶层多以礼仪文化为切入点来区分夷夏。刘安说:“越,方外之地,劗发文身之民也。不可以冠带之国法度理也。”[⑦] 东越之民之所以被刘安排斥与否定,就在于他们的“劗发文身”习俗与中原“冠带之国”的礼仪有别。汉武帝也认为“夷狄无义,所从来久”[⑧],“匈奴逆天理,乱人伦,暴长虐老,以盗窃为务,行诈诸蛮夷,造谋籍兵,数为边害”[⑨]。人之所以为人,在于其懂礼仪。“凡人之所以为人者,礼义也。”[⑩] 礼仪道德是人类从野

---

① [汉]司马迁:《史记》卷一百一十五《朝鲜列传》,中华书局,1959年版,第2985页。

② 汪高鑫:《汉代民族关系与夷夏之辨》,《人文杂志》2011年第2期,第130—134页。

③ 汪高鑫:《论汉代公羊学的夷夏之辨》,《南开学报》2006年第1期,第87—92页。

④ 钱穆:《中国文化史导论》(修订本),商务印书馆,1994年版,第41页。

⑤ [汉]司马迁:《史记》卷五《秦本纪》,中华书局,1959年版,第192页。

⑥ [清]董诰编:《全唐文》卷六八六《东晋元魏正闰论》,中华书局,1983年版,第7031页。

⑦ [汉]班固:《汉书》卷六十四上《严助传》,中华书局,1962年版,第2777页。

⑧ [汉]班固:《汉书》卷六《武帝纪》,中华书局,1962年版,第165页。

⑨ [汉]班固:《汉书》卷五十五《卫青传》,中华书局,1962年版,第2473页。

⑩《礼记正义》卷六十一《冠义》,清嘉庆本《十三经注疏》,中华书局,2009年版,第3647页。

蛮走向文明的标志，是“人之所以异于禽兽者几希”的关键所在，寡廉少耻的夷狄与礼仪之邦的中国有着本质的区分。

族群以文化为核心创建社会共同体，任何认同本文化内涵的群体则都可视为共同体的一员。当以文化区隔夷夏时，“夷夏之辨”具有很强的开放性，认同于华夏则为华夏，认同于夷狄则为夷狄，选择夷或者夏完全由主体的认同决定。《春秋·定公四年》载“蔡侯以吴子及楚人战于伯莒，楚师败绩”，《公羊传》解为“吴何以称子？夷狄也，而忧中国”①，身为夷狄的吴国因遵循华夏的文化而被称为“子”。《春秋·桓公十五年》载“邾娄人、牟人、葛人来朝”，《公羊传》解为“皆何以称人？夷狄之也”，何休疏为“桓公行恶，而三人俱朝事之。三人为众，众足责，故夷狄之”②，身为华夏的邾娄人、牟人、葛人因背弃华夏文化被称为夷狄。可以看出，是否认同与遵从华夏礼仪是判断夷夏的主要标志特征。韩愈将此总结为：“孔子之作《春秋》也，诸侯用夷礼则夷之，进于中国则中国之。”③

夷夏之所以进行区隔，是为了进行价值判断。区隔是带有竞争性的，在社会群体之间的斗争中，人们对其他群体的品味充满了厌恶和反感。区隔的目的在于分出先进与落后，判别出支配与服从，即所谓“中国者，聪明徇智之所居也，万物财用之所聚也，贤圣之所教也，仁义之所施也，《诗》《书》礼乐之所用也，异敏技艺之所试也，远方之所观赴也，蛮夷之所义行也”④。对中国的定义在于强调华夏的优越与中心地位，而将四夷置于边缘与劣势的位置，这便是“夷夏之辨”的目的所在。华夏认为习得仁义的自己，是要优越于浸染禽兽习性、不知礼仪的四夷，这种生活方式中体现出来的文化理性，经过文明与野蛮的象征化过程，实现了对华夏与四夷的社会空间的区隔。

司马迁以汉帝国的文化风俗为参照物，用他者的眼光去看待周边族群的不同文化风俗，并且在对比中发现彼此间的巨大差异性，习以为常的文

① 《春秋公羊传注疏》卷二十五《定公四年》，清嘉庆本《十三经注疏》，中华书局，2009年版，第5077页。

② 《春秋公羊传注疏》卷五《桓公十五年》，清嘉庆本《十三经注疏》，中华书局，2009年版，第4823页。

③ [唐]韩愈著，刘真伦、岳珍校注：《韩愈文集汇校笺注》卷一《原道》，中华书局，2010年版，第3页。

④ [汉]司马迁：《史记》卷四十三《赵世家》，中华书局，1959年版，第1808页。

化习惯在周边族群中竟然都不存在，进而迸发出一股强烈的文化自豪感，形成以文化区隔夷夏的思想意识。华夏与四夷以文化形成两个不同的场域，文化在此场域中发挥差异合法化的社会功能。区隔，演绎着权力的支配作用，在区隔夷夏的行为中，暗含的便是华夏优于四夷，乃至于可以支配四夷的权力。

但是值得注意的是，文化习惯生成的决定因素是经济生态。华夏与四夷文化风俗迥异的原因，本质上是二者分别代表着农耕与游牧两种不同的文明生态。汪篯先生在探讨华夏与夷狄的形成时曾说："各农业居民区的居民就共同自称为华夏人，而把山林、草莱过渡地带的游牧或是渔猎生活的居民称为'蛮''夷''戎''狄'。"[①] 农耕经济生态与游牧经济生态作为人类两大基本生活形态，产生了两种截然不同的文化结构，即农业经济文化与渔猎游牧文化。经济生态决定了生活方式（定居或者迁徙）、结构组织（秩序集体或者自由分散）以及风俗习惯。以《史记·西南夷列传》为例，司马迁的书写非常注意各族群的经济生态及其影响，他根据不同的经济生态将西南夷分为四类："（夜郎、滇、邛都）此皆魋结，耕田，有邑聚。……（巂、昆明）皆编发，随畜迁徙，毋常处，毋君长……（徙、筰都）其俗或土箸，或移徙，在蜀之西。……（白马）皆氐类也。"[②] 第一类为农耕定居的夜郎、滇、邛都，第二类为游牧迁徙的巂、昆明，第三类为"农耕＋游牧"型的徙、筰都、厓駹，第四类为氐类。经济生态对文化风俗的影响，以匈奴的叙写最为详细具体，匈奴的经济生态与华夏的差异最为严重，汉廷与它的区隔也最大。据《史记·匈奴列传》所载：

> 随畜牧而转移。……逐水草迁徙，毋城郭常处耕田之业，然亦各有分地。毋文书，以言语为约束。……其俗，宽则随畜，因射猎禽兽为生业，急则人习战攻以侵伐，其天性也。……利则进，不利则退，不羞遁走。苟利所在，不知礼义。自君王以下，咸食畜肉，衣其皮革，被旃裘。壮者食肥美，老者食其余。贵壮健，贱老弱。父死，妻其后母；兄

---

① 汪篯：《秦朝中央集权统一国家出现的历史条件》，《汉唐史论稿》，北京大学出版社，1992年版，第1页。

② ［汉］司马迁：《史记》卷一百一十六《西南夷列传》，中华书局，1959年版，第2991页。

弟死，皆取其妻妻之。其俗有名不讳，而无姓字。[①]

农耕生态的财产为固定的田亩，耕作者可以大致预期自己的收成，因此只需要精细地照料自己的田地，便能收获一定的果实，相对稳定的“付出—收获”机制便发展出了固定居住的社群组织与协调秩序的礼仪文化。而游牧生态的财产为可移动的牲畜，这就决定了其“随畜牧而转移……逐水草迁徙”的生活方式。另外，游牧生态存在着一个严重的问题，即收获的不稳定性，一场瘟疫或者暴风雪便会将游牧民族的畜牧全部带走，为了维护生存，游牧民族大力发展农耕、渔猎、掠夺等类型的辅助性生计。以农耕作为辅助性生计的有朝鲜“田蚕织作”，大宛“其俗土著，耕田，田稻麦”，西南夷“耕田，有邑聚”等适宜种植农业的族群，而匈奴因不适宜发展农业，“毋城郭常处耕田之业”，选择的辅助性生计多为渔猎，“宽则随畜，因射猎禽兽为生业”，当渔猎的收获不足以维持生计时则进行掠夺，“急则人习战攻以侵伐”。司马迁认为匈奴天性好掠夺，根本上还是因为在游牧生态下的匈奴不能获得维持其生存的生活资料。又因为匈奴进行战斗的目的不在于胜负，而在于掠夺生活资料，所以“利则进，不利则退，不羞遁走。苟利所在，不知礼义”。畜牧收成的不稳定令匈奴时刻保持警惕，青壮年劳动力有更好的应对危机能力与更强的适应改变能力，“壮者食肥美，老者食其余。贵壮健，贱老弱”，因此生活资源优先向其倾斜。游牧民族的女子在出嫁时会带去一部分牲畜与财产，这部分财产归她单独保管，只有她自己的嫡系儿子能够继承，“父死，妻其后母”是一项继承后母财产的仪式，至于“兄弟死，皆取其妻妻之”也是如此，只有如此，才能够将彼此的财产团结在一起，共同抵抗生活中的危机与风险。匈奴活动都是部族集体活动，没有氏系之分，所以“其俗有名不讳，而无姓字”，而汉廷上至天子，下至庶人都拥有自己的姓，只有奴婢才会没有姓。综而可知，经济生态的迥异造成了汉帝国与匈奴文化风俗之间的天壤之隔，帝国以农耕文化形成的文化去讥讽贬斥游牧文化，不得不说带有一种自我中心主义的色彩。

综而可知，在司马迁的历史书写中，“夷夏同源”的论述与“夷夏之辨”的书写同在，但这并不构成矛盾与冲突。以文化区隔夷夏与以血缘认同夷夏，是“夷夏之辨”与“夷夏同源”的具体表现。华夏与四夷借由血缘组成地域共

---

① ［汉］司马迁：《史记》卷一百十《匈奴列传》，中华书局，1959 年版，第 2879 页。

同体——天下，又因为文化区隔，在此共同体中分出主导与依附的关系。

第三节　家族结构：天下秩序的内部形态

根据上面的研究可知，华夏与四夷在血缘上拥有同源性，而在文化上具有区隔性。基于何种结构来安排夷夏既彼此认同又相互区隔的关系，为天下秩序内部的具体形态。在当时可供模仿的结构形态中，家族宗法结构最符合这种要求，据瞿同祖先生的研究：

> 一个父系家族——“宗族”或者“族”——包括所有可以追溯到一个共同祖先的男系后裔，这个家族的所有成员被同宗的血缘纽带联结在一起。但是因为人们在人际关系上存在着等级的差别，所以整个宗族就被划分成为若干次级群体。宗族是由许多次级群体组成，而通过这些次级群体，族人的关系得以确定和系统化。①

家族结构是一种典型的将同源性与区隔性融汇为一体的秩序形态，共同的血缘联系是家族制的基础，而尊卑的宗法制度是家族制的枢纽。模拟家族结构的秩序形态，华夏与四夷作为具有血缘联系的次级群体，组合成“天下”这一血缘与地域共同体。在华夏与四夷这两个次级群体间存在着嫡庶、高低、尊卑的等级关系，而通过这些等级关系的确立，天下的秩序也得以确立。司马迁将家族秩序扩充并移植到天下这一地域共同体中，充实和完善了“天下一家”秩序形态的内部构造。

一、大宗的华夏与小宗的四夷

历来学者多认为“家族主义”是中国政治统治体制的支柱，由此形成了颇为盛行的“家族国家观”——从“家族主义”的角度探讨中国的秩序构造，此中尤以日本学者的研究最为典型。内藤湖南便认为：“历来，天子都拥有

① ［美］瞿同祖著，邱立波译：《汉代社会结构》，上海人民出版社，2007年版，第15—16页。

自己的家族，并把这种家扩大为国，进而扩大为天下而君临其上。这样君主也就彻底地把天下私有了。”[①] 从儒家修身、齐家、治国、平天下的政治理想顺序来看，作为终极目标的天下秩序学习与映射的是家族秩序。孟子曰：“人有恒言，皆曰：‘天下国家。’天下之本在国，国之本在家。”[②] 由此，内藤氏认为中国秩序的构成基础为“家族国家观”。桑原隲藏承继其论：“根据中国人所信奉的，天下是个大家族，家族是个小天下。所以国被称为国家，天下被叫作天家，又称为天下一家。在国家和天家的词语中，体现着把家作为国和天下的原型的思想。天下和家族只是范围广狭的差别，实质上没有什么不同。”[③] 桑原隲藏认为家族与天下的秩序结构是一致的，家族是天下的原型，所以“天下一家”中天下的秩序结构仿拟的是家族的秩序结构。西山荣久也认为“家族是天下的模型，天下不外乎家族的扩大”[④]。那波利贞则注意到天下为“九州＋四夷”的结构，所以“把家族主义扩张到中国的周边诸国。周边异民族王室的祖先全部被（中国人）当作中国帝王的子孙”[⑤]，家族秩序扩变成天下秩序的首要目标是将周边异族建构成华夏祖先的后代，从而将天下设定为一具有血缘关系的地域共同体。

国内学者也多持“家国同构”的观念。闻一多认为家族主义是天下秩序的基础：“我们一直在为一种以家族主义为基础的天下主义努力，那便是所谓‘天下一家’的理想。”[⑥] 邢义田则以为血缘是家族秩序乃至于天下秩序的共有基础：“中国在血缘和拟血缘的单一基础上，似乎一直保持着一个个

① [日]内藤湖南：《支那论》，转引自[日]尾形勇著，张鹤泉译：《中国古代的“家”与国家》，中华书局，2010年版，第3页。

② [宋]朱熹：《四书章句集注·孟子集注》卷七《离娄章句上》，中华书局，1983年版，第278页。

③ [日]桑原隲藏：《中国的孝道》，转引自[日]尾形勇著，张鹤泉译：《中国古代的“家”与国家》，中华书局，2010年版，第182页。

④ [日]西山荣久《中国的姓氏和家族制度》，转引自[日]尾形勇著，张鹤泉译：《中国古代的“家”与国家》，中华书局，2010年版，第22页。

⑤ [日]那波利贞《中华思想》，转引自[日]尾形勇著，张鹤泉译：《中国古代的“家”与国家》，中华书局，2010年版，第26页。

⑥ 闻一多：《家族主义与民族主义》，朱自清等编：《闻一多全集（三）杂文》，开明书店，1948年版，第4页。

人一家一国一天下的一元政治社会结构。”[①] 学者们认为家国同构是中国古代社会结构的基本型态，社会秩序的形成和社会原理的构造与其密不可分，如冯天瑜就说：“‘家国同构’，是一种家族与国家相通约的社会组织结构，它是氏族社会血缘纽带解体不充分保留的遗产。”[②]

需要注意的是，“天下一家”中的家族秩序是以“家”为单位而不是以个人为单位铸成的。根据尾形勇的研究，以公事为媒介，汉帝国的“君臣之礼”形成了秩序化的“公的世界”，此世界即姓“汉”的“汉家”[③]。汉帝国成为一个“汉家”，同时匈奴、朝鲜、西南夷、南越等四夷也统统成为一个个“家”，这些一个个的“家”结合后就组成了“天下”这一家族。“天下一家”指代的是由几个不同姓的“家”组成的家族，元帝时《与呼韩邪单于盟约》曰：“自今以来，汉与匈奴合为一家，世世毋得相诈相攻。”[④] 这里的“一家”，就是“汉家”与“匈奴家”合成的家族。

司马迁建构的“天下”模仿的是家族制的秩序形态，而家族秩序的关键与核心是宗法制。台湾学者程诺兰研究过宗法制的形成：“当迁徙无止的游牧生活不敌农业生活所带来的相对社会稳定感时，一种寻求更加巩固社会群体关系的思维意识明显倍增，而利用同血缘宗族关系分封天下土地、建立国家统治形式的封建国家观念，也因之形成并得以成熟实践。它启迪了‘宗法’观念而逐一转化成各种有形制度。”[⑤] 宗法制的社会原理是血缘即政治，氏族之间的血缘关系发展成为政治的秩序体制。宗法制度用血缘亲疏来辨别后代子孙的地位等级关系，宗族成员所在的血缘位置即其政治位置。

在司马迁的历史书写中，黄帝、颛顼、帝喾、尧、舜、夏、商、周、秦、汉是一脉相承的直系，“汉家”是当之无愧的嫡系正统。将周边四夷的祖先依照沦为支庶的时间做一个由远到近的排序，匈奴是黄帝的支庶，西南夷是颛顼的支庶，东越是夏禹的支庶，朝鲜是殷商的支庶，南越则可称为秦

---

① 邢义田：《从比较观点谈谈秦汉与罗马帝国的“皇帝”》，《天下一家——皇帝、官僚与社会》，中华书局，2011 年版，第 215 页。

② 冯天瑜：《中国文化生成史》，武汉大学出版社，2013 年版，第 496 页。

③ [日] 尾形勇著，张鹤泉译：《中国古代的“家”与国家》，中华书局，2010 年版，第 178—200 页。

④ [汉] 班固：《汉书》卷九十四下《匈奴传下》，中华书局，1962 年版，第 3801 页。

⑤ 程诺兰：《周代亲亲伦理思想之承袭——以先秦孔孟为探讨》，《华梵人文学报》2014 年第 21 期，第 4 页。

的支庶。依据宗法原理，成为支庶的时间越久远，其与嫡系的关系越疏远，而时代越近的支庶，嫡系对其的认同度越高。整理汉廷与周边四夷的关系亲密度，可以发现关系的亲密度与成为支庶时间的久远度正好成反相关。汉廷在四夷中最为敌视的便是匈奴，其次便是无君长、好游牧的西南夷了，串迹于山林的东越亦遭到汉廷的歧视，而朝鲜以类于汉人受到优待，秦遗民组成的南越则可直接纳入汉帝国的郡县体系。

然而无论如何分辨周边四夷的亲疏关系，他们都作为旁系支庶而存在。从宗法制度上来说，四夷是由华夏分离出去的小宗，而华夏是嫡系的大宗。关于大宗与小宗之间的关系，《礼记·大传》载：“别子为祖，继别为宗，继祢者为小宗。有百世不迁之宗，有五世则迁之宗。百世不迁者，别子之后也，宗其继别子之所自出者，百世不迁者也。宗其继高祖者，五世则迁者也。尊祖故敬宗，敬宗，尊祖之义也。”[①]《仪礼·丧服》曰：“为人后者孰后？后大宗也。曷为后大宗？大宗者，尊之统也。”[②] 大宗通过宗法制度将小宗团结在自己身边，以抟成一紧密相连的共同体，且更为重要的是，大宗要在此共同体中显示出自己的尊贵与支配地位。杜正胜在研究周代封建制度的结构时就说：“凡周之同族皆能因尊过去之祖而敬目前的宗，以达到功效，这才是大小宗的精义。”[③]“敬目前的宗”才是大小宗制度的效用。《白虎通义》对大宗小宗的精义有非常详细的注解：

> 古者所以必有宗，何也？所以长和睦也。大宗能率小宗，小宗能率群弟，通其有无，所以纪理族人者也。宗其为始祖后者，为大宗，此百世之所宗也。宗其为高祖后者，五世而迁者也。故曰：祖迁于上，宗易于下。宗其为曾祖后者为曾祖宗，宗其为祖后者为祖宗，宗其为父后者为父宗。父宗以上至高祖，皆为小宗，以其转迁，别于大宗也。别子者，自为其子孙祖，继别者各自为宗。[④]

① 《礼记正义》卷三十四《大传》，清嘉庆本《十三经注疏》，中华书局，2009年版，第3268页，

② 《仪礼注疏》卷三十《丧服》，清嘉庆本《十三经注疏》，中华书局，2009年版，第2393页。

③ 杜正胜：《周代封建制度的社会结构》，《“中央研究院”历史语言研究所集刊》第50本第3分册，1979年，第561页。

④ [清]陈立撰，吴则虞点校：《白虎通疏证》卷八《论五宗》，中华书局，1994年版，第394—395页。

宗法的最终目的在于“长相和睦”，建构一个秩序和谐的共同体，内容即是“大宗能率小宗”，也就是说，小宗处于大宗的从属地位或次要地位，大宗对于小宗具有统辖权。

作为社会结构的重要内容，宗法制深入帝制时代百姓的日常生活，有效地构建了稳健的社会秩序。作为家族等级制度的大小宗体系，在政治生活中转化为了政治团体间的隶属关系，“它（礼制）是将氏族制社会结合原理的血缘性上升为政治原理的产物”[①]。根据大宗支配小宗的原理，华夏支配四夷具有不言自明的合理性。沈松侨曾说道：“易言之，周人乃是黄帝的嫡系宗子，因而得以在宗法制度的政治秩序下，经由根基性的血缘纽带，具体传承先祖的‘圣王’典范，从而确立周人对旁支孽庶各族群之统治权威的道德合法性基础。”[②] 司马迁以文化来区隔直系的华夏与旁系的四夷，借由宗法原理来确立华夏的支配与主导权，此即他对天下秩序的顶层设计。

在宗法制度中，小宗自愿归属与臣服于大宗的领导，这种思想意识可以在司马迁叙述“四夷列传”的制作缘由中发现：“唐蒙使略通夜郎，而邛笮之君请为内臣受吏。作《西南夷列传》第五十六。”司马迁有意忽略了武帝两次出兵西南夷的事实，而将此历史片段概括为唐蒙代表汉廷大宗出使小宗西南夷，此后小宗自愿归属于大宗的领导。《朝鲜列传》《南越列传》《东越列传》亦是如此，司马迁在叙述创作因缘时，竭力淡化军事行动对于四夷归顺的影响，反复强调四夷的自愿臣服纳贡，隐喻了小宗自愿臣服于大宗的思想意识。

二、家族制的渊源与依据

秦汉时代，聚族而居的现象非常普遍。根据目前考古发掘的墓葬，汉代存在着很多家族墓地的现象。1973 年，在江西南昌市东郊贤士湖南畔发掘了十三座汉墓，考古人员相信“把这批墓葬的时代进一步推断在西汉中期，应该是比较合适的。这批墓……分布密集而没有互相打破关系……据此推

---

① ［日］谷川道雄著，马彪译：《中国中世社会与共同体》，中华书局，2002 年版，第 63 页。

② 沈松侨：《“我以我血荐轩辕”——黄帝神话与晚清的国族建构》，《台湾社会研究季刊》1997 年 12 月第 28 期，第 10—11 页。

测，这应是当时某一家族的墓地”[①]。1986年底，在安徽霍山县曾经发掘了六座木椁墓，发掘报告认为“这批墓葬……属西汉前期中小型贵族。……此墓地可能是一个家族的茔地”[②]。1992年，于安徽潜山彭岭发掘了42座墓葬，这批墓地的时代从战国晚期延续到西汉初期，且“这个墓地可能是一个大家族的茔地”[③]。湖北萧家山曾发掘出一批墓葬，发掘人员认为这批墓的时代从战国晚期延续到汉武帝时期，且很大可能是“氏族墓群”[④]。大量的发掘报告可以证明汉代聚族而居的繁荣现状。

文献资料中豪宗强族的迁徙情况亦可说明此一事实。班固《西都赋》曾言“三选七迁，充奉陵邑”，注曰：“三选，选三等之人，谓徙吏二千石及高訾富人及豪杰兼并之家于诸陵，盖亦以强干弱枝，非独为奉山园也。”[⑤]迁徙强宗大族的事例屡见于秦汉文献记载，秦始皇兼并六国后便“徙天下豪富于咸阳十二万户”[⑥]，刘敬亦是建议汉高帝将豪宗大族迁徙到关中，“夫诸侯初起时，非齐诸田，楚昭、屈、景莫能兴。今陛下虽都关中，实少人。北近胡寇，东有六国之族，宗强，一日有变，陛下亦未得高枕而卧也。臣原陛下徙齐诸田，楚昭、屈、景，燕、赵、韩、魏后，及豪杰名家居关中”[⑦]。武帝时期，也有迁徙豪族的事例，据《后汉书·郑弘列传》载：“其曾祖父本齐国临淄人，官至蜀郡属国都尉。武帝时徙强宗大姓，不得族居，将三子移居山阴，因遂家焉。”[⑧]对地方强宗大族的多次迁徙，映射着汉代宗族势力的强盛。又如《酷吏列传》中所载酷吏对地方大族的摧折凌虐：郅都，“济南瞯氏宗人三百余家，豪猾，二千石莫能制”，义纵，“至则族灭其豪穰氏之属，河内道不拾遗”，张汤死后，“昆弟诸子欲厚葬汤”[⑨]。这些资料都可以证明当时家族形态的旺盛生命力。

---

① 陈文华：《南昌东郊西汉墓》，《考古学报》1976年第2期，第171—186页。
② 杨鸠霞：《安徽霍山县西汉木椁墓》，《文物》1991年第9期，第40—60页。
③ 杨鸠霞：《安徽潜山彭岭战国西汉墓》，《考古学报》2006年第2期，第231—280页。
④ 宜昌地区博物馆：《湖北萧家山战国西汉墓》，《考古与文物》1989年第3期，第36—44页。
⑤ [南朝宋]范晔：《后汉书》卷四十上《班固列传》，中华书局，1965年版，第1338—1339页。
⑥ [汉]司马迁：《史记》卷六《秦始皇本纪》，中华书局，1959年版，第239页。
⑦ [汉]司马迁：《史记》卷九十九《刘敬列传》，中华书局，1959年版，第2720页。
⑧ [南朝宋]范晔：《后汉书》卷三十三《郑弘列传》，中华书局，1965年版，第1155页。
⑨ [汉]司马迁：《史记》卷一百二十二《酷吏列传》，中华书局，1959年版，第3133、3145、3144页。

汉代继承秦的分异制度，“民有二男以上不分异者，倍其赋”①，析解大家族而换以“五口之家”的核心家庭为社会结构，许绰云就认为“由于秦人遗风及秦律及秦律遗留的限制，西汉大约以小家庭，即核心家庭为多”②。同时这些小家庭又聚族而居，形成了广泛存在的家族形态。邢义田在其《汉代的父老、僤与聚族里居》总结道：“我们必得承认从战国以来……传统聚落的血缘性联系未遭破坏，最少是还存在着。……乡里中的人户即使是小家庭，左邻右舍大概仍然以或亲或疏的宗族亲戚为多。”③邢氏认为小家庭虽然在财产、社会职能、家庭职能等方面拥有各自的独立性，但仍然聚族而居。小家庭组成大宗族，在此构造过程中，血缘是组成宗族的基础，宗法是维护秩序的手段。而华夏与四夷之间，血缘上拥有同源性，文化上具有区隔性，共同的血缘是家族制的基础，而等级的区隔是宗法制的条件，认同与区隔的交融便让“天下”成为一个完整的宗法社会结构。

结　语

司马迁的“四夷列传”具有双重历史隐喻，一重是指华夏与四夷以共同的血缘关系融汇成一个称为“天下”的“家”，另一重则是根据文化区隔此“家”内谁是正统与嫡传，谁是支庶与旁孽。司马迁所建构的“天下”是一个以“血缘”为根基性纽带相关联的共同体，他以生物性的“血缘”要素来统合九州与四夷，天下（“九州＋四夷”）借由“空间”的媒介与“血缘”的联系，最终形成一个血肉相连、息息相关的“家”。与此同时，文化成为区分华夏与四夷的核心所在，也成了“家”内分辨嫡系与支孽、大宗与小宗

① ［汉］司马迁：《史记》卷六十八《商君列传》，中华书局，1959 年版，第 2230 页。

② 许倬云：《汉代家庭的大小》，《求古编》，联络出版事业公司，1982 年版，第 538 页。

③ 邢义田：《汉代的父老、僤与聚族里居》，《天下一家——皇帝、官僚与社会》，中华书局，2011 年版，第 455—456 页。邢氏另又在其《从战国至西汉的族居、族葬、世业论中国古代宗族社会的延续》一文中指出：“在进入郡县时代以后，个别的小家庭不论高宦或平民，在相当程度上仍维持着同族聚居、同族而葬、家业相承的生活形式。”邢义田：《从战国至西汉的族居、族葬、世业论中国古代宗族社会的延续》，《天下一家——皇帝、官僚与社会》，中华书局，2011 年版，第 433 页。

的关键所在。司马迁将家族结构中的宗法制推广到华夏与四夷中，以大宗、小宗的宗法关系重新界定华夏与四夷的联系。华夏依据文化的先进性成为理所当然的大宗，模仿大宗支配小宗的宗法制原理，华夏支配四夷便具有了不证自明的合理性与正当性。司马迁的“四夷列传”实现了其“天下一家”的政治理想，后世史家对“四夷列传”的不断模仿，便是对此秩序形态的继承与接纳。

第三章 祭天文学：宗教式的天下秩序

“天下一家”作为传统中国的政治理想，是大一统新形势下的汉帝国必须回应的挑战。《难蜀父老》等征伐文学主张以武力实现“天下一家”的政治理想，史学家则通过“四夷列传”建构家族式的天下结构来完成“天下一家”的理想，与此同时，祭天文学以宗教仪式特有的思维方式与价值取向来思考“天下一家”的实践方式。

现存商周时期的文献和铭文表明，祭天是周天子的独有权利，周天子也认为他的权力来源于至高无上的天的赐予。祭天蕴含着深刻的政治权威与权力支配话语，而祭天文学反映了祭天之礼从仪式到文本的典范化过程，展现了文学文本与仪式所凝结的权力结构之间的关联互涉。事实上，祭天文学展演的是天子通过祭祀沟通天地神灵，并且借助神力取得对整个天下的支配，其建构的是一种宗教式的天下支配秩序，体现了汉代知识阶层对天下秩序的新思考。

第一节 祭天之礼：天子与天地交往的媒介

郊祀祭天是中国古代国家祭祀中最重要的礼仪形式，何休注《春秋公羊传·僖公三十一年》“天子祭天”曰：“郊者，所以祭天也。天子所祭，莫重于郊。”[①] 董仲舒解释祭天时说道：“天子不可不祭天也，无异人之不可以不

① 《春秋公羊传注疏》卷十二《僖公三十一年》，清嘉庆本《十三经注疏》，中华书局，2009年版，第4914页。

食父。”[①] 祭天乃是天子天经地义的分内事，就像子女需要赡养父母般，这是因为祭天是天子受命而王的标志：“已受命而王，必先祭天，乃行王事。”[②] 祭天之所以被如此看重，是因为它蕴含着丰富且深刻的政治意义。

一、汉代祭天之礼的发展

祭天仪式在汉代有过多次变化。汉初的最高国家祭祀是由汉高祖确立的五帝祭祀，据《史记·封禅书》记载：

> 二年（前250年），东击项籍而还入关，问：“故秦时上帝祠何帝也？”对曰：“四帝，有白、青、黄、赤帝之祠。”高祖曰：“吾闻天有五帝，而有四，何也？”莫知其说。于是高祖曰：“吾知之矣，乃待我而具五也。”乃立黑帝祠，命曰北畤。[③]

汉高祖在继承秦代国家祭祀制度的基础上，以阴阳五行思想为指导增添了黑帝祭祀，从而形成了五帝祭祀的最高国家祭祀制度。此时的五帝祭祀分散在各地，直至汉文帝十五年（前165年）才开始统一在雍郊进行祭祀，据载：

> 文帝召公孙臣，拜为博士，与诸生申明土德，草改历服色事。其夏，下诏曰：“有异物之神见于成纪，毋害于民，岁以有年。朕几郊祀上帝诸神，礼官议，毋讳以朕劳。”有司皆曰：“古者天子夏亲郊祀上帝于郊，故曰郊。”于是夏四月，文帝始幸雍郊见五峙，祠衣皆上赤。[④]

汉文帝一改汉初分别于各地祭祀五帝的做法，而将五帝祭祀统一集中于雍郊，“始幸雍郊见五峙”，开启了汉代的郊祀之旅。汉景帝继承了文帝郊

① ［汉］董仲舒著，［清］苏舆撰：《春秋繁露义证》卷十五《郊祭》，中华书局，1992年版，第404页。

② ［汉］董仲舒著，［清］苏舆撰：《春秋繁露义证》卷十五《四祭》，中华书局，1992年版，第408页。

③ ［汉］司马迁：《史记》卷二十八《封禅书》，中华书局，1959年版，第1378页。

④ ［汉］班固：《汉书》卷二十五上《郊祀志上》，中华书局，1962年版，第1213页。

祀雍五帝的做法，于“六年（前144年）冬十月，行幸雍，郊五畤”[①]。可见，雍五帝的郊祀制度是汉初最高国家祭祀中的祭帝之礼。

汉武帝依方士之言，对国家祭祀进行了系列改革，最明显的变化是将“太一”尊神置于“五帝”之上，由此祭祀“太一”成为新的最高国家祭祀。元朔五年（前124年），汉武帝在长安东南郊建立了太一坛。《史记·封禅书》记载：

> 亳人谬忌奏祠太一方，曰：“天神贵者太一，太一佐曰五帝。古者天子以春秋祭太一东南郊，用太牢，七日，为坛开八通之鬼道。”于是天子令太祝立其祠长安东南郊，常奉祠如忌方。[②]

根据谬忌所述，太一是天神中最尊贵的大神，即使威名如五帝，仍然只是太一的辅佐，位居太一之下。而据李零的研究：“我们至少可以证明‘太一’在先秦时代就已经是一种兼有星、神和终极物三重含义的概念。”[③]可见，汉代方士将太一设定为最高国家祭祀是有思想界的基础公共素材的。“太一”一词蕴含着三重含义。作为星名的“太一”，据《史记·天官书》载：“中宫天极星，其一明者，太一常居也；旁三星三公，或曰子属。后句四星，末大星正妃，徐三星后宫之属也。环之匡卫十二星，藩臣。皆曰紫宫。”[④]太一居于中宫天极星，是天上最尊贵的星，周围众星环绕，与人间的天子相呼应。再来看具有神名意义的“太一”。屈原《九歌》便是以天帝东皇太一为主祭之神，且郭店楚简指出在祷祠对象的神祇中，“太”可解为众神之首的太一[⑤]。最后来看作为终极物的道的“太一”。据郭店楚简《太一生水》：“大（太）一生水，水反辅大（太）一，是以成天。天反辅大（太）一，是以成地。天地［复相辅］也，是以成神明。”[⑥]太一在此是作为宇宙本体的道而出现。总之，在太一的三重意蕴中，作为星名则是最尊贵的天极星，作为神名则是众神之首的天帝，作为终极体则是化生万物的“道”，无与伦比的核心

---

① ［汉］班固：《汉书》卷五《景帝纪》，中华书局，1962年版，第148页。
② ［汉］司马迁：《史记》卷二十八《封禅书》，中华书局，1959年版，第1386页。
③ 李零：《中国方术续考》，东方出版社，2001年版，第237页。
④ ［汉］司马迁：《史记》卷二十七《天官书》，中华书局，1959年版，第1289页。
⑤ 李零：《中国方术考》（修订本），东方出版社，2001年版，第286—287页。
⑥ 荆门市博物馆：《郭店楚墓竹简》，文物出版社，1988年版，第125页。

性与重要性是太一被汉代方士选为最高国家祭祀对象的原因。

亳人谬忌奏立于长安东南郊的太一祭祀在历史中影响甚微，真正影响深远的是汉武帝元鼎五年（前 112 年）建立的甘泉泰畤太一祭祀。“十一月辛巳朔旦，冬至。立泰畤于甘泉。天子亲郊见，朝日夕月。”① 甘泉泰畤的祭祀仪式模仿的是长安东南郊的太一坛，极具系统性与层次性：

> 令祠官宽舒等具太一祠坛，祠坛放薄忌太一坛，坛三垓。五帝坛环居其下，各如其方，黄帝西南，除八通鬼道。太一，其所用如雍一畤物，而加醴枣脯之属，杀一狸牛以为俎豆牢具。而五帝独有俎豆醴进。其下四方地，为醊食群神从者及北斗云。②

太一祠坛分为三层，最上层是祭祀太一，第二层是五帝，第三层是其他醊食群神，三层之间逻辑严密、条理清晰，成为一个秩序井然的众神殿。自甘泉泰畤祭祀建立以后，它迅速成为汉廷的最高国家祭祀。在泰畤设立之后的太初二年（前103年），“有司言雍五畤无牢孰具，芬芳不备”③，这显然表示的是雍五畤地位急剧下降的现实状况。就泰畤设立之后帝王对泰畤与雍地的巡幸次数来说，武帝行幸雍祠五帝 9 次（5 次在泰畤设立之前，泰畤设立之后只有 4 次），行幸甘泉郊泰畤 11 次；汉昭帝无郊祀行幸记录；汉宣帝行幸雍祠五帝 1 次，行幸甘泉郊泰畤 5 次；汉元帝行幸雍祠五帝 3 次，行幸甘泉郊泰畤 5 次；汉成帝行幸雍祠五帝 4 次，行幸甘泉郊泰畤 6 次。不难看出，自甘泉泰畤设立之后，甘泉宫已经取代雍成为新的国家祭祀中心。

甘泉泰畤祭祀能够取代五帝祭祀的主要原因在于现实政治的需要。五帝祭祀不能准确地反映出王权的代表只有一个——至高无上的皇帝，与国家政治统一的社会现实也不一致，因此有其变更的必要性。元代袁桷就认为五帝不能成为天帝的原因就在于“天无二日，天既不得有二，五帝不得谓之天”④。现代学者张荣明先生总结道：“汉朝已然是大一统国家，皇帝成为现实秩序的主宰者和统治者，在信仰的世界中董仲舒也创造出了至高无上

---

① ［汉］班固：《汉书》卷六《武帝纪》，中华书局，1962 年版，第 185 页。

② ［汉］司马迁：《史记》卷二十八《封禅书》，中华书局，1959 年版，第 1394 页。

③ ［汉］司马迁：《史记》卷十二《孝武本纪》，中华书局，1959 年版，第 484 页。

④ ［明］宋濂撰：《元史》卷一百七十二《袁桷传》，中华书局，1976 年版，第 4025 页。

的‘天’，但表现在祭祀制度中却是‘五畤’和五帝，五帝之间缺乏明确的等级秩序，这与信仰状况显然不相适应。”[①] 五帝祭祀不符合唯我独尊的皇权的秩序结构，这是其被放弃的主要原因。以太一为核心的诸神体系，映射着帝国政治的大一统现状与地上王权最高权威的建立，徐兴无教授便认为对“太一”的推崇是“汉武帝对秦帝国的和汉代的诸侯王乃至周边少数民族的政治权威的否定和对中央政权的再次强调”[②]，王柏中也指出“至上神的出现，是地上统一王权的建立的曲折反映”[③]。基于这种缘由，至高至尊、独一无二的太一取代分散无序的五帝信仰而成为最高国家祭祀对象便是顺理成章的事情了。

在西汉晚期知识阶层的观念中，由雍五畤到甘泉泰畤的变化代表着从祭帝到祭天的演化。王莽总结西汉的祭祀时说：“高皇帝受命，因雍四畤起北畤，而备五帝，未共天地之祀。”[④] 天地之祀，是指“至武帝定郊祀之礼，祠太一于甘泉，就干位也；祭后土于汾阴，泽中方丘也”[⑤]。王莽认为五帝祭祀并非是祭天之礼，甘泉泰畤才是真正意义上的祭天之礼。王舜、刘歆也是如此看法：“(汉武帝)改正朔，易服色，立天地之祠，建封禅，殊官号。”[⑥]“立”则意味着以前没有天地之祀。曹魏时期的如淳注《汉书》时也持此观点：“汉唯祭天地五畤，皇帝不自行，祠还致福。”[⑦] 如淳将天地与五畤并列，可见他也不承认雍五畤的祭祀是祭天之礼。现代学者杨英认为“西汉的天地之祀是武帝建立的甘泉泰畤和河东(汾阴)后土”[⑧]，也是不将雍五畤祭祀视为祭天之礼。

在汉代知识阶层的普遍认知中，甘泉祭祀是真正的祭天之礼。如前所述的王莽、刘歆之言，此外，杜邺进言汉成帝时说：“今甘泉、河东天地郊祀，

---

① 张荣明：《中国的国教——从上古到东汉》，中国社会科学出版社，2001年版，第338页。
② 徐兴无：《战国秦汉间封禅祀典的构建》，《新古典新义》，学生书局，2001年版，第213页。
③ 王柏中：《神灵世界：秩序的建构与仪式的象征——两汉国家祭祀制度研究》，民族出版社，2005年版，第2页。
④ [汉]班固：《汉书》卷二十五下《郊祀志下》，中华书局，1962年版，第1264页。
⑤ [汉]班固：《汉书》卷二十二《礼乐志》，中华书局，1962年版，第1045页。
⑥ [汉]班固：《汉书》卷二十五下《郊祀志下》，中华书局，1962年版，第1256页。
⑦ [汉]司马迁：《史记》卷八十四《贾谊列传》，中华书局，1959年版，第2503页。
⑧ 杨英：《祈望和谐——周秦两汉王朝祭礼的演进及其规律》，中华书局，2009年版，第451页。

咸失方位，违阴阳之宜。”甘泉为祭天之礼，河东为祭地之礼[①]，同时期的翼奉也持此观点。“奉以为祭天地于云阳、汾阴。”[②] 云阳即甘泉宫所在。田天也说：“太一祭祀在西汉武帝朝至西汉末年，基本上可以看作是与‘天’性质相近的至上神。”[③]

因此可以说，太一祭祀的成立，体现了祭祀仪式中从祭五帝到祭天的演变轨迹。简而言之，自汉武帝立甘泉泰畤祭祀以来，甘泉祭祀便成为西汉最高国家祭祀中的祭天之礼。

二、祭天仪式的意义

张光直先生在其《美术、神话与祭祀》一书中，认为中国古代政治权力的形成，最为重要的便是借助艺术、文字以及祭祀等手段对天地人神沟通的独占[④]。张氏认为祭祀是演示政治权威的重要手段，是形成权力秩序结构的重要基础。祭天之礼表现的是国家政权敬天尊统的政治性礼仪，可以说，它是权力的象征性陈述方式，征示着权力秩序的结构。马敏解读政治仪式的效用时说：“仪式作为象征性的行为与活动……可以是展现和建构权威的权力技术，而政治权力也不仅仅表现为简单的强制，而是力图呈现为一种合法合理的运用。……政治本身在所有社会中都是仪式，仪式是政治统治的一种手段，也是一种分析普通政治的手段。”[⑤] 仪式是政治秩序的运作机制内在化，也是支配与权力的话语象征，它的目的在于确立社会的普遍秩序结构并为此秩序的合理性做出阐释。

祭祀与权力间的关联互涉，具体体现在以下三个方面：首先，王权的起源与祭祀密不可分。

---

① [汉]班固：《汉书》卷二十五下《郊祀志下》，中华书局，1962年版，第1262、1256页。

② [汉]班固：《汉书》卷七十五《翼奉传》，中华书局，1962年版，第3175页。

③ 田天：《西汉太一祭祀研究》，《史学月刊》2014年第4期，第39—51页。

④ 张光直著，郭净译：《美术、神话与祭祀》，生活·读书·新知三联书店，2013年版。另外关于祭祀与王权之间关系的著作，可参见张氏的《中国青铜时代》，生活·读书·新知三联书店，1999年版；以及张光直著，明歌编译：《宗教祭祀与王权》，《华夏考古》1996年第3期，第103—108页。

⑤ 马敏：《政治仪式：对帝制中国政治的解读》，《社会科学论坛》2003年第4期，第18—22页。

早期王权是在多方面因素的影响下产生的，而宗教祭祀在其中的作用不可或缺。早期的君主将祭祀当成一种高度政治化的仪式，藉此来构建政治权威与社会秩序。“随着文明的发展……由于神权与政权的合一，祭祀的政治意义却日益显得浓厚起来。”[①] 这方面最为典型的材料是《国语·楚语下》所记载的绝地天通：

> 古者民神不杂。……于是乎有天地神民类物之官，是谓五官，各司其序，不相乱也。民是以能有忠信，神是以能有明德，民神异业，敬而不渎，故神降之嘉生，民以物享，祸灾不至，求用不匮。及少皞之衰也，九黎乱德，民神杂糅，不可方物。夫人作享，家为巫史，无有要质。民匮于祀，而不知其福。烝享无度，民神同位。民渎齐盟，无有严威。神狎民则，不蠲其为。嘉生不降，无物以享。祸灾荐臻，莫尽其气。颛顼受之，乃命南正重司天以属神，命火正黎司地以属民，使复旧常，无相侵渎，是谓绝地天通。[②]

绝地天通表现的是颛顼宗教改革后统治阶层对祭祀权的垄断。少皞之衰造成的“民神同位”，即是说人人都可以自由祭祀天地神明，自由与天地神灵交往互动。而颛顼兴起后，以公共祭祀的名义令重、黎专司祭祀，独占了沟通天地的权力，这便是政治权力形成的雏形。“通天地的各种手段的独占，包括古代仪式的用品、美术品、礼器等等的独占，是获得和占取政治权力的重要基础。”[③] 祭祀作为沟通天地的关键性资源，是早期政治权力形成中不可或缺的资粮。

其次，祭祀关乎政权的合法性基础。

张烁指出：“在古代中国，用以论证政权合法的主要方式，一个是以国家祭祀为核心的天命方面的论证，一个是以功德、民本为主要内容的德性论证。”[④] 祭天表示的是“天子受天命治天下”的政治理念，《孟子·万章》曰：

---

① 詹鄞鑫：《神灵与祭祀——中国传统宗教综论》，江苏古籍出版社，1992年版，第181页。

② [春秋]左丘明撰，徐元诰集解：《国语集解》卷十八《楚语下》，中华书局，2002年版，第513—515页。

③ 张光直：《考古学专题六讲》，文物出版社，1986年版，第11页。

④ 张烁著：《中国传统合法性话语的文化研究》，武汉大学出版社，2014年版，第134页。

万章曰："尧以天下与舜，有诸？"

孟子曰："否。天子不能以天下与人。"

"然则舜有天下也，孰与之？"

曰："天与之。"①

天下乃是天给予天子的，祭天则是报答天的授权，所以《白虎通·封禅》说："燎祭天，报之义也。"② 郊天的意义是为了与天地沟通，回报天地的恩德，"报本反始"。《郊特牲》说道："郊，所以明天道也。……万物本乎天，人本乎祖，此所以配上帝也。郊之祭也，大报本反始也。"③《祭义》："郊之祭，大报天，而主日配以月。"④ 而如果天子不祭天，便亏损了德行与孝道，也就损害了政权存在的合法性基础——天命。"天子者，则天之子也。以身度天，独何为不欲其子之有子礼也。今为其天子，而阙然无祭于天，天何必善之！"⑤ 彭宗超也指出："在取得政权合法性的过程中，祭祀是古代帝王用来教化下民的重要方式。"⑥

祭天是天子展示其支配天下合法性的重要仪式。张荣明先生曾说："郊祀具有重要的政治象征意义。商周是方国联盟的王国，作为'共主'的国王对天下的统治权集中体现在郊祀活动中。"⑦ 祭天是王权合法性的象征所在，具有极其重要的政治意义。"郊天是祭祀诸神最大最隆之礼，有极重要的政治和等级意义。周天子自认为享有天命，因此祭祀天，对天的主祭权是王

---

① [宋]朱熹：《四书章句集注·孟子集注》卷九《万章章句上》，中华书局，1983年版，第307页。

② [清]陈立撰，吴则虞点校：《白虎通疏证》卷六《论封禅之义》，中华书局，1994年版，第282页。

③《礼记正义》卷二十六《郊特牲》，清嘉庆本《十三经注疏》，中华书局，2009年版，第3148—3149页。

④《礼记正义》卷四十七《祭义》，清嘉庆本《十三经注疏》，中华书局，2009年版，第3460页。

⑤ [汉]董仲舒著，[清]苏舆撰：《春秋繁露义证》卷十四《郊语》，中华书局，1992年版，第399页。

⑥ 彭宗超、陶鹏等著：《中国应急管理研究报告·2012—2013·应急准备文化建设》，清华大学出版社，2014年版，第52页。

⑦ 张荣明：《中国的国教——从上古到东汉》，中国社会科学出版社，2001年版，第145页。

权至高无上的象征。"[①] 祭天展示的是政权"奉天承运"，不但可以有效地维护社会秩序，而且是治国理政不可忽略的内容。《礼记·祭统》曰："凡治人之道，莫急于礼；礼有五经，莫重于祭。"[②] 秦蕙田在《五礼通考》中解释祭祀的意义时说道："礼莫重于祭，祭莫大于天。天为百神之君，天子为百姓之主，故惟天子岁一祭天。"[③] 祭祀是最重要的礼仪，而祭天则是最重要的祭祀。郊祀祭天是政权展示自己受天命而治理天下的重要礼仪形式，成帝初年的匡衡上言："帝王之事莫大乎承天之序，承天之序莫重于郊祀，故圣王尽心极虑以建其制。"[④]

祭天的重要性还表现在其不可分享性。晋安帝时尚书左丞王纳之曾说："郊天极尊，非天子不祀，无使皇舆不得亲奉。"[⑤] 祭天之礼是天子所独享的，任何他人都不能分享这份权力。此外，《礼记·王制》认为天子在丧服期间可以不举行其他祭祀之礼，唯独祭天之礼不可不举行："夫丧三年不祭，唯祭天地社稷，为越绋而行事。"[⑥] 董仲舒也说："古者天子之礼，莫重于郊。郊常以正月上辛者，所以先百神而最居前。礼，三年丧，不祭其先，而不敢废郊。郊重于宗庙，天尊于人也。"[⑦] 这里面的原因在于天子已不仅仅是自己家族——私家的继嗣，更是整个天下——公家的继嗣，丧服礼要求的是作为私家的家族成员的礼仪形式，而这与公家是没有任何关系的。所以说"礼三年丧，不祭其先而不敢废郊"，因为天子是天的继嗣，是天下的支配者。

第三，祭祀对象之间有着严格的等级制度，对应着权力支配的大小。

祭祀仪式将现实世界与理想世界联结在一起，主祭者通过祭祀实现人神的交感互动，并与天地诸神的神力发生联系。在先民的认识中，万物有灵，天地诸神各自具有不同等级的神力。借由祭祀，人可以借助诸神神力自由来

---

① 杨英：《祈望和谐——周秦两汉王朝祭礼的演进及其规律》，商务印书馆，2009 年版，第 126 页。

②《礼记正义》卷四十九《祭统》，清嘉庆本《十三经注疏》，中华书局，2009 年版，第 3478 页。

③ [清]秦蕙田：《五礼通考》卷一《圜丘祀天》，文渊阁《四库全书》本，上海古籍出版社，1987 年版，第 1 页。

④ [汉]班固：《汉书》卷二十五《郊祀志下》，中华书局，1962 年版，第 1253—1254 页。

⑤ [唐]房玄龄：《晋书》卷十九《礼上》，第 585 页。

⑥《礼记正义》卷十二《王制》，清嘉庆本《十三经注疏》，中华书局，2009 年版，第 2887 页。

⑦ [汉]董仲舒著，[清]苏舆撰：《春秋繁露义证》卷十五《郊事对》，中华书局，1992 年版，第 414 页。

往于神力所能贯穿的地方。也就是说，天地诸神所管辖的神力场域，即是人可支配的人间场域，所以主祭者要审慎地依据自己的身份级别来祭祀对应级别的神祇。对祭祀等级制度阐述的最为系统的当是成书于春秋末年的《礼记·曲礼》[①]："天子祭天地，祭四方，祭山川，祭五祀，岁遍。诸侯方祀，祭山川，祭五祀，岁遍。大夫祭五祀，岁遍。士祭其先。凡祭，有其废之莫敢举也，有其举之莫敢废也。非其所祭而祭之，名曰淫祀。淫祀无福。"[②] 朱熹对这段话有着非常精确的解释与发挥：

> 天地之间，自其成形而观之，或小或大，不能无别。故王者既为天下之主，则天地之大，王者当之，故王者祭天地。而推之诸侯，为一国之主，则境内之名山大川诸侯祭之。士为一家之法，则家之有门户中霤之属，为士者祭之。若夫社稷，则专为民而设，凡有土有民者，莫不各有所建社稷而祭之。必有祖，而祖在所祭，自天子以至于庶人，莫不有先祖之祭。若论小大之制，则因王公士庶而为之等差，其祭秩不能无分别也。[③]

循名以责实，考实以定名，主祭者的身份与所祀神祇有着严肃的匹配规定。此秩序整合的原则即在于诸神的神力有大小高低之别，天地的神力贯穿于整个天地之间，山川的神力贯穿于诸侯国之内，鬼神的神力则贯穿于家族之间。对神祇的祭祀则表示着主祭者与其神力发生关系，即可借此支配其神力所领辖的地域空间。天子可由祭天而支配整个天下，诸侯可由祭山川而支配诸侯国，士则可由祭鬼神而支配他的家族。"因王公士庶而为之等差"，一句话道尽了祭祀等级制度的精髓，祭祀者的支配范围决定其祭祀对象，而祭祀对象的选择也展演着祭祀者的支配范围。可以说，作为沟通天人媒介的祭祀仪式，不但征示着权力秩序的结构，同时成为确立与维护政治秩序结构的一种手段。在历史中，先秦时期的诸侯常祭祀其境内的神祇，以凸显自己的统治权力："战国时代，随着列国地方性统治的强化，各国更加重视对方域

① 据王锷的考察，"《曲礼》成篇于春秋末战国初，整理编集者可能是曾子或其弟子。"王锷：《〈礼记·曲礼〉成篇年代考》，《南京师范大学文学院学报》2006年第3期，第94—97页。

② 《礼记正义》卷五《曲礼下》，清嘉庆本《十三经注疏》，中华书局，2009年版，第2746页。

③ [宋] 朱熹：《晦庵先生朱文公文集》卷五十七《答李尧卿》，朱杰人等主编：《朱子全书》，上海古籍出版社与安徽教育出版社，2002年版，第2803页。

内神祇的祭祀，这样就使祭祀活动的地域性特点更为突出。”[①] 柯马丁先生则认为秦始皇灭亡六国后举行的望祭，“体现了合法主权的空间扩展，‘望祭’本身不是指向普通的边远地区，而是指向控制范围内被划定的空间……通过祭祀东部的山川河流，将前齐的祭祀场所纳入自己的宇宙礼仪体系，秦始皇便在黎民百姓、天地神祇面前，正式地将前齐领土并入了新帝国。齐国，则相应地从自己历史的主体，仪式性地转变为秦国历史的客体”[②]。

祭祀对象与祭祀者身份构成严整的秩序结构，违反此秩序的即为僭越，为淫祀，这已经成为汉代的一种公共基础知识。司马迁《六国年表》云：“太史公读《秦记》，至犬戎败幽王，周东徙洛邑，秦襄公始封为诸侯，作西畤用事上帝，僭端见矣。《礼》曰：‘天子祭天地，诸侯祭其域内名山大川。’今秦杂戎翟之俗，先暴戾，后仁义，位在藩臣而胪于郊祀，君子惧焉。”[③] 司马迁认为西畤白帝祭祀乃是祭天之礼，作为诸侯的秦襄公，他只能祭祀神力辖域局限于秦地的山川神祇，而神力遍布世界的天地之神唯有天子才能祭祀，故其“作西畤”是对政治秩序的僭越，所以“君子惧焉”。《白虎通·五祀》继《曲礼》之言曰：“独大夫以上得祭之何？士者位卑禄薄，但祭其先祖耳。”[④] 大夫以下的士位卑禄薄，没有资格去“祭五祀”，只能祭祀自己家族的祖先神灵。对祭祀秩序的反复申述表明祭祀与权力之间的互动已经被汉代知识阶层所认可，《风俗通义》指出：“是以泰山不享季氏之旅，而《易》美西邻之禴祭，盖重祀而不贵牲，敬实而不求华也。”[⑤] 所谓“重祀”“敬实”即是指主祭者要祭祀与自己身份地位相匹配的神灵。

概言之，祭天之礼作为国家祭祀，其目的不仅仅在于追求一己之福，更重要的是确立政权合法性与发挥行政职能。“国家祭祀……就目的而言，不是为了追求一己之福，而是政府行使其职能的方式，本身具有‘公’的性

① 王柏中：《神灵世界：秩序的建构与仪式的象征——两汉国家祭祀制度研究》，中华书局，2005 年版，第 11 页。

② [美]柯马丁著，刘倩译：《秦始皇石刻——早期中国的文本与仪式》，上海古籍出版社，2015 年版，第 101—102 页。

③ [汉]司马迁：《史记》卷十五《六国年表》，中华书局，1959 年版，第 685 页。

④ [清]陈立撰，吴则虞点校：《白虎通疏证》卷二《论大夫已上得祭》，中华书局，1994 年版，第 79 页。

⑤ [汉]应劭撰，王利器校注：《风俗通义校注》卷八《祀典》，中华书局，1981 年版，第 350 页。

质。”[①] 国家祭祀的目的是服务于政权统治的秩序权威，汉元帝时期的儒者贡禹在讨论郡国庙时便说：“往者天下初定，远方未宾，因尝所亲以立宗庙，盖建威销萌，一民之至权也。”[②] 立宗庙是为了“建威销萌，一民之至权”，宣示政权的威严，令初定的天下迅速稳定下来，让未服的远方快速服从。匡衡也指出立庙祭祀是为了维护天下秩序，而非表示个人的孝道：“往者有司以为前因所幸而立庙，将以系海内之心，非为尊祖严亲也。”[③] 因此国家祭祀并不只是皇帝一个人的私事，而是事关整个天下安宁的公事。《文心雕龙·祝盟》说道：“天地定位，祀遍群神，六宗既禋，三望咸秩，甘雨和风，是生黍稷，兆民所仰，美报兴焉。”[④] 当有天地定位的祭祀之后，才会有风调雨顺、五谷丰登、天下承平安宁的景象。《白虎通·社稷》亦言：“王者所以有社稷何？为天下求福报功。”[⑤] 天子祭祀社稷是代表天下万民向天地求福报功，因此生活在天下此一场域中的万民为了天地的和谐安宁，必须效忠于天子，这便是天子支配万民的合理性所在。刘晓达在研究“太一”祭祀的意义时发现：

> 在汉武帝时代新近被确立的太一、后土、天地神灵祭祀而言，它们所呈现出来的，也绝不仅仅是单纯对方位空间所进行一般性思考的宇宙观念，而是更为复杂的，希冀借助对天地四方的祭祀活动及其图像，来展现君权天授与帝国统治的正当性。换句话说，这些看似属于天地四方等宇宙方位观念的祭祀活动和图像表现，实际上蕴含着帝王借此显示对其实际统治“天下”空间进行有效控制的希冀。[⑥]

“太一”祭祀的意义在于“展现君权天授与帝国统治的正当性”，在于借

---

① 雷闻：《郊庙之外——隋唐国家祭祀与宗教》，生活·读书·新知三联书店，2009 年版，第 3 页。

② [汉] 班固：《汉书》卷七十三《韦玄成传》，中华书局，1962 年版，第 3116 页。

③ [汉] 班固：《汉书》卷七十三《韦玄成传》，中华书局，1962 年版，第 3121 页。

④ [南朝梁] 刘勰著，周振甫注：《文心雕龙注释》，人民文学出版社，1981 年版，第 105 页。

⑤ [清] 陈立撰，吴则虞点校：《白虎通疏证》卷三《总论社稷》，中华书局，1994 年版，第 83 页。

⑥ 刘晓达：《秦始皇至汉武帝时代对“天下”观念的视觉艺术形塑》，中央美术学院 2013 年博士学位论文，第 191 页。

助祭天仪式实现帝王支配“天下”的政治理想。可以说，祭天仪式表现的便是天子取得支配天下的权力的过程，此仪式所凝聚的权力结构过渡到文本中，便成为祭天文学的核心主题。

第二节　甘泉文学：郊祀祭天下的天下秩序

甘泉祭祀是祭天之礼，意味着其祭祀对象是“天”，主祭者可以借助“天”的神力，他能够支配的场域为“天”的神力所能达到的地方，也就是整个天下。在汉代甘泉宫出土的瓦当中，甘泉宫遗址城前头村采集的瓦当有“维天降灵，延元万年，天下康宁”等字样，此瓦当非常明显地说明了天子祈祷神灵的佑助而获得对整个天下的支配。此外，遗址另有“与天无极”“长乐未央，与天相保”[①]等瓦当，这些瓦当装点在庄严的甘泉宫中，用视觉艺术隐喻着天子支配天下的含义。

一、神物感应与甘泉祭祀乐歌

早期的甘泉文学以甘泉乐歌为代表，产生于汉武帝立甘泉泰畤祭祀时，据《汉书·礼乐志》载：

> 至武帝定郊祀之礼，祠太一于甘泉，就乾位也；祭后土于汾阴，泽中方丘也。乃立乐府，采诗夜诵，有赵、代、秦、楚之讴。以李延年为协律都尉，多举司马相如等数十人造为诗赋，略论律吕，以合八音之调，作十九章之歌。以正月上辛用事甘泉圜丘，使童男女七十人俱歌，昏祠至明。[②]

自汉武帝“定郊祀之礼，祠太一于甘泉”之后，就令身边的司马相如等侍从之臣造就新歌，以“用事甘泉圜丘”，其中的主要代表作是《十九章之

① 姚生民:《甘泉宫志》，三秦出版社，2003 年版，第 198—204 页。
② ［汉］班固:《汉书》卷二十二《礼乐志》，中华书局，1962 年版，第 1045 页。

歌》，这便是甘泉乐歌的兴始状况。《十九章之歌》的主要功能是在祭祀的过程中作为天人媒介的辅助实现天人感应："使童男女七十人俱歌，昏祠至明。"然自诞生之日起，《十九章之歌》便备受后世学者的批评与指责，如《汉书·礼乐志》曰："是时，河间献王有雅材，亦以为治道非礼乐不成，因献所集雅乐。天子下大乐官，常存肄之，岁时以备数，然不常御，常御及郊庙皆非雅声。……君臣男女有功德者，靡不褒扬。功德既信美矣，褒扬之声盈乎天地之间，是以光名著于当世，遗誉垂于无穷也。今汉郊庙诗歌，未有祖宗之事。"[①] 这里指出甘泉乐歌"非雅声"，且"未有祖宗之事"。《宋书·乐志》曰："汉武帝虽颇造新歌，然不以光扬祖考、崇述正德为先，但多咏祭祀见事及其祥瑞而已。商周《雅》《颂》之体阙焉。"[②]《宋书》批评甘泉乐歌舍本逐末，只是"多咏祭祀见事及其祥瑞而已"，而不能够"以光扬祖考、崇述正德为先"。《隋书·音乐志》："武帝裁音律之响，定郊丘之祭，颇杂讴谣，非全雅什。"[③] 对《十九章之歌》的批评主要集中于其内容不合典礼与古制，"非雅声"，真正的"雅"是需要褒扬祖宗之圣功贤德，令其声名永垂不朽的。

既然这些甘泉乐歌不符合典范式祭祀乐歌应有的"祖宗之事"，那么其主要内容是什么呢？《汉书·礼乐志》总结《十九章之歌》道："其余巡狩福应之事，不序郊庙，故弗论。"这里指出甘泉乐歌的内容多述瑞祥福应之事，《宋书·乐志》也认为其"多咏祭祀、见事及其祥瑞而已"。也就是说，对灵物瑞祥的夸耀歌赞是《十九章之歌》的主要特征。如元狩元年（前 122 年）因行幸雍获白麟作《朝陇首》，元鼎五年（前 112 年）因得鼎汾阴作《景星》，元封二年（前 109 年）因芝生甘泉齐房作《齐房》，太初四年（前 101 年）因诛宛王获宛马作《天马》，太始三年（前 94 年）因行幸东海获赤雁作《象载瑜》。天马、白麟、宝鼎、灵芝、赤雁、赤蛟等神妙奇异之物得，祭祀乐歌则随之而作。如《天马》曰：

天马徕，从西极，涉流沙，九夷服。天马徕，出泉水，虎脊两，化若鬼。天马徕，历无草，径千里，循东道。天马徕，执徐时，将摇举，

---

① ［汉］班固：《汉书》卷二十二《礼乐志》，中华书局，1962 年版，第 1070 页。

② ［梁］沈约：《宋书》卷十九《乐志一》，中华书局，1974 年版，第 550 页。

③ ［唐］魏征等撰：《隋书》卷十三《音乐志》，中华书局，1973 年版，第 286 页。

谁与期？天马徕，开远门，竦予身，逝昆仑。天马徕，龙之媒，游阊阖，观玉台。[①]

歌中的天马神异俊秀，是通往昆仑仙境的媒介，是游览阊阖玉台的钥匙，是汉武帝翱翔九天必不可少的工具。也就是说，天马是沟通天人之间的灵媒。《日出入》曰：“吾知所乐，独乐六龙，六龙之调，使我心若。訾黄其何不徕下？”六龙指的是带黄帝上天的六龙，这里对六龙的殷切渴望表现的是上天需要有六龙协助的信念。《齐房》曰：“齐房产草，九茎连叶，宫童效异，披图案谍。玄气之精，回复此都，蔓蔓日茂，芝成灵华。”九茎灵芝的出现，可以令天气之精灵回旋往返于甘泉，也就是说神物灵芝可以吸引天地神灵降临人间。《象载瑜》曰：“象载瑜，白集西，食甘露，饮荣泉。赤雁集，六纷员，殊翁杂，五采文。神所见，施祉福，登蓬莱，结无极。”神奇俊异的赤雁能够吸引天神降临，施舍福祉，令祭祀之人登往蓬莱仙境。可以看出，甘泉乐歌对神物的大力歌颂是因为天子只有借由神物才能沟通天地神灵。神物是甘泉祭祀的重要组成部分，它是人神沟通关键的媒介，以神物迎接天神是甘泉乐歌的一大特色。

当沟通天地神灵之后，主祭者不但希望延长寿命，更是期许四海臣服、万国来朝的政治景观。如《赤蛟》曰：“灵殷殷，烂扬光，延寿命，永未央。杳冥冥，塞六合，泽汪濊，辑万国。”延长寿命是祈福的重点，和辑万国的政治愿望更不容忽视。前面曾说过，甘泉祭祀不仅仅是寻求一己之福的利器，更蕴含着四海臣服的政治意义，这在《十九章之歌》中有着非常明显的表现，以《惟泰元》为例：

惟泰元尊，媪神蕃厘，经纬天地，作成四时。精建日月，星辰度理，阴阳五行，周而复始。云风雷电，降甘露雨，百姓蕃滋，咸循厥绪。继统共勤，顺皇之德，鸾路龙鳞，罔不肸饰。嘉笾列陈，庶几宴享，灭除凶灾，烈腾八荒。钟鼓竽笙，云舞翔翔，招摇灵旗，九夷宾将。

泰元指的是“天”，《徐献忠诗话》认为“此泰乙之祠，所谓总统百神者

① ［汉］班固：《汉书》卷二十二《礼乐志》，中华书局，1962年版，第1052—1070页。后面引用的《十九章之歌》也是出于这里，不再注释。

也”[①]，《乐府广序》云：“惟泰元，武帝祠泰一之乐也。继统以下，王者法天地之德武功，并寓于此。按，泰元即泰乙也。”[②]在这首祭祀太一的乐歌中，既有“百姓蕃滋，咸循厥绪”的内安中国，也点出“招摇灵旗，九夷宾将”的外抚夷狄，通过祭祀仪式的举行，“天下”（“中国＋四夷”）此一空间场域尽在天子的支配之下。又如《西颢》：“奸伪不萌，祆孽伏息，隅辟越远，四貉咸服。”《天马》：“天马来，从西极，涉流沙，九夷服。”《后皇》：“沇沇四塞，假狄合处，经营万亿，咸遂厥宇。”《朝陇首》：“图匈虐，熏鬻殛，辟流离，抑不详，宾百僚，山河飨”。在这些乐歌中，反复展演的都是国内安宁、外夷臣服的形象，表现出的是天子对于四海臣服的强烈心理期待。

在汉代乐歌中，“甘泉”一词出现时，天子支配天下的政治想象自动接续，二者成为一个固定的格套。如《宋书·乐志四》所载《汉鼓吹铙歌十八曲》的《上之回》曰：“上之回，所中益。夏将至，行将北。以承甘泉宫，寒暑德。游石关，望诸国，月支臣，匈奴服。令从百官疾驱驰，千秋万岁乐无极。”[③]《汉鼓吹铙歌十八曲》的重心在于描述百姓的日常生活状态，然当涉及甘泉祭祀时，创作者则自动将其与天下支配想象联系起来：“月支臣，匈奴服。”

神物通天的信仰观念与天下宾服的心理期待是甘泉祭祀乐歌的两个核心内容，赵敏俐先生认为甘泉乐歌“创作题材基本上表现在两个方面：一是歌颂代表新的统治阶级的至上神，一是歌颂象征汉帝国繁荣强盛的瑞应之物”[④]。概言之，甘泉祭祀乐歌反复展演与宣告的是天子在祭祀时借由神物与天地神灵发生联系，并由此产生对国内安宁、外夷臣服的政治期许。

二、诚敬通天与甘泉诸赋

自汉武帝立甘泉泰畤之后，帝王多有甘泉祭祀之举。由此，以记录帝王游猎内容与祭祀诸礼为本职的文学侍从或礼职人员，创作了一批以甘泉祭祀为主题的赋作。目前汉代存有三篇《甘泉赋》，即王褒《甘泉赋》、扬雄《甘

① ［明］徐献忠：《徐献忠诗话》，吴文治主编：《明诗话全编》，江苏古籍出版社，1997年版，第3035页。

② ［清］朱嘉征：《乐府广序》卷二十二，康熙清远堂刻本。

③ ［梁］沈约：《宋书》卷十九《乐志四》，中华书局，1974年版，第640页。

④ 赵敏俐：《两汉诗歌研究》，商务印书馆，2011年版，第43页。

泉赋》、刘歆《甘泉宫赋》，其中现存最为完整的是扬雄的《甘泉赋》。考察王褒的《甘泉赋》，“上令褒与张子侨等并待诏，数从褒等放猎，所幸宫馆，辄为歌颂，第其高下，以差赐帛”[①]，可推测王褒《甘泉赋》当作于跟随汉宣帝祭祀甘泉宫之后。关于的扬雄《甘泉赋》，据《甘泉赋序》所言：“孝成帝时，客有荐雄文似相如者，上方郊祠甘泉泰畤、汾阴后土，以求继嗣，召雄待诏承明之庭。正月，从上甘泉，还奏《甘泉赋》以风。”[②] 赋中也言：“惟汉十世，将郊上玄，定泰畤，雍神休，尊明号，同符三皇，录功五帝，恤胤锡羡，拓迹开统。”可知扬雄《甘泉赋》即为甘泉祭祀而作。龚克昌先生认为刘歆的《甘泉宫赋》与扬雄《甘泉赋》作于同一时间：“扬雄赋作于此年，刘歆赋也当为同时之作。”[③]。刘歆的《甘泉赋》虽遗佚大半，但根据其现存内容判断，亦当为铺叙甘泉祭祀活动而作。

扬雄的《甘泉赋》为其四大赋（《甘泉赋》《河东赋》《校猎赋》《长杨赋》）之一，收录于《汉书·扬雄传》中，《汉书·艺文志》亦有记载，入选《文选》“郊祀赋”类。《甘泉赋》严格按照时间先后的顺序来叙写，以承接性连词“于是”作为场景更换转移的标志，令览者一目了然。赋作一开始便叙述出发车骑之宏阔（“于是乘舆乃登夫凤皇兮而翳华芝……”），接着为远望甘泉山之盛景（“是时未轃夫甘泉也……”），再为近观甘泉宫之壮丽（“于是大厦云谲波诡……”），再为天子礼神之准备（“于是事变物化……”），再为为太一祭祀之举行（“于是钦柴宗祈……”），最后为祭祀队伍之返行（“于是事毕功弘……”）。

扬雄《甘泉赋》的前半部分与甘泉乐歌共有一套祭祀术语。如在远望甘泉山的描写时：“是时未轃夫甘泉也，乃望通天之绎绎。下阴潜以惨廪兮，上洪纷而相错。直峣峣以造天兮，厥高庆而不可乎弥度。”这里的“通天”指的是建于汉武帝时期的通天台，颜师古注曰：“通天台者，言此台高，上通于天也。”[④] 高可通天是通天台的标志性特征，故成为祭祀者恭候天神的处所。《汉旧仪》：“武帝祭天，上通天台……天神既下祭所，若大流星，乃举烽火而就竹宫望拜。”[⑤]《关中记》则云：“左有通天台，高三十余丈，祭天时

① [汉]班固：《汉书》卷六十四下《王褒传》，中华书局，1962年版，第2829页。
② [汉]班固：《汉书》卷八十七上《扬雄传上》，中华书局，1962年版，第3522—3534页。
③ 龚克昌：《全汉赋评注》，花山文艺出版社，2003年版，第435页。
④ [汉]班固：《汉书》卷七《武帝纪》，中华书局，1962年版，第193页。
⑤ 孙星衍等辑：《汉官六种》，中华书局，1990年版，第98页。

于此候天神下也。”[①] 具有沟通天地功能的通天台，其“直峣峣以造天”的形象成为经典的意义符号，在后世不断被响应，如班彪《北征赋》：“历云门而反顾，望通天之崇崇。”张衡《西京赋》：“通天訬以竦峙，径百常而茎擢。”作为视觉艺术的象征符号，通天台表现的是天子可与天帝实现零距离的接触。此类视觉符号系统的演示在王褒《甘泉赋》中亦有所体现：“十分未升其一，增惶惧而目眩。若播岸而临坑，登木末以窥泉。却而望之，郁乎似积云，就而察之，乎若太山。”刘歆《甘泉宫赋》则曰：“云阙蔚之巌巌，众星接之皑皑。”[②]

再来看扬雄对近观甘泉的叙写：“金人仡仡其承锺虡兮，嵌岩岩其龙鳞。”金人指的是元狩二年（前121年）霍去病击败匈奴休屠王后获得的祭天金人，“昆邪王杀休屠王，将其众五万来降。获其金人，帝以为大神，列于甘泉宫。”[③] 汉武帝认为金人是神妙异常的灵物，可以有效地沟通天神，故将其置于甘泉宫。将作为匈奴祭天工具的金人陈列于甘泉宫，既表演了大汉征讨四方之不服，又征示了天子对祭天权力的独占。可以说，甘泉宫是神物毕聚于一堂，奇观融汇于一殿。“般、倕弃其剞劂兮，王尔投其钩绳。虽方征侨与偓佺兮，犹彷佛其若梦。”纵使王子乔、偓佺等神仙降临，亦会恍然若梦。由此可见，甘泉诸赋与甘泉乐歌一般，亦将高耸通天、神物毕集的文学书写作为文本的标准配置。

然而需要注意的是，扬雄在夸饰完甘泉宫神物神迹毕集的景观后，紧接着说：

> 于是事变物化，目骇耳回，盖天子穆然珍台闲馆琁题玉英蜵蜎蠖濩之中。惟夫所以澄心清魂，储精垂恩，感动天地，逆厘三神者；乃搜逑索偶皋伊之徒，冠伦魁能，函甘棠之惠，挟东征之意，相与齐乎阳灵之宫。……方揽道德之精刚兮，侔神明与之为资。

从前面绚丽璀璨的奇物争艳到这里的“天子穆然”，扬雄用“于是事变物化”这一转折语来表示思想主旨的变迁。这种转变，即是扬雄赋论中所说

---

① 刘庆柱辑注：《三秦记辑注·关中记辑注》，三秦出版社，2006年版，第198页。

② 费振刚等校注：《全汉赋校注》，广东教育出版社，2005年版，第202、327页。

③ [北齐]魏收：《魏书》卷一百一十四《释老志》，中华书局，1974年版，第3025页。

的“归之于正”。“雄以为赋者，将以风也，必推类而言，极丽靡之辞，闳侈巨衍，竞于使人不能加也，既乃归之于正，然览者已过矣。”也就是说，高耸通天、神物毕集的文学书写被视为“麋辞”，而在扬雄的价值判断中，“正言”的价值是远远高于“靡辞”的。《甘泉赋》中的“正言”指的是要想“感动天地，逆厘三神”，就必须“澄心清魂，储精垂恩”，修己德行，与“皋伊之徒”为伍。这就意味着王者不是靠“靡辞”——神物神迹等外在形式，而是以“正言”——精诚之心与天地互动交感，与天地神灵相沟通的。“方揽道德之精刚兮，侔神明与之为资。”结尾的“乱”词也传达了这种思想：

乱曰：崇崇圜丘，隆隐天兮。登降峛崺，单埢垣兮。增宫嵾差，骈嵯峨兮。岭巆嶙峋，洞无厓兮。上天之縡，杳旭卉兮。圣皇穆穆，信厥对兮。徕祇郊禋，神所依兮，徘徊招摇，灵迟迡兮。煇光眩耀，降厥福兮。子子孙孙，长亡极兮。

“乱”词也可以分为两部分。前面展示的是甘泉宫高峻通天、神异奇迹的视觉特征，是“崇崇圜丘，隆隐天兮”；而当正式书写沟通天地神灵的方式时，则是“圣皇穆穆”，强调的是主祭者——天子以穆穆诚敬之心敬奉天地神灵，天地神灵才会降临，“徕祇郊禋，神所依兮”。因王褒与刘歆的《甘泉赋》残缺不全，不能察知其是否也有此类似转折。而班固《东都赋》曰：“建章甘泉，馆御列仙，孰与灵台明堂，统和天人。”[①] 班固以为建章、甘泉等祭祀列仙的宫殿，不如灵台、明堂等统合天人的建筑，其中前者的特色是以华丽璀璨的神异景观迎合天神，后者的性质是用行道修德的内在品质来沟通天神。张衡《西京赋》曰：“处甘泉之爽垲，乃隆崇而弘敷。……通天訬以竦峙，径百常而茎擢。上辩华以交纷，下刻哨其若削。翔鹍仰而不逮，况青鸟与簧雀。伏棂槛而頫听，闻雷霆之相激。”《东京赋》曰：“及将祀天郊，报地功，祈福乎上玄，思所以为虔。肃肃之仪尽，穆穆之礼殚。然后以献精诚，奉禋祀，曰：‘允矣，天子者也。’”[②] 张衡于《西京赋》极道甘泉之瑰伟，而于《东京赋》则指出虔诚之心对祭祀的重要性，这种转折可谓承自扬雄笔

① [南朝宋]范晔：《后汉书》卷四十下《班固列传》，中华书局，1965年版，第1370页。

② [南朝梁]萧统编，[唐]李善注：《文选》卷二《京都》，上海古籍出版社，1986年版，第56—111页。

法。班固与张衡对甘泉祭祀的态度与扬雄类似，都是否定用神物去沟通神灵的观念，而代之以至诚至敬之心去统合天人的信仰，人神沟通方式的变化反映的便是从甘泉乐歌到甘泉诸赋的一大主题变迁。

当祭祀完成后，扬雄详细地刻画了回返途中汉成帝的心态："于是事毕功弘，回车而归，度三峦兮偈棠黎。天阃决兮地垠开，八荒协兮万国谐。"颜师古注曰："言德泽普洽无极限也。"李善注曰："言门决以出德泽，故八荒万国，俱和谐也。"[①]"事毕功弘"，四海臣服、万国来朝的盛景浮现于汉成帝的想象中，祭天仪式与政治畅想的连带和甘泉乐歌如出一辙，其中深味不得不说与祭天的政治含义是互动关联的。四海臣服的政治愿景贯穿于甘泉乐歌与甘泉诸赋，是甘泉文学的稳定性主题。

而且，《甘泉赋》在铺写正式祭祀的内容，即《甘泉赋》的结尾部分时，也饶有意味地展现了天子对支配整个天下的想象：

> 于是钦柴宗祈，燎薰皇天，皋摇泰壹。举洪颐，树灵旗。樵蒸昆上，配藜四施。东烛沧海，西耀流沙。北爌幽都，南炀丹厓。玄瓒觩䚫，秬鬯泔淡。肸蠁丰融，懿懿芬芬。炎感黄龙兮，熛讹硕麟。选巫咸兮叫帝阍，开天庭兮延群神。傧暗蔼兮降清坛，瑞穰穰兮委如山。[②]

主祭者——天子"钦柴宗祈"，这是说祭祀时准备的特殊柴木燃烧后产生的燎烟笔直上升，状似升往天界。宋祁《园丘赋》有曰："合萧芗于钦柴，曳高烟乎璇穹。塞天渊以陨祉，奋光明于无穷。"[③]燎烟是天子沟通天神的信号，也是天神降临的载物与通道："燎薰皇天，皋摇泰壹。"对于钦柴祭天的功能效果，扬雄以为是"东烛沧海，西耀流沙。北爌幽都，南炀丹厓"，颜师古注为"言柴燎之光远及四表也"[④]，光被四表即是说四表皆臣服于天子的光辉之下。四表是对极远不可知之处的四极之地的想象，而非特指具体地

① [南朝梁]萧统编，[唐]李善注：《文选》卷七《扬子云甘泉赋》，上海古籍出版社，1986年版，第331页。

② [汉]班固：《汉书》卷八十七上《扬雄传上》，中华书局，1962年版，第3532页。

③ 四川大学古籍整理研究所编，曾枣庄、刘琳主编：《全宋文》卷四八二《园丘赋》，巴蜀书社，1990年版，第73页。

④ [汉]班固：《汉书》卷八十七上《扬雄传上》，中华书局，1962年版，第3532页。

名，明人陈耀文《天中记》卷七“四表”条[①]认为扬雄《解嘲》“今大汉左东海，右渠搜，前番禺，后陶涂，东南一尉，西北一候”，与此处的四极之地共义，当有不审之处。《解嘲》所说的“四极”是大汉（即九州）的实际支配范围，地名具体可考；而《甘泉赋》所言的“四极”为整个天下（“九州＋四夷”）的范围，地名为想象的泛指。清代韩菼《有事于南郊赋》曰：“既乃芳薪上彻，焫膋肃光，东烛沧海，西照扶桑，南曜丹崖，北熠大荒。”[②]沧海、扶桑、丹崖、大荒指的亦为不可知的极致，它们因祭祀而与天子联结在一起。在阐述祭天仪式的效用时，扬雄展现了一幅天子祭天所造就的光辉被于整个天下，四表之极无不俯首称臣的政治愿景。事实上，天子支配整个天下的思想观念一直贯穿于扬雄的言论中。当满朝公卿质疑匈奴单于来朝是虚废府帑，准备遣返其使者时，扬雄著《上书谏勿许单于朝》，以为“故北狄不服，中国未得高枕安寝也”[③]，中国与北狄都是从属于天子的支配场域，拒绝单于的臣服不但对中国有害，而且亵渎了天子以天下为家的政治理念。在《剧秦美新》中，扬雄对天下尽在天子的支配场域有着浓厚的得意自豪之情：“况堂堂有新，正丁厥时，崇岳渟海通渎之神，咸设坛场，望受命之臻焉。海外遐方，信延颈企踵；回面内向，喁喁如也。”[④]

并且，扬雄《甘泉赋》创制的祭天之礼的举行与四海臣服的想象同存共在的模板成为后世赋作书写的典范，如班固《东都赋》曰：

> 于是荐三牺，效五牲，礼神祇，怀百灵，觐明堂，临辟雍，扬缉熙，宣皇风，登灵台，考休征。俯仰乎乾坤，参象乎圣躬，目中夏而布德，瞰四裔而抗棱。西荡河源，东澹海漘，北动幽崖，南趯朱垠。殊方别区，界绝而不邻。自孝武所不能征，孝宣所不能未臣，莫不陆詟水栗，奔走而来宾。遂绥哀牢，开永昌，春王三朝，会同汉京。是日也，天子受四海之图籍，膺万国之贡珍，内抚诸夏，外绥百蛮。[⑤]

① ［明］陈耀文：《天中记》，文渊阁《四库全书》本，上海古籍出版社，1987年版，第21页。
② ［清］陈廷敬编：《皇清文颖》卷四十二，摛藻堂四库全书荟要本。
③ ［汉］班固：《汉书》卷九十四下《匈奴传下》，中华书局，1962年版，第3814页。
④ ［南朝梁］萧统编，［唐］李善注：《文选》卷四十八《扬子云剧秦美新》，上海古籍出版社，1986年版，第2155页。
⑤ ［南朝宋］范晔：《后汉书》卷四十《班固列传》，中华书局，1965年版，第1364页。

班固将郊祀的举行与“天子受四海之图籍，膺万国之贡珍，内抚诸夏，外绥百蛮”所代表的天子支配天下紧密联系在一起，也表现了天子取得天的神力从而获得支配天下的权力。又如邓耽的《郊祀赋》：“群公卿尹，侯伯武臣，文林华省，奉贽厥珍。夷髦卢巴，来贡来宾。玉璧既卒，于斯万年。”祭天之礼的举行与支配天下的信念二者是同功一体的。再如郭璞《南郊赋》：“郊寰之内，区域之外，雕颜卉服，被发左带。骏奔在坛，不期而会。响骇鬼方，声震邱陇。倒景望风，龙汉企踵。”[①] 徐彦伯《南郊赋》：“九牧之守，百蛮之子，莫不絜雁提羔，攒骖噎轨。纷鸿溶以腾逗，叛逋皇而佁儗。或骈肩而侧，候吾君之戾止。”[②] 不难看出，郊祀表演着天子对天下的支配权力，并支撑着这一政治权力秩序的运行。许结先生认为汉代郊祀赋一个非常关键的地方就在于对“天子礼”的颂赞与描述，并指出汉赋“祀典”的艺术特征之一是“‘君临四海’的‘尊天意识’”[③]。此“天子礼”的实质内容即展演天子受天命而治天下，因此，此类郊祀赋做全方位演示了天下臣服的政治想象。

总之，元成时期的甘泉诸赋相对于武帝时期的甘泉祭祀乐歌，其沟通天地神灵的方式有着一个重大的转变，即从依靠神物神迹等外在形式到依托于主祭者的至诚至敬之心。而祭祀的政治目的——表现四海臣服、万国来朝的政治期许，却保持着相对的稳定性。

三、元成郊祀改革与人神沟通方式的变迁

如何有效地沟通神灵是祭祀环节的重中之重，在早期中国的思想世界，知识阶层相信要实现人与神的交通互动，必须依靠一些神迹或者神物，否则无法实现人神沟通。《汉书·郊祀志》曰：“自古以雍州积高，神明之隩，故立畤郊上帝，诸神祠皆聚云。”[④] 雍州因地势高耸，符合世人对神明所居之地应高高在上的想象，故祭祀世代不绝。而秦文公因“梦黄蛇自天下属地”而作鄜畤“祭白帝”，秦献公因“栎阳雨金”而作畦畤“祀白帝”，汉文帝因

① [唐]徐坚等著：《初学记》卷十三《郊丘》，中华书局，1962年版，第321页。
② [清]董诰编：《全唐文》卷二百六十七《南郊赋》，中华书局，1983年版，第2714页。
③ 许结：《汉赋祀典与帝国宗教》，《南京大学学报（哲学·人文科学·社会科学）》2004年第4期，第113—121页。
④ [汉]班固：《汉书》卷二十五上《郊祀志上》，中华书局，1962年版，第1195页。

“黄龙见成纪”而郊祀雍五畤，因新垣平言“长安东北有神气”而“作渭阳五帝庙”。神物神迹一出现，祭祀也随之而来。因为按照一般的思想观念，“神迹”是天地神灵显灵的象征符号，“神物”是天地生灵赖以生存的神秘之物，依“神迹”“神物”而设祭祠则可沟通神灵。“尤敬鬼神之祀”的汉武帝，对神迹神物可以沟通神灵的思想观念更是深信不疑。齐人少翁说：“上即欲与神通，宫室被服非象神，神物不至。”少翁认为想要与天神沟通，关键是要有符合于神灵身份的“宫室被服”等神物，武帝对此大以为然，“乃作画云气车，及各以胜日驾车辟恶鬼。又作甘泉宫，中为台室，画天地太一诸鬼神，而置祭具以致天神”。公孙卿指出“黄帝以上封禅皆致怪物与神通”，“神物”是沟通神灵的核心介质。方士又言：“古天子常以春解祠，祠黄帝用一枭、破镜；冥羊用羊祠；马行用一青牡马；太一、皋山山君用牛；武夷君用干鱼；阴阳使者以一牛。”[①] 以一枭、破镜祭黄帝，以羊祭冥羊，以青牡马祭马行，祭祀之物与祭祀之神因应同气相应之理，二者需要类似的特性。

甘泉宫成为祭天的场地也是因为它多神物神迹。王褒《甘泉颂》曰：“甘泉山，天下显敞之名处也。前接大荆，后临北极。左抚仁乡，右望素域。”[②] 甘泉山地理位置优越，乃神明宜居之地。扬雄《甘泉赋》亦说：“凌高衍之嵱嵷兮，超纡谲之清澄。登椽栾而羾天门兮，驰阊阖而入凌兢。”甘泉山之高在刘歆《甘泉宫赋》也有所体现：“云阙蔚之岩岩，众星接之皑皑”，“封峦为之东序，缘石阙之天梯。”高耸通天是甘泉山一大显著特征，知识阶层相信宫殿越高则离神仙越近，也就越能与神灵相聚。此外，甘泉还是黄帝接续万灵天神的所在地：“其后黄帝接万灵明廷。明廷者，甘泉也。”[③]《三辅黄图》也说：“（甘泉宫）去长安三百里，望见长安城，黄帝以来圜丘祭天处。”[④] 刘歆《甘泉宫赋》对此也有描述：“回天门而凤举，蹑黄帝之明庭。冠高山而为居，乘昆仑而为宫。按轩辕之旧处，居北辰之闳中。”[⑤] 黄帝是驾龙上天的神仙人物，在汉代的画像石、画像砖中，他还是凡人升天的指引者与保护者，在甘泉留下的遗迹旧址仍然具有不可思议的力量。此外，甘泉山藏有“神书

① [汉] 班固：《汉书》卷二十五上《郊祀志上》，中华书局，1962 年版，第 1194—1237 页。

② [清] 严可均编：《全上古三代秦汉三国六朝文·全汉文》卷四十二《甘泉宫颂》，中华书局，1958 年版，第 716 页。

③ [汉] 司马迁：《史记》卷十二《孝武本纪》，中华书局，1959 年版，第 468 页。

④ 陈直校证：《三辅黄图校证》，陕西人民出版社，1980 年版，第 47 页。

⑤ 费振刚等校注：《全汉赋校注》，广东教育出版，2005 年版，第 326—327 页。

铁券”等神秘之物：“云阳，先王之墟也，中有神书铁券玉石之记。”[①] 且甘泉山是匈奴祭天处，孟康《汉书音义》云：“匈奴祭天处本在云阳甘泉山下，秦夺其地，后徙之休屠王右地，故休屠有祭天金人像也。”[②] 由上可知甘泉神物神迹之多，汉武帝又踵而继之，移置大量神物去甘泉宫。如元鼎四年（前113年），在汾阴得到宝鼎，不久即运到甘泉宫并加以祭祀：“乃以礼祠，迎鼎至甘泉，从上行，荐之。”此外还有前面所讲的祭天金人、通天台等神异之物。《汉书·扬雄传》提到甘泉宫时说：“武帝复增通天、高光、迎风。宫外近则洪厓、旁皇、储胥、弩陆，远则石关、封峦、枝鹊、露寒、棠梨、师得，游观屈奇瑰玮。”[③] 甘泉宫成了神物的大本营，其背后的思想观念就是天子若要想与天地交通往来，必须借助“神物”的力量。

然而，元成时期兴起的儒教改革思潮，认为天子与天地发生关系的关键在于主祭者——天子成为能够至诚至敬的“圣人”。汉元帝时，翼奉上疏建议废除甘泉祭祀：“祭天地于云阳汾阴，及诸寝庙不以新疏迭毁，皆烦费，违古制。”[④] 翼奉认为甘泉泰畤祭祀烦费且违古制，不过这次建议没有得到汉元帝的重视。汉成帝甫一即位，丞相匡衡又上书建议将甘泉泰畤、河东后土的祭祀迁徙至长安：

> 帝王之事莫大乎承天之序，承天之序莫重于郊祀，故圣王尽心极虑以建其制。祭天于南郊，就阳之义也；瘗地于北郊，即阴之象也。天之于天子也，因其所都而各飨焉。往者，孝武皇帝居甘泉宫，即于云阳立泰畤，祭于宫南。今行常幸长安，郊见皇天反北之泰阴，祠后土反东之少阳，事与古制殊。又至云阳，行溪谷中，厄陕且百里，汾阴则渡大川，有风波舟楫之危，皆非圣主所宜数乘，郡县治道共张，吏民困苦，百官烦费。劳所保之民，行危险之地，难以奉神灵而祈福祐，殆未合于承天子民之意。昔者周文武郊于丰镐，成王郊于雒邑。由此观之，天随王者所居而飨之，可见也。甘泉泰畤、河东后土之祠宜可徙置长安，合于古帝王。[⑤]

① 淳化县地方志办公室整理：《淳化县志》，中国文化出版社，2007年版，第39页。
② ［汉］班固：《汉书》卷九十四下《匈奴传上》，中华书局，1962年版，第3769页。
③ ［汉］班固：《汉书》卷八十七上《扬雄传上》，中华书局，1962年版，第3534页。
④ ［汉］班固：《汉书》卷七十五《翼奉传》，中华书局，1962年版，第3175页。
⑤ ［汉］班固：《汉书》卷二十五下《郊祀志下》，中华书局，1962年版，第1254页。

匡衡建议废除甘泉泰畤的原因与翼奉相似，只是讲得更为具体详细。匡衡认为天子祭天是为了展演“承天子民”的神圣象征图式，而甘泉祭祀的功能结构与此相反，作为天的儿子却要“行危险之地”，作为万民的父亲却要“劳所保之民”，如此行法自然“难以奉神灵而祈福祐”。在此基础上，匡衡扼要地阐释了郊祀对于皇权支配天下的重要性，天子最为重要的事莫过于继承天命，宣告支配天下的合法性，而最为重要的做法即是郊祀祭天：“帝王之事莫大乎承天之序，承天之序莫重于郊祀。”作为如此重要的典礼，祭天仪式必须具有理论上的依据与传统上的根基。根据周文王、武王以及成王等模范帝王祭祀的历史经验，郊祀地点都是在其所居之地，“天随王者所居而飨之”，而现在天子住在长安，却要跑去甘泉宫祭祀皇天，“今行常幸长安，郊见皇天反北之泰阴”，此即所谓的“事与古制殊”。在匡衡等人的礼制观念中，是天地诸神向王者妥协，而不是王者迁就天地诸神。甘泉泰畤是王者依据神灵所显迹之处而确立，而长安郊祀是神灵根据王者所居之地而祝福。稍后上奏的翟方进等人进一步说：“天地以王者为主，故圣王制祭天地之礼必于国郊。长安，圣主之居，皇天所观视也。”[①] 传达的也是这种天地诸神以王者为主的礼制观念。匡衡的建议得到了汉成帝的批准：“天子从之。”

对于沟通天地神灵何以不再需要以神物神迹为媒介，元帝时的韦玄成曾说：“臣闻祭，非自外至者也。繇中出，生于心也。故唯圣人为能飨帝。”[②] 祭祀的关键在于主祭者的内心，而非外在的神物，唯有尽心尽志的圣人才能够与天帝进行有效的沟通。韦玄成之言出自《礼记·祭统》，《祭统》曰：“外则尽物，内则尽志，此祭之心也。”结合外在的“尽物”与内在的“尽志”，才是真正的祭祀之心。然此“尽物”已经逐步让位于“尽志”：“夫祭者，非物自外至者也，自中出，生于心也，心怵而奉之以礼。”祭祀凭借的是发自内心的诚与敬，而非依靠外物。真正的祭祀是以诚信与忠敬之心敬奉神灵：“是故贤者之祭也，致其诚信，与其忠敬。奉之以物，道之以礼，安之以乐，参之以时，明荐之而已矣。”[③] 匡衡继韦玄成进一步指出：“神祇功德至大，虽修精微而备庶物，犹不足以报功，唯至诚为可，故上质不饰，以章天

① [汉]班固：《汉书》卷二十五下《郊祀志下》，中华书局，1962年版，第1254页。

② [汉]班固：《汉书》卷七十三《韦玄成传》，中华书局，1962年版，第3117页。

③《礼记正义》卷四十九《祭统》，清嘉庆本《十三经注疏》，中华书局，2009年版，第3478页。

德。”“庶物”已不足以引起神灵的回应，唯有用至诚至敬之心敬奉神灵，才可以让天地神灵降临。杜邺承继其义，指出“奉天之道，贵以诚质大得民心也。行秽祀丰，犹不蒙祐；德修荐薄，吉必大来”[①]，祭祀之道贵在“诚质”，贵在“德修”，如果只注意外在的祭祀物品而忽视自身的修德，则神灵必将远离。孔光曰：

> 《书》曰“天既付命正厥德”，言正德以顺天也。又曰“天棐谌辞”，言有诚道，天辅之也。明承顺天道在于崇德博施，加精至诚，孳孳而已。俗之祈禳小数，终无益于应天塞异，销祸兴福，较然甚明，无可疑惑。[②]

孔光引用经典文本《尚书》来说明人修养德行符合了天的意志，至诚之道可以获得天的佑助。天地神灵只会接受有正德之行与至诚之心的人的祭祀，如王莽所说的“孝弟之道备，而神祇嘉享，万福降辑”[③]，纯粹以外在物品来“祈禳”，天地神灵将会弃之不顾。春秋时期的宫之奇便曾说过事神之道在于修德：

> 臣闻之，鬼神非人实亲，惟德是依。故《周书》曰：“皇天无亲，惟德是辅。”又曰：“黍稷非馨，明德惟馨。”又曰：“民不易物，惟德繄物。”如是，则非德，民不和，神不享矣。神所冯依，将在德矣。[④]

天地神灵“惟德是依”，它回应与否依据的是祭祀者的德行是否完备，而非“黍稷”等祭祀之物是否丰盛。晏婴亦有类似之言：“若有德之君……是以鬼神用飨，国受其福，祝史与焉。……其适遇淫君……是以鬼神不飨，其国以祸，祝史与焉。”[⑤] 这表示的也是神灵只接受有德之人的祭祀。总之，

① ［汉］班固：《汉书》卷二十五下《郊祀志下》，中华书局，1962年版，第1256、1262页。

② ［汉］班固：《汉书》卷八十一《孔光传》，中华书局，1962年版，第3359页。

③ ［汉］班固：《汉书》卷二十五下《郊祀志下》，中华书局，1962年版，第1266页。

④《春秋左传正义》卷十二《僖公四年》，清嘉庆本《十三经注疏》，中华书局，2009年版，第3897页。

⑤《春秋左传正义》卷四十九《昭公二十年》，清嘉庆本《十三经注疏》，中华书局，2009年版，第4545页。

在元成时期的思想世界中，天子只有勤修己德，成为至诚至敬的圣人，其祭祀才能够引起神灵的关注与降临。

关于扬雄《甘泉赋》的写作过程，桓谭《新论》曰："成帝时，赵昭仪方大幸，每上甘泉，诏使作赋，一首始成，卒暴倦卧，梦五脏出地，以手收内之，及觉，大少气，病一年。由此言之，尽思虑、伤精神也。"① 可知《甘泉赋》是扬雄费尽心思的一篇大作，后世蒙学经典《声律启蒙》说："扬子云口中飞白凤。"② 也指出《甘泉赋》为扬雄的呕心之作。《文心雕龙》在《体性》篇中评价扬雄的文章时说"子云沈寂，故志隐而味深"，又在《诠赋》中进一步指出"子云《甘泉》，构深玮之风"③，无论"志隐"还是"深玮"，都道出《甘泉赋》的蕴意偏向于深奥晦涩。其蕴意究竟为何？对此，班固在《扬雄传》中写道：

> 甘泉本因秦离宫，既奢泰，而武帝复增通天、高光、迎风。宫外近则洪崖、旁皇、储胥、弩阹，远则石关、封峦、枝鹊、露寒、棠梨、师得，游观屈奇瑰玮，非木摩而不雕，墙涂而不画，周宣所考，般庚所迁，夏卑宫室，唐、虞棌椽三等之制也。且为其已久矣，非成帝所造，欲谏则非时，欲默则不能已，故遂推而隆之，乃上比于帝室紫宫，若曰此非人力之所为，党鬼神可也。又是时赵昭仪方大幸，每上甘泉，常法从，在属车间豹尾中。故雄聊盛言车骑之众，参丽之驾，非所以感动天地，逆厘三神。又言"屏玉女，却虑妃"，以微戒齐肃之事。赋成奏之，天子异焉。④

班固的点评几成定论，后世点评《甘泉赋》的学者不出其意。班固认为扬雄的讽谏主旨有三层：一是甘泉宫过于奢华。《论衡·谴告篇》便在此基础上说："孝成皇帝好广宫室，扬子云上《甘泉赋》，妙称神怪，若曰非人力所

---

① [汉] 桓谭撰，朱谦之校辑：《新辑本桓谭新论》卷十二《道赋篇》，中华书局，2009 年版，第 52 页。

② 赵萍主编：《声律启蒙》，吉林大学出版社，2010 年版，第 66 页。

③ [南朝梁] 刘勰著，周振甫注：《文心雕龙注释》，人民文学出版社，1981 年版，第 309、81 页。

④ [汉] 班固：《汉书》卷八十七上《扬雄传上》，中华书局，1962 年版，第 3534—3535 页。

能为，鬼神力乃可成。”[①] 而何焯《义门读书记》评价《甘泉赋》云：“故遂推而隆之至党鬼神可也，愚按赋家之心，当以子云此言求之，无非六义之风，非苟为夸饰也，其或本颂功德，而反肆侈靡，淫而非则，是司马扬班之罪人矣。”[②] 二是车骑盛大不是获取福佑之道。王德华教授点评《甘泉赋》时也说：“出行的盛大场面，并不能感动大地，得到神灵福佑。”[③] 三是讽谏帝王不可贪恋女色。后世学者就此发论的不在少数，如苏轼：“臣谨按汉成帝郊祠甘泉、泰畤、汾阴、后土，而赵昭仪常从在属车间。时扬雄待诏承明，奏赋以讽，其略曰：‘想西王母欣然而上寿兮，屏玉女而却虑妃。’言妇女不当与斋祠之间也。”[④] 陆棻《历朝赋格》云：“《三辅黄图》云：‘甘泉宫在云阳县甘泉山，秦始皇所筑，汉武增广之，非成帝所造，故曰欲谏则非时也。昭仪姊娣并宠，祸水方张，而逆厘祈嗣神，何以格？雄作此为讽，可谓丽而不失乎则矣。’”[⑤]

然而，所谓三层讽谏主旨其实都是围绕着一个核心，即甘泉泰畤的废立。《甘泉赋》作于永始四年[⑥]，即甘泉泰畤恢复后的第一次祭祀，该篇创作于废立之际这一微妙的历史时刻，是了解其讽谏主旨的关键所在。侯文学便认为“扬雄《甘泉赋》的写作正是这场制度之争的产物”[⑦]，此“制度”即是南

---

① [汉]王充著，黄晖撰：《论衡校释》卷十四《谴告》，中华书局，1980年版，第641—642页。

② [清]何焯著，崔高维点校：《义门读书记》卷二十《扬雄传》，中华书局，1987年版，第332页。

③ 王德华：《主文谲谏，以颂为讽——扬雄〈甘泉赋〉〈羽猎赋〉〈长杨赋〉解读》，《古典文学知识》2010年第1期，第95—102页。

④ [宋]苏轼著，茅维编，孔凡礼点校：《苏轼文集》卷三十五《奏内中车子争道乱行札子》，中华书局，1986年版，第993页。

⑤ [清]陆棻：《历朝赋格》卷之中二，《四库全书存目丛书》本。

⑥《甘泉赋》的创作年代自魏晋始就争议不休，《甘泉赋》的创作年代自魏晋始就争议不休，大致可归为永始四年（前13年）与元延二年（前11年）二说，然经过现代学者的考证，基本可以确定作于永始四年，如熊良智认为“扬雄四赋中《甘泉赋》《河东赋》作于永始四年”，熊良智：《扬雄“四赋”时年考》，《四川师范大学学报（社会科学版）》，2005年第3期，第70—72页。易小平也考证出“永始四年（前13年）作《甘泉赋》与《河东赋》”。易小平：《关于扬雄四赋作年的两个问题》，《古籍整理研究学刊》2010年第6期，第92—95页。龙文玲也考辨出“《甘泉赋》作于成帝首次祭祀甘泉泰畤的永始四年”。龙文玲：《扬雄〈甘泉赋〉作年考辨》，《首都师范大学学报（社会科学版）》2016年第5期，第101—108页。

⑦ 侯文学：《甘泉赋的文化承载——兼论扬雄〈甘泉赋〉的创作背景》，《贵州社会科学》2017年第7期，第45—53页。

北郊祀的礼制改革。将扬雄《甘泉赋》的叙写笔法与匡衡的奏议比对查看，可以发现二者正好相应，不得不说其间存在着某种耦合。《甘泉赋》的“丽靡之辞”——极力夸饰甘泉宫的视觉冲击与铺叙祭祀队伍的车骑浩大，这正与匡衡所言“劳所保之民，行危险之地”相合；而在“归之于正”中，扬雄之言又与匡衡所说的“唯至诚为可”颇为一致，二者的“正”是保持一致的，体现为王者不是靠神迹等内容，而是以精诚之心与天地互动交感，此即赋序所言“故雄聊盛言车骑之众，参丽之驾，非所以感动天地，逆厘三神，又言‘屏玉女，却虙妃’，以微戒齐素之事”。在“儒教运动”中，王者是天地的核心，与天地交接凭据的不是外在的神物神迹，而是王者内在的修养。《甘泉赋》对甘泉泰畤与南北郊祀的讽喻，体现了扬雄对如何有效地沟通天地神灵的思考与选择，主旨表述的是扬雄对甘泉祭祀颇有微词，而讽谏汉成帝将祭天之地重新迁移到长安附近。

后世郊祀文学沿袭的是扬雄《甘泉赋》所提倡的人神沟通方法，将正德诚敬视为沟通神灵的关键，将天下支配视为郊祀的目的。如晋朝《天地郊明堂夕牲歌》：

> 皇矣有晋，时迈其德。受终于天，光济万国。万国既光，神定厥祥。虔于郊祀，祗事上皇。祗事上皇，百福是臻。巍巍祖考，克配彼天。嘉牲匪歆，德馨惟飨。受天之祐，神化四方。[①]

“受终于天，光济万国”“受天之祐，神化四方”的支配天下，与“虔于郊祀，祗事上皇”“嘉牲匪歆，德馨惟飨”的诚敬通天，二者和谐地融为一体。又如《天地郊明堂降神歌》：“二帝迈德，宣此重光。我皇受命，奄有万方。郊祀配享，礼乐孔章。神祇嘉享，祖考是皇。”《飨天地五郊歌》：“丕显遗烈，之德之纯。享其玄牡，式用肇禋。神祇来格，福禄是臻。……抚宁四海，保有康年。于乎缉熙，肆用靖民。”可以说，展示天子以诚敬之心沟通神灵的方式，以及宣示天子对于整个天下的支配的祭祀目的是郊祀乐歌的两个核心主题。郊祀乐歌作为拥有神圣力量的法典性文本，其固定的书写模式透露出祭天与支配天下之间不可分割的联系。

天子支配天下的稳定性书写在甘泉文学中不断重复出现而成为固定的叙

① [唐]房玄龄：《晋书》卷二十二《乐上》，中华书局，1974年版，第680—681页。

述习套与凝聚性结构，而以人神沟通的方式为界，武帝时期的甘泉祭祀乐歌传达的是天子只有借由神物神迹才能够沟通天地神灵，而元成时期的甘泉诸赋则认为天地神灵只响应以至诚至敬之心进行的祭祀。

第三节　巡狩文学：巡游祭天下的天下支配

汉代的祭天仪式除了有甘泉传统外，天子巡狩时也多有祭天之举。《白虎通·巡狩》曰："巡狩必祭天何？本巡狩为天，祭天所以告至也。"[①] 巡狩祭天是为了在祭祀中告诉上天自己已经到达了某地，然后借取天地的神力来加强对该地的支配与管控。历代天子热衷于巡狩四方，其目的就在于宣示自己的空间所有权与人民支配权。参与巡狩过程的文学侍从之臣，以热情洋溢的笔调书写下了一篇篇华丽的赞歌，明代胡广即言："车凡再巡狩，文学之臣多列扈从……当大一统文明之运，为圣天子侍从之臣，以所幸从游于此，纵观神京，郁葱佳丽，山川草木，衣被云汉，昭日之光。昔之与今，又岂可同观哉？乌可无赋咏以播于歌颂。"[②] 歌颂大一统之光宁、圣天子之清明是巡狩文学的主旋律，它代表的是中国已治、四夷来朝的期许，隐喻着天子对"九州＋四夷"的支配。

一、秦始皇石刻的空间展演

秦代的巡狩文学以秦始皇石刻[③] 为主要代表。秦始皇统一九州后，一共进行了五次巡狩，留下了多达七处的石刻。这些石刻不但忠实记录了始皇帝的巡狩历程，更为重要的是，它们作为秦始皇政治权威的象征，固化在名山

---

① ［清］陈立撰，吴则虞点校：《白虎通疏证》卷六《巡狩》，中华书局，1994年版，第292页。

② ［明］胡广：《胡文穆公文集》卷四，《四库全书存目丛书》本，齐鲁书社，1997年版，第530—532页。

③ 文中所用《峄山刻石》出自《秦会要订补》。［清］孙楷撰：《秦会要订补》卷十一《刻金石文》，中华书局，1959年版，第153页。《泰山刻石》《琅琊台刻石》《之罘刻石》《之罘东观刻石》《碣石门刻石》《会稽刻石》出自《史记·秦始皇本纪》，中华书局，1959年版，第243—262页。

大川之上，遥视着帝国的所有百姓，镇压着一切反抗与不服，展示着始皇帝的无上威严与对整个天下的支配权力，“天下事无大小皆决于上”。

天子巡狩的目的在于体察民情、观察诸侯的政治得失，本质上是展演天子的权威。周良宵即说：“巡狩是皇帝亲自莅外了解情况，张扬皇威，使地方诸侯和四夷首领胁服的常行手段。”[①] 秦始皇的巡游展现帝国权威，表现对天下占有的意蕴是非常强烈的，柯马丁指出：

> 毫无疑问，“皇帝”在开始东巡时，他清楚地知道各个目的地所承载的传统，也更清楚地知道“巡狩”新征服地区这一行为背后的传统。不仅这些强调全面征服、强调帝国建立、强调社会秩序的石刻本质上是政治性的，立石、刻石的行为本身也构成了巡狩之圆满的一个环节——巡狩，早已被公认为是对统治主权的最高展示。[②]

因此，对于一切敢于在巡狩过程中挑战其统治权威的，无论人或者神，始皇帝一律报以镇压灭绝的态度：“浮江，至湘山祠。逢大风，几不得渡。上问博士曰：‘湘君何神？’博士对曰：‘闻之，尧女，舜之妻，而葬此。’于是始皇大怒，使刑徒三千人皆伐湘山树，赭其山。”[③] 秦始皇将因遇风渡河不得归罪于当地神祇湘君，令刑徒三千人伐尽湘君神域之树，并涂抹上起镇压作用的血腥红色。这展示了秦始皇对天下应该受其支配，不服从则要将其毁灭的强烈态度。在不断巡游的历程中，秦始皇加深了秦帝国在关东六国百姓中的存在感，有助于将以往分散乱离的战国七雄凝聚成一个共同体。

秦始皇支配天下的权力来源于其自身的正义性，即扫灭逆乱的六国。《峄山刻石》曰：

> 登于峄山，群臣从者，咸思攸长。追念乱世，分土建邦，以开争理。攻战日作，流血于野，自泰古始。世无万数，施及五帝，莫能禁止。乃今皇帝，壹家天下，兵不复起。灾害灭除，黔首康定，利泽长久。

---

① 周良霄著：《皇帝与皇权》，上海古籍出版社，2014 年版，第 115 页。

② ［美］柯马丁著，刘倩译：《秦始皇石刻——早期中国的文本与仪式》，上海古籍出版社，2015 年版，第 97 页。

③ ［汉］司马迁：《史记》卷六《秦始皇本纪》，中华书局，1959 年版，第 248 页。

在峄山之上，始皇帝与群臣回忆起春秋战国的乱战时光：“争地以战，杀人盈野；争城以战，杀人盈城”。这些战争即使是三皇五帝也不能避免：“世无万数，施及五帝，莫能禁止。”而始皇帝的出现，令整个天下划归为一，从此没有战争的侵扰：“古之帝者，地不过千里，诸侯各守其封域，或朝或否，相侵暴乱，残伐不止……今皇帝并一海内，以为郡县，天下和平。”[①] 天下不再有刀兵，“壹家天下，兵不复起”，“黔首安宁，不用兵革”，这是秦始皇的大功，也是秦帝国成立的政治合法性与道德合理性。故在石刻中，秦始皇多次提及自己扫灭六国的功劳。《之罘刻石》：“六国回辟，贪戾无厌，虐杀不已。皇帝哀众，遂发讨师，奋扬武德。义诛信行，威燀旁达，莫不宾服。烹灭强暴，振救黔首，周定四极。”《之罘东观刻石》：“武威旁畅，振动四极，禽灭六王。阐并天下，甾（灾）害绝息，永偃戎兵。”《会稽刻石》：“六王专倍，贪戾傲猛，率众自强。暴虐恣行，负力而骄，数动甲兵。阴通间使，以事合从，行为辟方。内饰诈谋，外来侵边，遂起祸殃。义威诛之，殄熄暴悖，乱贼灭亡。”秦始皇反复提及六国征战不休的场景，目的是为了让六国百姓在回忆过往的纷乱战争时，知道自己目前平静生活来源于谁的贡献，从而增强帝国的认同。为此，始皇帝在刻石后迁徙民众，令其守护与宣扬着自身的功绩。“乃徙黔首三万户琅邪台下，复十二岁。作琅邪台，立石刻。颂秦德，明得意。”[②]

尤其值得注意的是，秦始皇刻石非常关心普通百姓日常生活中的法令制度、生活方式、生产环境等方方面面。秦帝国一统天下后，将以繁复严苛著称的秦律推广到整个关东地区，借此控制帝国百姓的生活，实现对黔首的无差别支配，这在《泰山刻石》《琅琊台刻石》《之罘刻石》《会稽刻石》中皆有表现：“治道运行，诸产得宜，皆有法式。”“除疑定法，咸知所辟。”“大圣作治，建定法度，显箸纲纪。初平法式，审别职任，以立恒常。”“秦圣临国，始定刑名，显陈旧章。”所谓“法式”“法度”“刑名”，指陈的都是秦律。律令规定着百姓什么可以做，什么不可以做，它的颁布能够让普通百姓感受到改朝换代的气息，加深对新生帝国的认识与尊重。石刻对律令的着重书写，即是表示着秦始皇借由律令法网与整个天下的百姓联系起来，他规范着百姓的言行举止，操控着他们的生杀大权，从而实现对整个天下的支配。除此之

① ［汉］司马迁：《史记》卷六《秦始皇本纪》，中华书局，1959年版，第246—247页。
② ［汉］司马迁：《史记》卷六《秦始皇本纪》，中华书局，1959年版，第244页。

外，度量衡亦是百姓每天都要接触到的，控制了度量衡也就掌握了百姓的交易与消费，掌握了百姓的生活与生产，也就掌握了百姓的命运。《琅琊台刻石》曰："器械一量，同书文字。"《之罘东观刻石》云："作立大义，昭设备器，咸有章旗。"

此外，《碣石门刻石》提到"堕坏城郭，决通川防，夷去险阻"，变易城墙的范围，开通堵塞的河道，填平艰险的路程，这些生活生产环境的巨大改变能够令参与者产生极大的心理震动，而每天对此环境的不断适应则深化着他们对帝国伟力的重视。《会稽刻石》则提到对吴地风俗文化的改良："饰省宣义，有子而嫁，倍死不贞。防隔内外，禁止淫泆，男女絜诚。夫为寄豭，杀之无罪，男秉义程。妻为逃嫁，子不得母，咸化廉清。大治濯俗，天下承风，蒙被休经。皆遵度轨，和安敦勉，莫不顺令。"帝国权力的暴力特质在此强制性的移风易俗过程中展现得淋漓尽致：不但要支配黔首的肉体，也要支配他们的价值信仰与思想观念，要让全天下的百姓从身到心，都服从于帝国的权威。注重百姓日常生活细节的始皇石刻，即是想要凭借着日常生活元素去支配百姓，去支配整个天下的场域。

综而可知，秦始皇刻石的目的在于表现他对整个天下的支配。陆威仪曾说："通过将这些石刻置于新征服的东方各国之山，秦始皇用新造的帝国字体把他权力的现实铭刻在了新臣属的圣地之上，从而完成了自己的征服。"[①]在刻石中，始皇帝宣美自己消弭刀兵之功，强调自己对百姓日常生活的掌控，以此加强六国百姓对帝国的认同感。

二、汉代巡颂文学的天下演示

汉代的巡狩文学多创制于东汉时期，如班固的《南巡颂》《东巡颂》(《岱宗颂》)，崔骃的《四巡颂》，马融的《东巡颂》，刘珍的《东巡颂》[②]。此东南西北的巡狩方位，模仿的是经典传统中圣天子巡狩四方的范式。《礼记·王制》曰："岁二月，东巡守至于岱宗……五月，南巡守至于南岳……八月，

① 转引自［美］柯马丁著，刘倩译：《秦始皇石刻——早期中国的文本与仪式》，上海古籍出版社，2015年版，第102页。

② 马积高主编：《历代辞赋总汇》(先秦汉魏晋南北朝卷)，湖南文艺出版社，2014年版。其中班固《南巡颂》《东巡颂》第240页，崔骃《四巡颂》第255—262页，马融《东巡颂》337—338页，刘珍《东巡颂》第275页。

西巡守至于西岳……十有一月，北巡守至于北岳。”[①] 巡狩的时间与方位照应着四季的运行，配合着农耕生活的运行规律。王莽曾颁布诏书曰：

> 予之东巡，必躬载耒，每县则耕，以劝东作。予之南巡，必躬载耨，每县则薅，以劝南伪。予之西巡，必躬载铚，每县则获，以劝西成。予之北巡，必躬载拂，每县则粟，以劝盖藏。毕北巡狩之礼，即于土中居雒阳之都焉。[②]

王莽认为东巡是劝百姓开始耕作，南巡是劝百姓施肥锄草，西巡是劝百姓收获庄稼，北巡是劝百姓储藏粮食。此四方匹配着汉代盛行的五行观念：东方为木，主萌生；南方是火，主成长；西方是金，主成熟；北方是水，主收藏。在汉代的宇宙观中，天、地、人是一个有机的整体，任何一方的变动都会影响着另外两方的变化，也就是说，人事的变革能够影响上天的周转运行与大地的创生衰亡，上天的变化也会影响着人事的走向与大地的变化。相对于天地来说，人处于一个中间的位置，承担着协调自然秩序的责任。人事遵守天地的运行规律，天地则会规律稳定地运转，人事紊乱则天地失序，是为“夫春生夏长，秋收冬藏，此天道之大经也，弗顺则无以为天下纲纪”[③]。天子的巡狩仪式暗示着他遵循四时的运转秩序，顺应天地的发生规律，而人事与天地的规律合一，上天就会风调雨顺，大地就会无灾无祸，农作物的收成也就有了保证，百姓便可以安居乐业。这意味着天子巡狩的正当性是维护与保证百姓的生产生活，同时暗示着天下百姓的生命悬于天子一人之手。总之，巡狩仪式的模式化举行，体现了天子承担顺应农耕生活规律的责任，也暗喻了其操控万民生命的权力。并且，天子在巡狩过程中会建立专门的祠庙：“武帝巡狩所幸之郡国，皆立庙。”这些祠庙作为公共祭祀地点，其目的与功能在于展现帝国的权威与表演权力的支配，甘怀真教授就认为：“汉朝是想让这类具有神祠性质的皇帝宗庙成为民间信仰之一，从而使得国家之支配力能及于地方。”[④]

---

① 《礼记正义》卷十二《王制》，清嘉庆本《十三经注疏》，中华书局，2009年版，第2875页。

② [汉]班固：《汉书》卷九十九中《王莽传中》，中华书局，1962年版，第4133页。

③ [汉]司马迁：《史记》卷一百三十《太史公自序》，中华书局，1959年版，第3290页。

④ 甘怀真：《皇权、礼仪与经典诠释——中国古代政治史研究》，华东师范大学出版社，2008年版，第40页。

巡狩是为了展演天子在配合宇宙的运行规律，表现天子在为天下百姓的生活谋福利，因此表现在文学中则是对天子行为的高度颂扬。《崔骃列传》即言："元和中，肃宗始修古礼，巡狩方岳。骃上《四巡颂》以称汉德，辞甚典美。"① 东汉巡狩文学以崔骃的《四巡颂》最为典型，也最煌煌。《四巡颂》在国内早已散佚，后因清末杨守敬从日本辑录而回，今人方得以一睹其光彩。崔骃《四巡颂》并不作于一时，其中《南巡颂》成于元和元年（公元84年），《东巡颂》作于元和二年，《西巡颂》《北巡颂》则是元和三年。崔骃在《四巡颂》的赋序中开篇明义的是天下已经臻至太平，如《东巡颂》："盛乎大汉，既重雍而袭熙，累增其德，允优裕而兼该。天人之叙亦光。"《南巡颂》："是时庶绩咸熙，罔可黜陟。"《西巡颂》："风游于上，草偃之人。凯康于下，百姓穰熙。农老务畴，劬乘讴咏。"《北巡颂》："圣泽流浃，黎元被德，众瑞并集。"表示的是在百姓生活幸福安康、祥瑞并集的前提下，为了回报天地的恩德，天子遵守其运行规律，开启了巡狩之旅。按照经典的礼制传统，巡狩的前提是天下已经总体太平，《公羊传·隐公八年》曰："王者所以必巡狩者，天下虽平，自不亲见，犹恐远方独有不得其所。"② "天下虽平"即是说天下总体而言已经安详了，但圣天子担心远方仍有百姓生活在水深火热中，巡狩的目的是为了让天下所有的百姓都能享受到盛世之光。《白虎通·巡狩》载：

> 王者所以巡狩者何？巡者，循也。狩者，牧也。为天下巡行守牧民也。道德太平，恐远近不同化，幽隐不得所者，故必亲自行之，谨敬重民之至也。考礼义、正法度、同律历、叶时月，皆为民也。③

还有匹夫匹妇没有沐浴到盛世的荣光，仍是天子的失责，故天子要巡狩四方："恐远近不同化，幽隐不得所者，故必亲自行之。"《南巡颂》即言："惟林蒸之鸿德兮，允天覆而无遗。班云行之博惠兮，淑雨施于庶黎。"此外，巡狩途中对经过的郡县免除一年或三年赋税的"复"，即是表示与远方

---

① [南朝宋]范晔：《后汉书》卷五十二《崔骃列传》，中华书局，1965年版，第1718页。

② 《春秋公羊传注疏》卷三《隐公八年》，清嘉庆本《十三经注疏》，中华书局，2009年版，第4796页。

③ [清]陈立撰，吴则虞点校：《白虎通疏证》卷六《总论巡狩之礼》，中华书局，1994年版，第289页。

天下之民共享盛世之光，同时也在加强国家的凝聚力与认同感。崔骃《四巡颂》赋序对天下太平、政治清宁的叙写，便是对皇帝巡狩行为合理性的肯定。刘珍《东巡颂》亦曰："圣主之化允铄，兆人之俗弥纯。"

巡狩中一个非常重要的仪式是祭天。崔骃《东巡颂》曰："柴皇穹于望秩兮，揖百灵于天宗。休明德之馥芬兮，神黤霭而来降。假太庙而宗祀兮，依显祖之从容。厌帝心而媚神兮，歆庶绩之穆雍。""明德"的圣天子以诚敬之心祭祀天地百神，天地百神"黤霭而来降"，回之以福佑。又如《南巡颂》曰："明德馨以芬苾兮，皇祖欣以舞欢。陨鸿祉于帝室兮，降穰穰于显期。"《西巡颂》曰："虔后土之兆时兮，发潜祇之蓄賁。声德烈以芬畅兮，固神人之所和。"《北巡颂》曰："烟燎嘉品，登中于天。禋洁享祈，歆尝百神。"崔骃的《四巡颂》强调的是圣天子以德行兼备、巍巍皇皇的品格去祭祀天地。班固《东巡颂》曰："柴望山虞，宗祀明堂。"《南巡颂》曰："光六幽，通神明。既禘祖于西都，又将袷于南庭。"马融《东巡颂》曰："肆类乎上帝，燔柴乎三辰，禋祀乎六宗，祇燎乎群神。"刘珍《东巡颂》曰："既臻岱宗，精享禋柴，望秩山川，类于上帝。遂祀祖宗，告虔展义。肆觐东后，同律颁瑞。"对祭天的书写成为这些巡颂文学中一个固定格套，在不同的创制者手中击鼓传花。这种情况表示的仍是天子在祭天时借由禋柴的烟火与天帝发生关系，并借助天帝的神力来支配天下，所以祭祀完后的描写是"幽荒绝域，泽罔不洽"（刘珍《东巡颂》）。

另外需要注意的是，崔骃《四巡颂》中对巡狩地历史与地理的详尽叙写。当书写巡狩途中经历的地方时，崔骃以历史顺序一一列举当地的贤君名臣。如《南巡颂》："既乃周望郊野，逍遥旧家。"而后写了鬻子、熊绎、蚡冒、楚庄王、申叔时、孙叔敖、楚平王、叶公沈诸梁、伍举、启疆、令尹子革、令尹子囊、屈原、子围、商臣等人物。《西巡颂》："既乃美往昔之遗基兮，穆相佯以畴留。"接着写了黄帝、颛顼、唐尧、文王、伯夷、叔齐、介子推等人物。《北巡颂》："既乃周流观风，以览旧章。"而后写了商朝的贤君仁臣，如成汤、伊尹、武丁、盘庚、朝歌三仁（比干、箕子、微子启）、商容等人物。崔骃按照时间先后的顺序来排列历史人物，展示着历史的进程与时间的流动。而叙述时以"恶""是""好""闵""显"[1] 等带有价值判断的词

① 如《南巡颂》："恶启疆之作乱兮，是尹革之斩之"；"好子囊之忠国兮"；"闵屈平之赴罗兮"；"显伍举于章台"。

汇来点评各地人物，则隐然发挥着传播自身价值观与规范全国百姓认识的作用。巡狩中对所经地历史人物的立庙或者毁庙，即是对该地民众记忆的改写与重组。掌握了历史评价即掌握了对群众记忆的占有权以及对时间的控制权，由此也就牢牢把握住了百姓的支配权。

而对各处名胜古迹、高山大川的排比式书写，则生成了一个永恒的巡狩空间。《南巡颂》写有大江、岷山、九嶷山、会稽、虞夏遗基、云梦、三江、巫山、湘灵、彭蠡、洞庭等地名。《西巡颂》则曰："仰实沈于并里兮，俯晋代之分野，休前哲之弘功兮，望龙门而叹夏。依九土之洪迪兮，碣海口而长吁嗟。"《北巡颂》则有九关、泛津、云汉、昆仑、大梁、河州、淇卫、高阳遗踪、故魏区阜、兖野分州、少阳、太昊等地方。崔骃借《四巡颂》的刻画，将四方地域中的一个个重要关节点串联起来，从而构成一幅四方空间地图。圣天子在节点衍化成平面的过程中发挥着极其重要的作用，没有天子的穿针连线，各个节点只是一个个孤立的景观，而经过天子的巡游，各个景观便活跃鲜明起来，成为一幅江山万里图。绘画出这幅地图的天子，理所应当地成为这幅地图的拥有者。杨九诠曾说："赋体细部乃是在结构的统率之下对特定的现实空间的敷饰与点缀。"[①] 四方地图的整体结构即是中国，天子一一在地图上标注帝国的痕迹，将四方陌生的世界纳入自己的支配之中。崔骃在阐述天子对九州的支配时叙述得非常清晰详细，同时，他也展望了一幅四夷来朝的景象，"然后衍皇心于四荒"，"乔山松岳，允怀和柔。遐方表外，慕德而嬉"。总而言之，天子支配的是"九州 + 四夷"的整个天下，其中九州是实写详写，四夷是虚写略写，这即是说纵然整个天下都在天子的支配下，然其支配中心仍为中国。

在早期中国的礼制传统中，与天子巡狩相对应的是诸侯前来"述职"，孟子曰："诸侯朝于天子曰述职，述职者，述所职也。"[②] 述职与巡狩有着相同的功能作用——表演天子对天下的支配。述职在汉代表现为助祭制度，崔骃《东巡颂》便曰："于是执玉之君，咸来助祭。"关于助祭制度，《诗经·周颂·雝》有言："有来雝雝，至止肃肃。相维辟公，天子穆穆。于荐广牡，相予肆祀。"郑玄注云："天子是时，则穆穆然。于进大牡之牲，百辟与诸侯

① 杨九诠：《论汉大赋的空间世界》，《文学遗产》1997 年第 1 期，第 24 页。

② [宋] 朱熹：《四书章句集注·孟子集注》卷二《梁惠王章句下》，中华书局，1983 年版，第 216 页。

又助我陈祭祀之馔，言得天下之欢心。”[①] 天子郊天时诸侯前来助祭是周代重要的国家制度，这从《保卣》铭文的记载中也可得知：“遘于四方王大祀，祓于周，在二月既望。”蒋大沂先生释“祓”时便指出周天子祭天时四方诸侯前来助祭，以此表示着自己的臣服[②]。《国语·鲁语》云：“天子祀上帝，诸侯会之受命焉。”韦昭注为：“助祭，受政命也。”[③]《孝经》言：“四海之内各以其职来助祭。”[④] 在祭天之礼中，天子以主祭者的身份主持祭礼，而各地诸侯以助祭者的身份参与祭礼。天下诸侯的陪祭以视觉艺术的形式展演着各个地域的臣服，构筑了一幅四海臣服的政治景观。东方朔《非有先生论》说：“远方异俗之人乡风慕义，各奉其职而来朝贺。”[⑤] 奉职来贺便是助祭，四方之民奉职来贺即是象征着臣服。韦玄成等人亦曰：“立庙京师之居，躬亲承事，四海之内各以其职来助祭，尊亲之大义，五帝三王所共，不易之道也。”[⑥] 张鹤泉先生解释助祭制度时说：“天子利用诸侯国对至上神天的共同信仰，以这种宗教形式，就能有效地贯彻其政令，并控制掌控诸侯的行动。”[⑦] 可以说助祭表现的是天子以宗教神权和礼仪来展演其对天下的支配。助祭传统在汉代蔚为兴盛，如汉明帝在宗祀明堂时曰：“群僚藩辅，宗室子孙，众郡奉计，百蛮贡职，乌桓、濊貊咸来助祭，单于侍子、骨都侯亦皆陪位。”[⑧] 所谓“众郡奉计，百蛮贡职”都来助祭，即是象征着“九州＋四夷”——整个天下的臣服。汉章帝的诏书说：“朕巡狩岱宗，柴望山川，告祀明堂，以章先勋。其二王之后，先圣之胤，东后蕃卫，伯父伯兄，仲叔季弟，幼子童孙，百僚从臣，宗室众子，要荒四裔，沙漠之北，葱领之西，冒耏之类，跋涉悬度，陵践阻绝，骏奔郊畤，咸来助祭。”[⑨] 诏书不厌其烦地列举助祭的名单，更是将助祭表演天下支配的功能展示得淋漓尽致，马融《广成颂》亦云：“是以明

---

① 《毛诗正义》卷十九《雍》，清嘉庆本《十三经注疏》，中华书局，2009年版，第1284页。

② 蒋大沂：《保卣铭考释》，《中华文史论丛》1964年第5辑，第93页。

③ ［春秋］左丘明撰，徐元诰集解：《国语集解》卷四《鲁语上》，中华书局，2002年版，第146页。

④ 《孝经注疏》卷五《圣治章》，清嘉庆本《十三经注疏》，中华书局，2009年版，第5551页。

⑤ ［汉］班固：《汉书》卷六十五《东方朔传》，中华书局，1962年版，第2872页。

⑥ ［汉］班固：《汉书》卷七十三《韦玄成传》，中华书局，1962年版，第3117页。

⑦ 张鹤泉：《周代郊天之祭初探》，《史学集刊》1990年第1期，第15页。

⑧ ［南朝宋］范晔：《后汉书》卷二《显宗孝明帝纪》，中华书局，1965年版，第100页。

⑨ ［南朝宋］范晔：《后汉书》卷三《肃宗孝章帝纪》，中华书局，1965年版，第149—150页。

德曜乎中夏，威灵畅乎四荒，东邻浮巨海而入享，西旅越葱领而来王，南徼因九译而致贡，朔狄属象胥而来同。”[①]

结　语

赵毅衡曾说：“仪式表演与文化记忆之间是一种互文与‘重写’的关系，这体现了文化的重复与创造，延续性与不延续性，每一次的仪式表演都是对仪式内涵意义的深化。”[②]祭天仪式的反复举行能够消除百姓脑海中既有的杂念与思虑，培养出一种习惯性或无心的状态，每一次举行都在强调并深化百姓对天子拥有支配“九州＋四夷”权力的印象，最终形成一种刻板印象与固定记忆。依据宇宙间的秩序原理，天子以祭天构建神人之间的联系，掌握了祭天便在法理意义上先验地支配着天下这一场域。只要天子掌控了祭天之礼，即征显着对整个天下的支配，故即使当乱兵杀入长安时，王莽仍坚信天下在其支配下。“时莽绀袀服，带玺韨，持虞帝匕首。天文郎桉栻于前，日时加某，莽旋席随斗柄而坐，曰：‘天生德于予，汉兵其如予何！’”王莽凭借“绀袀服，带玺韨，持虞帝匕首”“旋席随斗柄而坐”等庄严神圣的祭祀性仪式来沟通众星拱之的“北辰”，从而坚信天命仍在其身，此心理意识映照的便是祭天即是支配着天下。总之，祭天文学因应于祭天之礼，是记录天子沟通天地神灵的仪式文本，含蓄地表达着天子对空间主权的占有。祭天仪式的政治目的——展演四海臣服、万国来朝的政治期许，作为一个稳定性的主题贯穿于祭天文学之中。

① ［南朝宋］范晔：《后汉书》卷六十上《马融列传上》，中华书局，1965年版，第1967页。

② 赵毅衡：《仪式的黄昏——以白先勇的怀旧小说为例》，《当代文坛》2016年第4期，第8—11页。

第四章 史料编纂：北方文化本位下的南方想象

作为华夏大一统帝国开端的秦汉王朝，在将“田畴异亩，车途异轨，律令异法，衣冠异制，言语异声，文字异形”的九州，凝聚为一个“车同轨、书同文、行同伦”的共同体方面的贡献实多。先秦文化格局亦由此而变。据张正明先生的研究，春秋时便已形成“南炎北黄、南凤北龙、南道北儒，南《骚》北《诗》这个二元耦合的格局。当时南方文化与北方文化比较，总体水平不相上下，某些方面——冶金、织帛、髹漆、建筑、诗歌、音乐和哲学等且有过之”[①]。拥有质的差异的南北地域文化邂逅于大一统时代，他们都趋于将自身的秩序等同于帝国的秩序，二者在统一帝国中彼此争夺文化权威，互相竞争思想主导。在此竞争中，北方文化获得了全方作的胜利，由此黄河中下游流域在整个帝制时代被视为中华文明的唯一发源地，依次承继于此的夏、商、周被奉为盛世经典的黄金三代，最后在文化与地域双重维度铸就了“北方中心主义”的思想观念。“北方中心主义”是一种基于自我优越感而产生的霸权主义文化心态，这种心态在秦汉时代具体表现为努力推销与扩张北方中原文化，矮化与丑化南方吴楚文化。

从此，南方在秦汉帝国的地域与文化空间中属于偏居一隅的存在。在北方本位思想的指导下，文献资料用“片面的深刻”的姿态勾画出南方的形象，将其固化为地理恶劣与风俗鄙陋的蛮夷之地。如《汉书·朱买臣传》记有这样一则故事：“上拜买臣会稽太守。上谓买臣曰：‘富贵不归故乡，如衣绣夜行，今子何如？’买臣顿首辞谢。”[②] 汉武帝对朱买臣所言“富贵不归故乡，如衣绣夜行”源自项羽之事，《史记·项羽本纪》曰：“项王见秦宫室

---

① 张正明：《张正明学术文集》，湖北长江出版集团，2007年版，第629页。

② [汉]班固：《汉书》卷六十四上《朱买臣传》，中华书局，1962年版，第2792页。

皆以烧残破，又心怀思欲东归，曰：'富贵不归故乡，如衣绣夜行，谁知之者！'说者曰：'人言楚人沐猴而冠耳，果然。'项王闻之，烹说者。"[①]"富贵不归故乡，如衣绣夜行"的典故是用来讽刺楚人沐猴而冠、未知天下大义的，汉武帝戏谑般的语言透露出他对南方人士的轻蔑，朱买臣的顿首辞谢则展示了他在权力面前的卑躬屈膝。这种在史料中常见的故事，展现的便是北方中心文化视野下的南方认知。

帝国的南方认知流于表面，而从未尝试深入理解南方文化的独特性。于赓哲研究南方污名化的问题时便指出："史料中南方风土问题实际上是当时南北方发展水平不一、话语权不平衡的体现。……史籍中'南土'的书写，更多的是一种北人的认识，它有一定的事实基础，同时也与真实状况有一定差异。"与此同时，南方知识阶层在北方本位思想的浸润下，自觉向大一统时代的帝国神话与集体意识靠拢，由此他们出现了记忆危机与认同转移的趋势。"更有趣的是，这种认识会凭借主流文化圈强大的'压迫力'带动南土向着自己所塑造的形象转变，完成所谓'模塑'，从而以'结果'反证'原因'。"[②]可知，秦汉文学中的"南方"是在北方本位思维意象的投射下编选、组织、建构、创制的"虚幻空间"，这种南方认知暗含着北方中心主义特有的傲慢与偏见。

第一节　"剽悍轻果"的南方想象

战国时期楚地以弊弱闻名诸侯，而汉代的楚地以剽悍闻名天下。这种认知的转变与项羽这一典型人物有关。汉帝国将项羽的性格特征类型化为楚地的地域特征，借此概念化、表面化的视野来认识楚地人物，从而形成了楚人"剽悍"的刻板印象。此刻板印象虽有一定的依据，但却远远超过了事实的本相，是一种缺乏事实基础与逻辑结构的陈述。

---

① [汉]司马迁：《史记》卷七《项羽本纪》，中华书局，1959年版，第315页。

② 于赓哲：《恶名之辨——对中古南方风土史研究的回顾与展望》，《南京大学学报·哲学人文社会科学版》2012年第5期，第101—112页。

一、从怯懦到剽悍的南方形象

在现存汉代史料中，无论是史家直接的概括总结，还是当时人物的言谈评论，吴楚之地留给我们的都是一副剽悍轻果的地域印象。司马迁在《货殖列传》中概括楚地风俗时说："越、楚则有三俗。夫自淮北沛、陈、汝南、南郡，此西楚也。其俗剽轻，易发怒。"[①]《太史公自序》又言："黥布叛逆，子长国之，以填江淮之南，安剽楚庶民。作《淮南衡山列传》第五十八。"[②]在太史公的总结中，楚人的特点便是剽悍轻果。褚先生补述《史记·三王世家》亦曰："夫广陵在吴越之地，其民精而轻。"[③]吴越之地精悍轻果的风气传染力甚大，广陵因在其周边亦沾染了此习气。《汉书·地理志》对江南之地民风习性的认识亦是好勇劲悍："沛楚之失，急疾颛己……汝南之别，皆急疾有气势。……吴、粤之君皆好勇，故其民至今好用剑，轻死易发。"[④]直至东汉末年，吴楚之地的外在形象依旧是剽悍。陈寿于《三国志》中对孙坚、孙策父子总评道："孙坚勇挚刚毅，孤微发迹，导温戮卓，山陵杜塞，有忠壮之烈。策英气杰济，猛锐冠世，览奇取异，志陵中夏。然皆轻佻果躁，陨身致败。"[⑤]所谓"勇挚刚毅""猛锐冠世""轻佻果躁"，即是悍勇轻疾的具体化与形象化。在史家有意叙述下，悍勇成为了吴楚人物的标准配置。

在当时知识阶层的普遍认知中，楚地人民也是极其剽疾轻悍的。楚汉相争时，张良曾对刘邦说："楚人剽疾，原上无与楚人争锋。"[⑥]刘邦也有此认识："上患吴、会稽轻悍，无壮王以填之，诸子少，乃立濞于沛为吴王。"[⑦]七国之乱时，周亚夫的游客对周亚夫说："吴兵锐甚，难与争锋。楚兵轻，不能久。"[⑧]周亚夫据此对汉景帝进言："楚兵剽轻，难与争锋。"[⑨]汉武帝诏

---

① [汉]司马迁：《史记》卷一百二十九《货殖列传》，中华书局，1959年版，第3267页。
② [汉]司马迁：《史记》卷一百三十《太史公自序》，中华书局，1959年版，第3317页。
③ [汉]司马迁：《史记》卷六十《三王世家》，中华书局，1959年版，第2116页。
④ [汉]班固：《汉书》卷二十八下《地理志下》，中华书局，1962年版，第1664—1667页。
⑤ [晋]陈寿：《三国志》卷四十六《孙破虏讨逆传》，中华书局，1971年版，第1112—1113页。
⑥ [汉]司马迁：《史记》卷五十五《留侯世家》，中华书局，1959年版，第2046页。
⑦ [汉]司马迁：《史记》卷一百六《吴王濞列传》，中华书局，1959年版，第2821页。
⑧ [汉]司马迁：《史记》卷一百六《吴王濞列传》，中华书局，1959年版，第2831页。
⑨ [汉]司马迁：《史记》卷五十七《绛侯周勃世家》，中华书局，1959年版，第2076页。

封广陵王之策曰："大江之南，五湖之间，其人轻心。杨州保疆，三代要服，不及以政。"[①] 在当时人物的认知中，吴楚之人剽悍勇捷是不容置疑的。故李陵认为自己所率领的楚地士兵勇锐冠天下："臣所将屯边者，皆荆楚勇士，奇材剑客也。"[②] 东汉末年的郑玄在注《周礼》时言："土地之性各异，若齐性舒缓，楚性急悍。"[③] 傅嘏曰："淮、楚兵劲，而俭等负力远斗，其锋未易当也。"[④] 华覈也说："江南精兵，北土所难，欲以十卒当东一人。"[⑤] 张嶷《与诸葛瞻书》则曰："吴楚剽急，乃昔所记。"胡三省注曰："自汉以来，皆有是言。"[⑥] 黄权亦言："吴人悍战。"[⑦] 可见楚人剽悍勇果是整个汉代的公共基础知识，已经得到了知识阶层的广泛认知。

而且，楚地"劲悍"的地域认知已影响到了历史叙述。在书写与楚地相关的人物或者事迹时，史家将"劲悍"的刻板形象强加于楚地人物之上，以符合其楚地想象。《史记·吴王濞列传》载："吴太子师傅皆楚人，轻悍，又素骄，博，争道，不恭，皇太子引博局提吴太子，杀之。"[⑧] 吴王濞作乱的源头是吴太子被杀，吴太子被杀是因为其争强好胜的性格，在司马迁笔下，此性格的养成与太子师傅的楚人身份有关，"太子师傅皆楚人，轻悍"。然司马迁在叙述时有意忽略了吴王濞的影响，吴王濞自身就是一个赳赳武夫，他被封为吴王便是因为有胆气。"刘仲子沛侯濞年二十，有气力，以骑将从破布军蕲西，会甄，布走。……上患吴、会稽轻悍，无壮王以填之，诸子少，乃立濞于沛为吴王，王三郡五十三城。"[⑨] 吴王濞是因为"壮王"而被封于吴地，高祖认为他的胆气雄心可以镇压吴地的轻悍之气，可见吴王濞自身便是一个剽悍精勇式的人物。司马迁叙述吴王叛乱的起因时刻意忽略吴王濞对太子的影响，令后世产生太子性格骄狂的主要原因是受楚人师傅"轻悍"影响

① [汉]司马迁：《史记》卷六十《三王世家》，中华书局，1959年版，第2113页。
② [汉]班固：《汉书》卷五十四《李陵传》，中华书局，1962年版，第2451页。
③ [汉]郑玄：《周礼郑氏注》（附札记），中华书局，1985年版，第125页。
④ [晋]陈寿：《三国志》卷二十一《傅嘏传》，中华书局，1971年版，第628页。
⑤ [晋]陈寿：《三国志》卷六十五《华覈传》，中华书局，1971年版，第1467页。
⑥ [宋]司马光编著，[元]胡三省点校：《资治通鉴》卷七十六《魏纪八·嘉平五年》，中华书局，1956年版，第2411页。
⑦ [晋]陈寿：《三国志》卷四十三《黄权传》，中华书局，1971年版，第1043页。
⑧ [汉]司马迁：《史记》卷一百六《吴王濞列传》，中华书局，1959年版，第2823页。
⑨ [汉]司马迁：《史记》卷一百六《吴王濞列传》，中华书局，1959年版，第2821页。

的错觉。楚人"劲悍"的地域认知先验地存于太史公的心里，故才有此具有强烈主观意识的书写。

再如《史记·司马相如列传》中文颖在释"鄢郢缤纷，《激楚》结风"的"激楚"时曰："激，冲激，急风也。结风，回风，回亦急风也。楚地风气既自漂疾，然歌乐者犹复依激结之急风以为节，其乐促迅哀切也。"[①] 文颖认为楚地是风气漂疾之域，他自然而然地将"激"释为"急"，"《激楚》结风"即为急促哀切之乐。但早于此的《楚辞·招魂》亦有"激楚"一词："宫庭震惊，发《激楚》些。……《激楚》之结，独秀先些。"王逸将此"激楚"解为："激，清声也。言吹竽击鼓，众乐并会，宫庭之内，莫不震动惊骇，复作《激楚》之清声，以发其音也。"[②] 王逸以为"激楚"的"激"是清声，用清凄舒缓的曲目来缓解宫廷的震惊。"激楚"可能有多样化的理解，然而从文颖的解释与司马贞选择文颖而不选择王逸的做法中，不难看出他们对楚地的刻板印象，并将此认识用来说明楚地音乐。如果文颖与司马贞尝试思考楚地音乐的代表作品，即以哀怨伤感为主旋律的"楚辞"，便不会将"风气漂疾"与楚地音乐组合起来了。汉初的楚风楚音在帝室流传极广，其作品风格亦是以哀婉清凄为主：

大风起兮云飞扬，威加海内兮归故乡，安得猛士兮守四方！[③]（《大风歌》）

诸吕用事兮刘氏危，迫胁王侯兮强授我妃。我妃既妒兮诬我以恶，谗女乱国兮上曾不寤。我无忠臣兮何故弃国？自快中野兮苍天举直。于嗟不可悔兮宁早自财，为王饿死兮谁者怜之！吕氏绝理兮托天报仇。[④]（《赵幽王歌》）

秋风起兮白云飞，草木黄落兮雁南归。兰有秀兮菊有芳，怀佳人兮不能忘。泛楼船兮济汾河，横中流兮扬素波。箫鼓鸣兮发棹歌，欢乐极兮哀情多。少壮几时兮奈老何！[⑤]（《秋风辞》）

---

① [汉]司马迁：《史记》卷一百一十七《司马相如列传》，中华书局，1959年版，第3039页。

② [宋]洪兴祖撰，白化文等点校：《楚辞补注》卷九《招魂章句》，中华书局，1983年版，第210页。

③ [汉]司马迁：《史记》卷八《高祖本纪》，中华书局，1959年版，第389页。

④ [汉]司马迁：《史记》卷九《吕太后本纪》，中华书局，1959年版，第403—404页。

⑤ [宋]郭茂倩：《乐府诗集》卷八十四《杂歌谣辞二》，中华书局，1979年版，第1180页。

这三首楚乐弥漫着伤感郁结之气，或担忧江山谁来守护，或忧虑自我命运，或哀愁人生短暂，此中并无太多“促迅哀切”，反倒是以清凄和缓为主。从这里可以知道文颖的阐释以先验的刻板印象为指导，想当然地将印象中的楚地“风气漂疾”加之于楚音之上，而未曾联系实际的楚音楚风。鲁迅《汉文学史纲要》中曾言：“故在文章，则楚汉之际，诗教已熄，民间多乐楚声……盖秦灭六国，四方怨恨，而楚尤发愤，誓虽三户必亡秦，于是江湖激昂之士，遂以楚声为尚。”① 鲁迅认为楚声“促迅哀切”并非与楚人“劲悍”有关，而是因亡国发出的发愤之音。此音因符合时代悲痛哀恸的旋律而得到六国遗民的承认与接受，于是在广为传唱中有了楚音“发愤激昂”的认识。总而言之，在汉代的历史世界，楚人“劲悍”已成为一种固定看法，史家在分析与解释历史现象时多受到此种认识的影响。

然而当爬疏先秦史料时，却会发现楚人剽疾的地域形象，更多的是一种汉代方得以形成的地域认知。春秋战国时期的楚人并不以悍勇著称。《张仪列传》载张仪游说魏王时说：“楚虽有富大之名而实空虚；其卒虽多，然而轻走易北，不能坚战。”② 在张仪看来，楚兵“轻走易北”，而并非悍勇无敌。张仪之言虽有纵横家夸大的风采，然必有一定的事实依据，否则魏王也不会相信张仪的游说了。《吴子·料敌》篇详细分析楚国的现状是“楚性弱，其地广，其政骚，其民疲，故整而不久”③。曾游历诸国的大军事家吴起见多识广，其“楚性弱”的判断当是综合了整个战国环境来说的。楚地之民柔弱褊厄，故在始皇六年（前 241 年）的蕞之战中，吕不韦选择军队战斗力最弱的楚军为联军突破口，大败五国联军。又有《周本纪》载苏代游说韩相国时曰：“楚围雍氏，期三月也，今五月不能拔，是楚病也。”楚病，《史记正义》即解为“楚兵弊弱”④。吕思勉先生以详细的史料比对战国时期诸家兵力的勇力程度，最后得出“秦兵最强，三晋次之，齐、楚最弱”⑤ 的结论。

综而可知，战国时期楚地不但不以剽疾悍勇著称，反倒是以弊弱闻名诸侯。因此，汉代楚人“劲悍”地域印记的生成，是一个值得引起注意的问题。探讨楚地形象从战国的怯弱到汉代的悍勇的转变时，不得不考虑典型人

① 鲁迅：《汉文学史纲要》，译林出版社，2014 年版，第 56 页。
② ［汉］司马迁：《史记》卷七十《张仪列传》，中华书局，1959 年版，第 2286 页。
③ 齐光：《孙吴兵法注释》，北京古籍出版社，1988 年版，第 140 页。
④ ［汉］司马迁：《史记》卷四《周本纪》，中华书局，1959 年版，第 164 页。
⑤ 吕思勉：《读史札记上》，《吕思勉全集》第九册，上海古籍出版社，2016 年版，第 266 页。

物在重塑地域形象中的作用。典型人物与典型事迹对于地域形象的生成、演化、改变有着极为重要的作用，汉代吴楚之地“剽悍轻果”地域印记的生成与楚地的典型人物项羽有着莫大的联系。

二、典型人物特征的类型化

在地域形象的塑造中，典型人物与典型事迹所起到的作用不容忽视。典型形象所特有的典型性格，很容易成为地域形象的核心。典型人物和典型事迹传播范围广泛，容易在反复传唱中深入人心，在不断讲诵中生根发芽，从而形成时代的共同心理认知。外界将包含该典型人物事迹的文化特征看作是该地域的总体特征，从而模塑成一种“地域文化想象”。与此同时，作为前辈的典型人物也容易获得本地人物的认可，吸引后辈子弟模仿拟行，而大规模的效仿又会深化外界对该地域的“地域文化想象”。

吴楚英雄中以项羽最为典型，且最令汉代知识阶层印象深刻。项羽作为楚国贵族的直系后代，在覆灭暴秦的战斗中有着不可磨灭的功劳，而他与刘邦的楚汉之争，亦成为汉帝国难以忘却的历史记忆。汉高祖在看到英布反叛时的队伍布阵如项羽后，便产生了极大的反感：“布兵精甚，上乃壁庸城，望布军置陈如项籍军，上恶之。”[①] 可见汉高祖虽然击败了项羽，但项羽的幽魂却一直弥漫在其心中，亦笼罩在汉代士人的脑海里。在这种历史心态的影响下，项羽身上的英雄特征最易模塑成汉代的“南方认识”。

西楚霸王项羽以“羽之神勇，千古无二”的形象流传后世。他“长八尺余，力能扛鼎，才气过人，虽吴中子弟皆已惮籍矣”[②]。未成名时，项羽已是令人忌惮不已、力能扛鼎式的勇士，而起兵后，怀王手下的将领曾说：

> 项羽为人僄悍猾贼。项羽尝攻襄城，襄城无遗类，皆阬之，诸所过无不残灭。且楚数进取，前陈王、项梁皆败。不如更遣长者扶义而西，告谕秦父兄。秦父兄苦其主久矣，今诚得长者往，毋侵暴，宜可下。今项羽僄悍，今不可遣。独沛公素宽大长者，可遣。[③]

---

① ［汉］司马迁：《史记》卷九十一《黥布列传》，中华书局，1959年版，第2606页。

② ［汉］司马迁：《史记》卷七《项羽本纪》，中华书局，1959年版，第296页。

③ ［汉］司马迁：《史记》卷八《高祖本纪》，中华书局，1959年版，第356—357页。

项羽“为人僄悍猾贼”，这种“僄悍猾贼”即是汉代对楚地的一般认知。“且楚数进取，前陈王、项梁皆败。”“进取”成为怀王手下老将对楚人的标签化认识，也化身为楚地的文化符号与地域象征。楚地陈胜、项梁爱好进攻的行事轨迹，是世俗对楚人“进取”“僄悍”认知来源。

项羽个人的“僄悍轻果”转化为楚地的地域形象，其铸造的核心点便在于巨鹿之战，据载：

> 当是时，楚兵冠诸侯。诸侯军救钜鹿下者十余壁，莫敢纵兵。及楚击秦，诸将皆从壁上观。楚战士无不一以当十，楚兵呼声动天，诸侯军无不人人惴恐。于是已破秦军，项羽召见诸侯将，入辕门，无不膝行而前，莫敢仰视。项羽由是始为诸侯上将军，诸侯皆属焉。①

当各路诸侯汇集于巨鹿之下，因畏惧秦兵而逡巡不敢前进时，项羽破釜沉舟，“项羽乃悉引兵渡河，皆沈船，破釜甑，烧庐舍，持三日粮，以示士卒必死，无一还心”，以少敌众，九战九胜，“于是至则围王离，与秦军遇，九战，绝其甬道，大破之，杀苏角，虏王离”，在作壁上观的诸侯面前表演了一场楚兵一以当百、攻无不克、战无不胜的舞台剧。屏幕前的诸侯纷纷臣服于项羽的威权之下，“入辕门，无不膝行而前，莫敢仰视”。此舞台剧在时间的积累与沉淀下成了诸侯内心最深处的记忆，随着诸侯的分封而带至整个天下，成为对楚地的普遍性认识。

可以说，巨鹿之战是楚地“悍勇”形象最为典型的时刻，汉代的楚地认识亦借此铸就。据《汉书·货殖传》载：“吴楚兵之起，长安中列侯封君行从军旅，赍貣子钱家，子钱家以为关东成败未决，莫肯予。”② 作为一般民众的子钱家，其行为方式更能体现出汉代普通百姓的思想认识。子钱家将吴楚之反看成是汉代存亡的关键时刻，“以为关东成败未决”，坚决不肯支持从长安出征的列侯封君。吴楚兵锋所指造成的帝国百姓匍匐恐慌的现象，不得不说与当年从吴楚之地起兵的项羽有着莫大的关联。可事实上，吴楚之乱却是三月之间旋踵而定。明末黄淳耀有曰：

---

① [汉]司马迁：《史记》卷七《项羽本纪》，中华书局，1959年版，第307页。

② [汉]班固：《汉书》卷九十一《货殖传》，中华书局，1962年版，第3693页。

楚之击汉也，非身在行间则不胜。田荣反齐地，则必自击之，彭越反梁地，则又自击之，虽所向摧破，而兵力疲矣。故汉一举而覆之垓下。自古以弱胜强者，句践、乐毅、汉高，皆善用合纵之法者也。①

黄淳耀指出了一个很关键的问题，即只有有了项羽的楚军，才锐不可当、勇冠天下，否则只是战斗力一般的军队："楚之击汉也，非身在行间则不胜。"可知楚地"悍勇"的地域形象的塑造，是经项羽一人之手而铸成的。

然而项羽的历史形象，亦存在可商榷之处。虽"僄悍猾贼"成为项羽的符号表征，但他身上亦有不下于刘邦的仁慈厚爱的长者风度，王陵便说："项羽仁而爱人。"② 韩信言："项王见人恭敬慈爱，言语呕呕，人有疾病，涕泣分食饮。"③ 陈平谓："项王为人，恭敬爱人，士之廉节好礼者多归之。"④ 作为敌对者的王陵、韩信、陈平称赞项羽的"慈爱"，可知项羽的仁爱品格也是为时人所认可的。历史人物留给后世的认识只有他身上最为突出、最为深刻、最具代表的视觉印记，虽然项羽同时具有仁爱和暴虐恣睢两种特征，但是唯有"悍勇"，是项羽身上最易辨认的特征，也最容易类型化为地域群体特征。因此在塑造楚地地域形象时，历史选择的是冠绝天下的"僄悍猾贼"。

后世楚地人物只要表现出了"悍勇"的特质，便会令人自然而然地想起项羽。汉末孙策以勇武著称，当时及后世都将他与项羽相提并论，许贡便说："孙策骁雄，与项籍相似。"⑤ 庾信亦言："孙策以天下为三分，众裁一旅；项羽用江东之子弟，人唯八千。"⑥ 而在《三国演义》中，孙策被称作"江东小霸王"，所谓"小霸王"，即是继项羽"西楚霸王"的称号而来。

需要注意的是，"剽悍轻果"地域印记的生成，除了与典型人物的类型化特征有关，更与大一统叙述策略与文化表征的建构有关。刘易斯在《论集体记忆》的导论中曾说："过去是一种社会建构，这种社会建构，如果不是全部，那么也是主要由现在的关注所形塑的。……在每个历史时期分别体现

---

① 转引自《史记人物与事件》，张大可、丁德科主编：《史记论著集成》第七卷，商务印书馆，2015年版，第116页。

② [汉]司马迁：《史记》卷八《高祖本纪》，中华书局，1959年版，第381页。

③ [汉]司马迁：《史记》卷九十二《淮阴侯列传》，中华书局，1959年版，第2612页。

④ [汉]司马迁：《史记》卷五十六《陈丞相世家》，中华书局，1959年版，第2055页。

⑤ [晋]陈寿：《三国志》卷四十六《孙讨逆传》，中华书局，1971年版，第1111页。

⑥ [唐]令狐德棻：《周书》卷四十一《庾信列传》，中华书局，1971年版，第735页。

出来的对过去的看法，都是由现在的信仰、兴趣、愿望形塑的。”[①] 地域印象是一个社会建构的想象空间，此想象空间虽然立足于过去的历史记忆，但它更多的是由当下的立场、利益、态度所决定。

第二节 大一统叙述结构下南方形象的认知与演变

楚地“剽悍”地域印记的生成与大一统叙述结构息息相关。在帝国支配视野的叙述中，服从帝国管理的地域其风俗为“仁柔”，反对则为“剽悍”。吴楚之地因其“好作乱”的历史形象被帝国认知为民风“剽悍”，而当其服膺于帝国主流文化时，它的地域形象也随之变为“姿态敦重”。

一、大一统叙述结构下的地域认知

整理前面关于吴楚“剽悍”的材料时，可以发现一个现象，即材料背景多集中于楚汉之争、七国之乱等吴楚与帝国敌对时。或许可以说，敌对背景是吴楚“剽悍”印记生成的一个关键因素。晋武帝曾曰：“蜀人服化，无携贰之心；而吴人趑睢，屡作妖寇。岂蜀人敦朴，易可化诱；吴人轻锐，难安易动乎？”[②] 得出“蜀人敦朴”认识的根据是“服化”，是“无携贰之心”，而得出“吴人轻锐”的认知则决于“趑睢”“屡作妖寇”。概言之，生成何种地域认知与该地是否服从大一统帝国的支配有关，服从则冠之以仁柔敦厚的地域形象，反抗则冠之以劲悍贼果的地域想象。

汉武帝诏令东越迁徙江淮间时说：“东越狭多阻，闽越悍，数反覆。”[③] 汉武帝认为闽越劲悍的原因是因为他们“数反覆”，即多次叛乱，不服从帝国的管理与支配。《贾捐之传》载南越“其民暴恶，自以阻绝，数犯吏禁，吏

① ［美］刘易斯·科瑟：《导论》，［法］哈布瓦赫著，毕然、郭金华译：《论集体记忆》，上海人民出版社，2002 年版，第 45 页。

② ［唐］房玄龄：《晋书》卷五十二《华谭列传》，中华书局，1974 年版，第 1450 页。

③ ［汉］司马迁：《史记》卷一百一十四《东越列传》，中华书局，1959 年版，第 2984 页。

亦酷之，率数年一反，杀吏，汉辄发兵击定之”[①]，“暴恶”之由即因其“数年一反”，若不反，则可称为柔仁。三国时凌统“以山中人尚多壮悍，可以威恩诱也”[②]，凌统之所以说山民壮悍，其中一个主要原因就在于山民反抗吴国的统治，而任何不服于帝国支配的人群都将被冠以“劲悍”的名称。《晋书·陶璜传》亦言：“武平、九德、新昌土地阻险，夷獠劲悍，历世不宾。”[③]将“武平、九德、新昌”之地想象成劲悍的原因便在于其“历世不宾”。匈奴作为西汉王朝的主要对手，帝国知识阶层对其认识便是凶悍，“胡虏凶悍”，“且匈奴，轻疾悍亟之兵也”[④]，太史公在介绍其风俗时曰：“儿能骑羊，引弓射鸟鼠；少长则射狐兔：用为食。士力能毌弓，尽为甲骑。其俗，宽则随畜，因射猎禽兽为生业，急则人习战攻以侵伐，其天性也。”[⑤]西羌作为东汉帝国的主要敌对者，帝国对其认识亦是悍勇坚猛：

> 不立君臣，无相长一，强则分种为酋豪，弱则为人附落，更相抄暴，以力为雄。杀人偿死，无它禁令。其兵长在山谷，短于平地，不能持久，而果于触突，以战死为吉利，病终为不祥。堪耐寒苦，同之禽兽。虽妇人产子，亦不避风雪。性坚刚勇猛，得西方金行之气焉。[⑥]

可以看出，对于拒绝服从帝国统治的周边民族，帝国习惯于将其认知为凶悍猾贼的形象，扬雄总结异域形象时就说：“外国天性忿鸷，形容魁健，负力怙气，难化以善，易隶以恶，其强难诎，其和难得。”[⑦]作为非华夏的异域存在，其总体特征是“天性忿鸷，形容魁健，负力怙气”，这副面貌不得不说是违逆帝国支配的异域形象的共同特点。而《后汉书·东夷列传》描述朝鲜时说的“天性柔顺，易以道御”则源于它一直以来对东汉帝国的臣服与纳贡：“建武中，东夷诸国皆来献见。……顺帝永和元年，其王来朝京师……

---

① ［汉］班固：《汉书》卷六十四下《贾捐之传》，中华书局，1962年版，第2830页。
② ［晋］陈寿：《三国志》卷五十五《凌统传》，中华书局，1971年版，第1297页。
③ ［唐］房玄龄：《晋书》卷五十七《陶璜传》，中华书局，1974年版，第1560页。
④ ［汉］班固：《汉书》卷五十二《韩安国传》，中华书局，1962年版，第2401页。
⑤ ［汉］司马迁：《史记》卷一百一十《匈奴列传》，中华书局，1959年版，第2879页。
⑥ ［南朝宋］范晔：《后汉书》卷八十七《西羌列传》，中华书局，1965年版，第2869页。
⑦ ［汉］班固：《汉书》卷九十四下《匈奴传下》，中华书局，1962年版，第3814页。

至灵帝熹平三年，复奉章贡献。”[①]

再以《汉书·地理志》中巴蜀、河西等地的描写为例：“巴、蜀、广汉本南夷……民食稻鱼，亡凶年忧，俗不愁苦，而轻易淫泆，柔弱褊厄。……及犍为、牂柯、越巂，皆西南外夷，武帝初开置。民俗略与巴、蜀同。……自武威以西，本匈奴昆邪王、休屠王地，武帝时攘之，初置四郡，以通西域，鬲绝南羌、匈奴。……是以其俗风雨时节，谷籴常贱，少盗贼，有和气之应，贤于内郡。”[②] 在《汉书》中，巴蜀、河西之地安详和谐，其民“柔弱褊厄”。然而据后汉时期但望的观察，巴蜀之地是“垫江以西，土地平敞，精敏轻疾，上下殊俗，情性不同”[③]。究其原因，便在于巴蜀之地在东汉中后期，因南蛮的缘故，多次反叛中央朝廷，如板楯蛮“寇掠三蜀及汉中诸郡”[④]。河西之地在东汉朝廷的印象中亦是一民风剽悍之地，其原因也在于河西羌人的反叛。《桓帝初天下童谣》曰：“小麦青青大麦枯，谁当获者妇与姑。丈人何在西击胡，吏买马，君具车，请为诸君鼓咙胡。”[⑤] 童谣讲述的便是西北游牧民族威胁三辅的状况，从此民间叙事的童谣中可以看出帝国对西北凉州一带的恐慌，由此进而将河西视为劲悍之地的结果亦可想而知。总之，《汉书》里面的巴蜀、河西柔顺的认知，到了东汉中后期后，这种认知倾向于劲悍了，其中变化的缘由便与是否服从帝国的支配有关。如果将巴蜀与楚地做一番比较，也可发现反叛行为与剽悍认知之间的联系。“楚有江汉川泽山林之饶；江南地广，或火耕水耨。民食鱼稻，以渔猎山伐为业，果蓏蠃蛤，食物常足。”[⑥] 楚地的地理条件与巴蜀并无二致，但一个是“柔弱褊厄”，一个是“劲悍剽果”，原因就在于西汉时期，吴楚之地常有叛乱发生，而巴蜀之地却默然遵从中央政府的管理。《后汉书·南匈奴列传》言：“《前书》直言《匈奴传》，不言南北，今称南者，明其为北生义也。以南单于向化尤深，故举其顺者以冠之。”[⑦] 所谓“向化尤深”，即南匈奴服从于帝国的支配，其形象亦由凶神恶煞变得和蔼可亲了。《后汉书·郑太传》亦曰：“山东之士，

① [南朝宋]范晔：《后汉书》卷八十五《东夷列传》，中华书局，1965年版，第2812页。
② [汉]班固：《汉书》卷二十八下《地理志下》，中华书局，1962年版，第1644—1645页。
③ [晋]常璩撰，刘琳校注：《华阳国志》卷一《巴志》，巴蜀书社，1984年版，第49页。
④ [南朝宋]范晔：《后汉书》卷八十六《南蛮西南夷列传》，中华书局，1965年版，第2843页。
⑤ [南朝宋]范晔：《后汉书》志十三《五行志一》，中华书局，1965年版，第3281页。
⑥ [汉]班固：《汉书》卷二十八下《地理志下》，中华书局，1962年版，第1666页。
⑦ [南朝宋]范晔：《后汉书》卷八十九《南匈奴列传》，中华书局，1965年版，第2939页。

素乏精悍。未有孟贲之勇，庆忌之捷。”[①] 在东汉时期，帝国的主要敌人是西边的羌人，山东之地并无太大的反抗活动，故有“山东之士，素乏精悍”之语，此与《汉书·地理志》所言河内的“俗刚强”、颍川的“上气力”、南阳的“劲悍”有着天壤之别。可见，当一地服从中央帝国的管理，少有反叛之举时，该地的地域形象则由剽悍转为仁柔。

史料在书写吴楚之地的地域形象时，“剽悍轻果”常与“好作乱”捆绑在一起。司马迁在《淮南衡山列传》中说道：

> 诗之所谓“戎狄是膺，荆舒是惩”，信哉是言也。淮南、衡山亲为骨肉，疆土千里，列为诸侯，不务遵蕃臣职以承辅天子，而专挟邪僻之计，谋为畔逆，仍父子再亡国，各不终其身，为天下笑。此非独王过也，亦其俗薄，臣下渐靡使然也。夫荆楚僄勇轻悍，好作乱，乃自古记之矣。[②]

司马迁将淮南王、衡山王的叛乱原因归结于荆楚之地习俗薄陋、不服王化：“亦其俗薄，臣下渐靡使然也。”而如淳在注释汉高祖对吴王濞的预言“汉后五十年东南有乱，岂汝邪？”时曰：“吴楚世不宾服。”[③]《三王世家》载广陵王、楚王意图叛乱被镇压后：“天子以骨肉之故，不忍致法于胥，下诏书无治广陵王，独诛首恶楚王。传曰‘蓬生麻中，不扶自直；白沙在泥中，与之皆黑’者，土地教化使之然也。”[④] 然而此次叛乱是广陵王首发的，楚王只是附从者：“其后胥果作威福，通楚王使者。”天子却将首恶归于楚王，并总结原因是楚地好犯上作乱：“土地教化使之然也。”可见，在帝国的想象中，吴楚是一片藏污纳垢之地，对帝国常有不轨之心。

后世凌稚隆承继司马迁的观点，在《史记评林》中说道：“按《图志》云，荆，警也。轸星散为荆州，分为楚国，阳盛物，故气极急悍，故其人有道后服，无道先强。太史公论淮南、衡山谋为叛逆，而归之荆楚俗薄，僄

---

① ［南朝宋］范晔：《后汉书》卷七十《郑太传》，中华书局，1965 年版，第 2258 页。
② ［汉］司马迁：《史记》卷一百一十八《淮南衡山列传》，中华书局，1959 年版，第 3098 页。
③ ［汉］司马迁：《史记》卷一百六《吴王濞列传》，中华书局，1959 年版，第 2822 页。
④ ［汉］司马迁：《史记》卷六十《三王世家》，中华书局，1959 年版，第 2117 页。

勇轻悍，盖有所本。”[①] 凌稚隆认为太史公的评判确有其实，荆楚之人好作乱与其地域有关，南方之地因阳气旺盛，其人好勇斗狠，“阳盛物，故气极急悍”，也就不爱服从朝廷管教，“有道后服，无道先强”。扬雄的《荆州牧箴》对楚地也有类似概括性的描述：

> 杳杳巫山，在荆之阳。江汉朝宗，其流汤汤。夏君遭鸿，荆衡是调。云梦涂泥，包匭菁茅。金玉砥砺，象齿元龟，贡篚百物，世世以饶。战战栗栗，至桀荒溢，曰我在帝位，若天有日，不顺庶国，孰敢余夺。亦有成汤，果秉其钺，放之南巢，号之以桀。南巢茫茫，包楚与荆。风慓以悍，气锐以刚。有道后服，无道先强。世虽安平，无敢逸豫。牧臣司荆，敢告执御。[②]

扬雄结合楚地的自然环境以及历史环境来概括楚地的精神特质，他重点叙述夏桀流放南巢的历史传说，下意识地将楚地塑造成暴虐荒淫之人的归宿：“南巢茫茫，包楚与荆。”楚地民众的习气是“风慓以悍，气锐以刚。有道后服，无道先强”，因此，扬雄告诫楚地的官员要时刻保持警惕：“世虽安平，无敢逸豫。”其潜台词是楚地极易叛乱，即使天下太平，楚地官员亦不得存有安逸之心，而应当时刻保持清醒冷静，加大对楚地的监视与控制，防范其有谋逆之举。

汉代常以“吴楚之乱”概言景帝时的“七王之乱”，亦是以吴楚之地为乱源的表现。景帝时，因削藩引起吴王刘濞、楚王刘戊、赵王刘遂、济南王刘辟光、淄川王刘贤、胶西王刘昂、胶东王刘雄渠七个诸侯王的叛乱，而对此史实，史家常以吴楚之乱来概述，如《汉书·外戚传》曰：“吴楚反时，太后从昆弟子窦婴侠，喜士，为大将军，破吴楚，封魏其侯。”[③] 然而据《窦婴传》：“婴守荥阳，监齐赵兵。七国破，封为魏其侯。”[④] 窦婴实监督齐、赵动向，《外戚传》却说“破吴楚”，显然以吴楚代七国。同此，《韩王信传》载

---

① 转引自《史记集评》，张大可、丁德科主编：《史记论著集成》第六卷，商务印书馆，2015 年版，第 575 页。

② 林贞爱：《扬雄集校注》，四川大学出版社，2001 年版，第 252 页。

③ [汉] 班固：《汉书》卷九十七上《外戚传上》，中华书局，1962 年版，第 3945 页。

④ [汉] 班固：《汉书》卷五十二《窦婴传》，中华书局，1962 年版，第 2376 页。

“吴楚反时，弓高侯功冠诸将”[①]，《栾布传》说“吴楚反时，以功封为鄃侯，复为燕相”[②]，《景武昭宣元成功臣表》说“又有吴楚之事”[③]。之所以出现以吴楚之乱概述七国之乱的现象，亦是因为吴楚之地好作乱的地域印象深入汉代士人的心中。故当东越相斗，汉武帝令汲黯查看情况，汲黯“至吴而还，报曰：‘越人相攻，固其俗然，不足以辱天子之使’”[④]。汲黯以为越地之人不服管教，相攻相斗乃是习以为常的事，不足为怪。淮南王刘安劝谏汉武帝停止进军闽越时的理由亦是“自汉初定以来七十二年，吴越人相攻击者不可胜数，然天子未尝举兵而入其地也”[⑤]。在汲黯、刘安等士人的眼中，吴越之地作乱互攻是其本性，无须在意。而刘邦早于《立赵它为南粤王诏》中便有此认识：“粤人之俗，好相攻击。前时秦徙中县之民南方三郡，使与百粤杂处。会天下诛秦，南海尉它居南方长治之，甚有文理，中县人以故不耗减，粤人相攻击之俗益止，俱赖其力。”[⑥]

吴楚好作乱的地域认知源自历史知识以及现实经验，在久远历史以及当下现实的双重影响下，思想世界将好乱犯法固化为吴楚的地域特征。在史料记载中，吴楚之地的不服王化由来已久且连绵不绝。《史记·五帝本纪》载帝尧时：“三苗在江淮、荆州数为乱。”[⑦]自华夏有文明之初，吴楚之地便以为乱不法的形象登上历史舞台。《鲁周公世家》载周王朝建立初期：“管、蔡、武庚等果率淮夷而反。”[⑧]“果”字即是对管、蔡、武庚叛乱必然性的肯定，营造出江淮、吴楚之间叛乱不出乎其预料的结果。春秋战国期间，弥漫着一股吴楚凌虐中国的思想认识，所谓“楚灵王兵强，陵轹中国”[⑨]，“楚强，陵江汉间小国，小国皆畏之”[⑩]。而楚庄王问鼎一事，更是将“凌虐中国”发挥到极致，给中国留下不可磨灭的文化心理创伤。

---

① [汉]班固：《汉书》卷三十三《韩王信传》，中华书局，1962年版，第1856页。
② [汉]班固：《汉书》卷三十七《栾布传》，中华书局，1962年版，第1981页。
③ [汉]班固：《汉书》卷十七《景武昭宣元成功臣表》，中华书局，1962年版，第635页。
④ [汉]司马迁：《史记》卷一百二十《汲黯列传》，中华书局，1959年版，第3105页。
⑤ [汉]班固：《汉书》卷六十四上《严助传》，中华书局，1962年版，第2777页。
⑥ [汉]班固：《汉书》卷一下《高帝纪下》，中华书局，1962年版，第73页。
⑦ [汉]司马迁：《史记》卷一《五帝本纪》，中华书局，1959年版，第28页。
⑧ [汉]司马迁：《史记》卷三十三《鲁周公世家》，中华书局，1959年版，第1518页。
⑨ [汉]司马迁：《史记》卷四十七《孔子世家》，中华书局，1959年版，第1910页。
⑩ [汉]司马迁：《史记》卷四十《楚世家》，中华书局，1959年版，第1696页。

就现实经验来说，项羽以八千江东子弟起兵颠覆暴秦，且以西楚霸王的身份与刘邦有着长达五年的楚汉之争，于是项羽在汉代成为逆乱的典型代表，司马迁在《史记·项羽本纪》中评价道：

> 吾闻之周生曰"舜目盖重瞳子"，又闻项羽亦重瞳子。羽岂其苗裔邪？何兴之暴也！夫秦失其政，陈涉首难，豪杰蜂起，相与并争，不可胜数。然羽非有尺寸，乘势起陇亩之中，三年，遂将五诸侯灭秦，分裂天下，而封王侯，政由羽出，号为"霸王"，位虽不终，近古以来未尝有也。及羽背关怀楚，放逐义帝而自立，怨王侯叛己，难矣。自矜功伐，奋其私智而不师古，谓霸王之业，欲以力征经营天下，五年卒亡其国，身死东城，尚不觉寤而不自责，过矣。[①]

在司马迁的笔下，项羽以暴乱而兴，亦以暴乱而亡。"何暴之兴也！自矜功伐，奋其私智而不师古，谓霸王之业，欲以力征经营天下。"在《高祖本纪》中，司马迁借怀王老将之口道出项羽所率江东士兵的残暴："项羽尝攻襄城，襄城无遗类，皆阬之，诸所过无不残灭。"[②] 项羽军队所过之处"皆阬之，诸所过无不残灭"，寥寥几字，太史公便轻易塑造出一幅项羽及其江东士兵好乱暴虐的形象。事实上，汉帝国为了显示自己承天命而兴，在建构帝国政权的正当性与合法性时，一方面制造"赤帝子斩白帝子"等国家神话显示自身的正义性，高祖病后便曾自言："吾以布衣提三尺剑取天下，此非天命乎？命乃在天，虽扁鹊何益！"[③] 另一方面，将帝国的敌对者秦帝国与西楚霸王渲染成暴乱者的形象，以突出自身的合道性。有汉一代，知识阶层多将秦帝国视为暴秦，加以批判，如贾谊在《过秦论》中称暴秦为"怀贪鄙之心，行自奋之智，不信功臣，不亲士民，废王道而立私爱，焚文书而酷刑法，先诈力而后仁义，以暴虐为天下始"[④]。而西楚霸王的遭遇亦是如此，项羽在汉代被塑造成不服王命、好乱犯上的典型，吴楚之地作为西楚的大本营与支持者，也因此被帝国视为好乱之域。再加上自汉帝国建立以来，吴楚之

① [汉]司马迁：《史记》卷七《项羽本纪》，中华书局，1959年版，第338页。
② [汉]司马迁：《史记》卷八《高祖本纪》，中华书局，1959年版，第356页。
③ [汉]司马迁：《史记》卷八《高祖本纪》，中华书局，1959年版，第391页。
④ [汉]贾谊撰，阎振益、钟夏校注：《新书校注》卷一《过秦下》，中华书局，2000年版，第14页。

地的叛乱数不胜数，如高祖时期的淮南王英布，文帝时期的淮南厉王长，景帝时期的吴王濞、楚王戊，武帝时期的淮南王安、衡山王赐，宣帝时期的广陵王胥、楚王延寿，光武时期的楚王英。虽然诸侯王的叛乱不一定是客观事实，却构成了汉帝国的心理事实，关于“叛乱”的极力宣传也已为天下人所接受。在汉代知识阶层的认识中，吴楚诸侯王犯上作乱者代不乏人，因此很容易形成吴楚之地好作乱的地域认识。据《史记·汲黯列传》载：“居数年，会更五铢钱，民多盗铸钱，楚地尤甚。上以为淮阳，楚地之郊，乃召拜黯为淮阳太守。”[①]楚地一般群众在犯法为奸方面全国为最，这种情况也加深了楚地好作乱的地域印记。

此外，史料中楚士好“怨恨”的形象也深化了这一印记。《史记·酷吏列传》载朱买臣“见汤，汤坐床上，丞史遇买臣弗为礼”，作为楚士的朱买臣深怨不已：“买臣楚士，深怨，常欲死之。”而后朱买臣揭发张汤的隐私之事，逼迫张汤自杀，张汤死后汉武帝亦诛杀了朱买臣：“乃尽按诛三长史。”[②]司马迁寥寥数语，就勾勒出一个深怨好乱的人物形象，并特意指出其为“楚士”。与此同时，《汉书·萧望之传》亦塑造了一个好怨作乱的楚士形象——郑朋，并令郑朋成为后世奸险小人的典型代表[③]。郑朋见萧望之常举荐名儒茂才，便“阴欲附望之”，为此郑朋“数称述望之，短车骑将军，言许、史过失”。然而因郑朋行为不轨，“望之绝不与通”，紧接着，“朋与大司农史李宫俱待诏，堪独白宫为黄门郎。朋，楚士，怨恨，更求入许、史”。这里班固亦是将“楚士”与“怨恨”联结在一起，暗示楚人天性多恨好怨。此后郑朋更改门庭，投入外戚许、史门下，致力于诋毁萧望之。“朋出扬言曰：‘我见，言前将军小过五，大罪一。中书令在旁，知我言状。’”事情发展至最后，一代贤臣萧望之愤而自杀。不过，需要注意的是，郑朋在自辩告发许、史之事时说：“皆周堪、刘更生教我，我关东人，何以知此？”[④]郑朋将自己认知为关东人，与《汉书》将其记述为楚人存在着一定的差距。

---

① [汉]司马迁：《史记》卷一百二十《汲郑列传》，中华书局，1959年版，第3110页。

② [汉]司马迁：《史记》卷一百二十二《酷吏列传》，中华书局，1959年版，第3143—3144页。

③ 后世诗文中郑朋多以倾覆社稷的形象出现，如唐孙华《有感明季党事二十二韵》：“郑朋翻媚显，郗虑早谗融。”丁澎《览古》：“郑朋倾邪士，阴附诚不良。”朱珪《萧望之》：“朱游亦行行，郑朋尤猾夏。”

④ [汉]班固：《汉书》卷七十八《萧望之传》，中华书局，1962年版，第3284—3286页。

此中，“巧言少信”是“怨恨”化为灾难的最佳工具，二者共同构成了楚地好作乱的鲜明注脚。《史记·货殖列传》载：“故南楚好辞，巧说少信。”①《汉书·地理志》曰：“（楚）其失巧而少信。”② 巧言是颠覆邦国的利器，朱买臣、郑朋都是典型人物，二人以巧言摧毁了国之重臣、邦之柱石。《诗经·巧言》对谗言的批判从个人遭遇开始，最后深化至巧言误国的高度：“往来行言，心焉数之。蛇蛇硕言，出自口矣。巧言如簧，颜之厚矣。”③ 而在《论语》中，夫子多次指摘巧言的危害，《学而》：“子曰：‘巧言令色，鲜矣仁。’”《公冶长》：“子曰：‘巧言、令色、足恭，左丘明耻之，丘亦耻之。’”《卫灵公》：“子曰：‘巧言乱德。’”《阳货》：“子曰：‘恶紫之夺朱也，恶郑声之乱雅乐也，恶利口之覆邦家者。’”④ “巧言”扰乱社会秩序，破坏政治伦理，在传统价值观中一直被作为反面教材而被批判。在史料的概括性总结下，楚地“巧而少信”的风俗图式成了“好作乱”地域印记的最好生成机制。

楚地好犯上作乱成为汉代的公共基础知识，也成为史家书写时的“刻板印象”与“预设”。司马迁在分析吴王濞叛乱的原因时有言：“故古者诸侯地不过百里，山海不以封。‘毋亲夷狄，以疏其属’，盖谓吴邪？”⑤ 太史公将吴地俗薄归结为吴地叛乱的原因所在，司马贞的《索隐述赞》亦曰：“吴楚轻悍，王濞倍德。”但是主张削藩的晁错则以为：“（吴王濞）乃益骄溢，即山铸钱，煮海水为盐，诱天下亡人，谋作乱。今削之亦反，不削亦反。”⑥ 晁错以为吴王濞叛乱的根源在于吴地太强：“会孝惠、高后时，天下初定，郡国诸侯各务自拊循其民。吴有豫章郡铜山，濞则招致天下亡命者盗铸钱，煮海水为盐，以故无赋，国用富饶。”⑦ 贾谊《治安策》对诸侯叛乱有着深入细致的分析：

> 臣窃迹前事，大抵强者先反。淮阴王楚最强，则最先反；韩信倚胡，则又反；贯高因赵资，则又反；陈豨兵精，则又反；彭越用梁，则

---

① ［汉］司马迁：《史记》卷一百二十九《货殖列传》，中华书局，1959 年版，第 3268 页。
② ［汉］班固：《汉书》卷二十八下《地理志下》，中华书局，1962 年版，第 1668 页。
③《毛诗正义》卷十二《巧言》，清嘉庆本《十三经注疏》，中华书局，2009 年版，第 975 页。
④ ［宋］朱熹：《四书章句集注·论语集注》，中华书局，1983 年版，第 48、82、167、180 页。
⑤ ［汉］司马迁：《史记》卷一百六《吴王濞列传》，中华书局，1959 年版，第 2836 页。
⑥ ［汉］司马迁：《史记》卷一百六《吴王濞列传》，中华书局，1959 年版，第 2825 页。
⑦ ［汉］司马迁：《史记》卷一百六《吴王濞列传》，中华书局，1959 年版，第 2822 页。

又反；黥布用淮南，则又反；卢绾最弱，最后反。长沙乃在二万五千户耳，功少而最完，势疏而最忠。非独性移人也，亦形势然也。[①]

贾谊以为诸侯叛乱的根源在于实力太强，"强者先反"，并非性格之类的原因，实乃形势所然："非独性移人也，亦形势然也。"与贾谊、晁错等政论家分析问题时注重客观实力相较，史学家兼文学家的司马迁则以个人性格、地域特质等内在因素来解释问题，而这些因素也成为太史公书写时的预设。

再以《汉书·淮南王传》的叙述笔法为例，班固首先将淮南王安塑造成一个本性爱好读书、安分守己的诸侯王："淮南王安为人好书，鼓琴，不喜弋猎狗马驰骋，亦欲以行阴德拊循百姓，流名誉。"[②] 随后载淮南王之所以对帝国心生不满，主要原因便是江淮间轻薄宾客的挑拨："其群臣宾客，江淮间多轻薄，以厉王迁死感激安。"这些宾客当中以楚人伍被为首："是时淮南王安好术学，折节下士，招致英隽以百数，被为冠首。"[③] 伍被亦是被廷尉张汤以"被首为王画反计，罪无赦"[④] 之由诛杀。然而根据《伍被传》可知，事实上伍被却一直在劝谏淮南王不要谋反："久之，淮南王阴有邪谋，被数微谏。"[⑤] 可知《汉书》在淮南王问题上对伍被的认识采纳的是张汤的意见，此即编纂者在看待问题时的地域偏见。《史记》中关于淮南王安怨望朝廷的记载又是"时时怨望厉王死，时欲畔逆，未有因也"[⑥]，《史记》以为淮南王反叛之心的生发并非由于外人的劝导，而是出自淮南王安内心深处对于父亲之死的怨望。淮南厉王死于汉文帝六年（前 174 年），刘安在汉文帝八年（前 172 年）被分封为阜陵侯，而被分封为淮南王时已是汉文帝十二年（前 168 年），封王原因是当时社会舆论对淮南厉王之死充满同情："十二年，民有作歌歌淮南王曰：'一尺布，尚可缝；一斗粟，尚可舂。兄弟二人，不兼容！'"对此舆论，文帝愤怒自辩道："昔尧舜放逐骨肉，周公杀管蔡，天下称圣，不以私害公。天下岂以为我贪淮南地邪？"[⑦] 可知当时舆论认为文帝因贪图淮

① [汉]班固：《汉书》卷四十八《贾谊传》，中华书局，1962 年版，第 2237 页。
② [汉]班固：《汉书》卷四十四《淮南王传》，中华书局，1962 年版，第 2145—2146 页。
③ [汉]班固：《汉书》卷四十五《伍被传》，中华书局，1962 年版，第 2167 页。
④ [汉]班固：《汉书》卷四十五《伍被传》，中华书局，1962 年版，第 2174 页。
⑤ [汉]班固：《汉书》卷四十五《伍被传》，中华书局，1962 年版，第 2168 页。
⑥ [汉]司马迁：《史记》卷一百一十八《淮南王列传》，中华书局，1959 年版，第 3082 页。
⑦ [汉]班固：《汉书》卷四十四《淮南王传》，中华书局，1962 年版，第 2144 页。

南之地而夷灭厉王，文帝迫于舆论压力再次将刘安分封为淮南王，此“天下”人中当包括刘安。观察淮南王安的成长轨迹，可知他从八岁开始做了两年的布衣，十岁开始做了四年的阜陵侯，已经开始记事的刘安当知其父之死的缘由以及自身得王之因，他封侯封王并非帝国皇帝的主观意愿，而是迫于外在的压力，因此刘安很容易对帝国政府产生敌视情结。事实上，在吴楚七国之乱时，淮南王安就有响应吴王号召的心思：“孝景三年，吴楚七国反，吴使者至淮南，王欲发兵应之。”[①] 可见，淮南王安对朝廷早有不满，此中主要原因即在于淮南王安对其父亲厉王遭遇不公以及自身幼年颠簸的愤恨，而非轻薄的江淮宾客的挑拨。《汉书·淮南王传》将淮南王安的反叛原因推到江淮宾客好作乱犯上的轻薄心性上，刻意扭曲伍被等楚士的实际情况，体现了编纂者对南方地域的污名想象与傲慢偏见。

对于史料中淮南王安之乱的文本书写，沈豫在《读史札记》中评论道：“太史公以戎狄荆舒谓淮南、衡山，俗薄所致，岂通论哉！二南、江汉，王化蒸蒸，使周召处此，棚车镞矢，断不作矣。”[②] 沈豫认为荆舒之地的风俗非但没有鄙薄之劣势，相反是“王化蒸蒸”。淮南、衡山作乱的原因在于他们自身出了问题，如果他们是仁人君子，则断不会有此问题。“使周召处此，棚车镞矢，断不作矣。”对此，李景星《史记评义》曰：“赞语归过于臣下，归罪于地势，为三王出脱，正是为三王怜惜。盖史公于淮南、衡山之事，殆有以深悲其致罪之南，而其反迹之虚实隐见，亦有含蓄荐吐而不欲明言者矣。”[③] 此言确为实论，三王并无明确反迹，只是帝国政府为了削弱地方诸侯实力而强加的罪名，司马迁因怜惜三王而将罪名归结于地域风俗。但由此可知地域风俗并非三王之乱的原因，司马迁“归罪于地势”，强行以“楚地好作乱”的刻板认识来替三王开脱，又加深固化了楚地俗薄好作乱的地域形象。

如果将目光投向《史记》《汉书》等史料中的“循吏传”，可以发现一个出人意料的现象，即楚地人物占了很大的比例。《史记·循吏列传》记载的第一个循吏就是楚士孙叔敖，而后又有楚昭王相石奢。司马迁记录的循吏共有五个，楚士便占了两个。《汉书》又加述了汉初善治平教化的九江文翁，

---

① [汉]司马迁：《史记》卷一百一十八《淮南王列传》，中华书局，1959年版，第3081页。

② 转引自《史记集评》，张大可、丁德科主编：《史记论著集成》第六卷，商务印书馆，2015年版，第575页。

③ 转引自张大可、丁德科主编：《史记通解》，商务印书馆，2015年版，第3910页。

以及孝宣以后“王成、黄霸、朱邑、龚遂、郑弘、召信臣等，所居民富，所去见思，生有荣号，死见奉祀，此廪廪庶几德让君子之遗风矣”①，其中王成不知何郡人、黄霸淮阳人、朱邑庐江舒人、龚遂山阳人、郑弘未见记载、召信臣九江寿春人，在这些郡县可考的人中，除去龚遂外，几乎都为楚地人，由此可见楚地循吏之多。循吏乃“本法循理之吏”，即奉公守法的帝国官僚，这正是作乱犯上的对立面。楚地多循吏的历史记录与楚地好作乱的地域印记构成了强烈的矛盾冲突，暗示着现实与认识之间的歧异与误差。

总之，在大一统叙述结构下，反抗帝国支配的均为乱民，服从帝国支配的则为顺民。汉代吴楚之地多次发生叛乱，故其民风被认知为“剽悍轻果”。司马迁、扬雄等人认为是楚地“剽悍轻果”的地域特质造就了“好作乱”的地域形象，然而二者之间的因果关系恰恰相反，是楚地“好作乱”的历史印象形成了楚地“剽悍轻果”的地域认知。

二、文化视野下的地域认知演变

有汉一代，吴楚之地留给思想界的认识是“剽悍轻果”，而当具体分析此种认识的形成时，可以发现“剽悍轻果”与其说是一种地域认识，不如说是一种带有文化歧视的地域想象。东汉末年的但望曾言：“江州以东，滨江山险，其人半楚，姿态敦重；垫江以西，土地平敞，精敏轻疾，上下殊俗，情性不同。”② 但望认为受楚人影响的巴人“姿态敦重”，而未受楚人影响的巴人“精敏轻疾”。楚人在此一改“剽悍轻果”而变为“姿态敦重”，巴人则取代楚人成为“精敏轻疾”的新主人。从这里可以看出，地域印记是可以转移、改变、蜕化的。对于如何理解地域印记的变化原理，郝经的《四夷总序》提供了一个很好的切入点。据《续后汉书·四夷总序》载：“上世甿俗敦一，均为朴野，相忘而不相竞，故无夷夏之分大庭。轩辕帝有中土，法制渐备，风俗与王化远迩，故鄙夷与粹嫩别，悍暴与仁柔异。”③ 郝经认为夷夏之分在于悍暴与仁柔，悍暴作为夷狄的象征性文化符号，是一种相对于以仁柔为标志的华夏文化的异质存在。也就是说，“姿态敦重”与“剽悍轻果”是两

① ［汉］班固：《汉书》卷八十九《循吏传》，中华书局，1962 年版，第 3624 页。
② ［晋］常璩撰，刘琳校注：《华阳国志》卷一《巴志》，巴蜀书社，1984 年版，第 49 页。
③ ［元］郝经：《续后汉书》卷七十六上，商务印书馆，1958 年版，第 1138 页。

种文化符号的表征，前者表示的是开化文明的华夏，后者代表的是野蛮未开化的异族。此两种文化符号规范与展演了文化间自我与他者的秩序，指引着文明与野蛮的律动。

仁柔与劲悍分别作为文明与野蛮的象征，亦可见于刘敬《作丹书铁券与匈奴分土界》："自海以南，冠盖之士处焉。自海以北，丰强之士处焉。"① 长城以南的汉帝国为"冠盖之邦"，长城以北的匈奴为"丰强之乡"。汉成帝《孛星见求直言诏》亦曰："与内郡国举方正能直言极谏者各一人，北边二十二郡举勇猛知兵法者各一人。"② 内郡出贤良方正，边郡多勇猛劲悍，这种认知的形成不得不说是由文化因素决定的。类似的诏书还有很多，汉宣帝颁布的《求贤择能诏》："（本始四年夏四月）令三辅、太常、内郡国举贤良方正各一人。""（地节三年春三月）令内郡国举贤良方正可亲民者。"③《汉书·地理志》亦言："汉兴，六郡良家子选给羽林、期门，以材力为官，名将多出焉。"颜师古注曰："六郡谓陇西、天水、安定、北地、上郡、西河。"④ 在帝国的认知中，儒雅与剽悍是内郡与外郡分野的标志。杜佑在《通典》中，也以仁柔与劲悍来划分夷夏。《通典·边防》云：

> 覆载之内，日月所临，华夏居土中，生物受气正，其人性和而才惠，其地产厚而类繁。……今夷狄……其地偏，其气梗，不生圣哲，莫革旧风，诰训之所不可，礼义之所不及。⑤

杜佑认为四夷偏居四方，生气凝滞，因此不能诞生圣哲之才，不能改革旧有的劣风劣俗，是礼仪文明的荒芜之地，所以其民"剽悍"，如《通典》"古荆州"条言："荆楚风俗，略同扬州，杂以蛮左，率多劲悍。""古南越"条："五岭之南，人杂夷獠，不知教义……其性轻悍，易兴迷节。"⑥"不知教义"与"礼义之所不及"是"率多劲悍""其性轻悍"的根源所在。而华夏位

---

① ［唐］虞世南：《北堂书钞》卷一百四，中国书店，1989年版，第400页。

② ［汉］班固：《汉书》卷十《成帝纪》，中华书局，1962年版，第326页。

③ ［汉］班固：《汉书》卷八《宣帝纪》，中华书局，1962年版，第245页。

④ ［汉］班固：《汉书》卷二十八下《地理志下》，中华书局，1962年版，第1644页。

⑤ ［唐］杜佑撰，王文锦等点校：《通典》卷一百八十五《边防序》，中华书局，1988年版，第4978页。

⑥ ［唐］杜佑撰，王文锦等点校：《通典》，中华书局，1988年版，第4892、4961页。

居中央，生气和正，多出教化万民的圣哲之才，故其“人性和而才惠”。从这些材料中可以看出，文化在地域认知的形成中起着非常关键的作用。可以说，“剽悍轻果”与“仁柔敦厚”的地域认知不是根据地域的实际情况，而是根据其文化发展程度得出来的结论。

事实上，“姿态敦重”与“剽悍轻果”作为文化符号的象征，早在《礼记》中便已有所体现。据《礼记·经解》载：

其为人也，温柔敦厚，《诗》教也；疏通知远，《书》教也；广博易良，《乐》教也；洁静精微，《易》教也；恭俭庄敬，《礼》教也；属辞比事，《春秋》教也。故《诗》之失愚，《书》之失诬，《乐》之失奢，《易》之失贼，《礼》之失烦，《春秋》之失乱。①

在《经解》的价值观中，接受过六艺教育的人是温柔敦厚、典雅庄重的，而未受过六艺培养的人则“愚、诬、奢、贼、烦、乱”。《礼记·玉藻》也说道：“君子之容舒迟，见所尊者齐遫，足容重，手容恭，目容端，口容止，声容静，头容直，气容肃，立容德，色容庄。”② 翩翩君子是舒驰和缓的，而野性小人则剽悍急疾。史料记载中的吴楚之地“愚悍”“好乱”“猾贼”，其本质上即是指其未受到文化熏陶，处于半愚昧半开化状态。而《汉书·地理志》中风俗志的记载中也暗含着文化的区分，据载：

天水、陇西，山多林木，民以板为室屋。及安定、北地、上郡、西河，皆迫近戎狄，修习战备，高上气力，以射猎为先。

赵、中山地薄人众，犹有沙丘纣淫乱余民。丈夫相聚游戏，悲歌忼慨，起则椎剽掘冢，作奸巧，多弄物，为倡优。……（邯郸）其土广俗杂，大率精急，高气势，轻为奸。

钟、代、石、北，迫近胡寇，民俗懻忮，好气为奸，不事农商，自全晋时，已患其剽悍，而武灵王又益厉之。

燕地，尾、箕分野也。……（蓟）其俗愚悍少虑，轻薄无威，亦有所长，敢于急人，燕丹遗风也。

---

①《礼记正义》卷五十《经解》，清嘉庆本《十三经注疏》，中华书局，2009年版，第3493页。

②《礼记正义》卷三十《玉藻》，清嘉庆本《十三经注疏》，中华书局，2009年版，第3217页。

沛楚之失，急疾颛己，地薄民贫，而山阳好为奸盗。[1]

中原周围的边境之地的风气是“高上气力”“高气势”“剽悍”“愚悍少虑”“急疾颛己”，而在中原腹地，纵使各个地域风俗有所缺陷，如“周人之失，巧伪趋利，贵财贱义，高富下贫，憙为商贾，不好仕宦”，然而亦少有“悍暴”等异质文化印记。《地理志》的记录遵循着文化决定民风民俗的原则：越是靠近华夏文化圈的核心，其民风越是温柔敦厚；越是远离华夏文化圈，其民俗越是精敏轻疾。对于“劲悍”的地域认知，是由自我与他者的不同立场决定的。就帝国来说，内郡是仁柔，边郡是劲悍的，如张纮言“以中土希战之兵，当边地劲悍之虏”[2]；就整个天下来说，华夏是仁柔，四夷是劲悍的。如此便形成了一个同心圆结构，越是往外越是劲悍，越是往内越是仁柔。

从文化的角度来认识地域印记的生成时，楚地地域印记变化的原因便可显现。周秦时期，楚文化相对于中原文化为异质文化，楚先王熊渠便说“我蛮夷也，不与中国之号谥”，楚武王亦言“我蛮夷也。今诸侯皆为叛相侵，或相杀。我有敝甲，欲以观中国之政，请王室尊吾号”[3]，而楚成王“初收荆蛮有之，夷狄自置”[4]。自称为蛮夷的楚国与华夏是有隔阂的，吕思勉即说：“音读之殊，实惟楚、夏。古盖以夏言为正，故《论语》言子所雅言，诗、书、执礼；而孟子讥许行为南蛮鴃舌之人。”[5] 又据《越绝书·越绝外传记地传》载：

孔子从弟子七十人，奉先王雅琴，治礼往奏。句践乃身被赐夷之甲，带步光之剑，杖物卢之矛，出死士三百人，为阵关下。孔子有顷姚稽到越。越王曰：“唯唯。夫子何以教之？”孔子对曰：“丘能述五帝三王之道，故奉雅琴至大王所。”句践喟然叹曰：“夫越性脆而愚，水行而山处，以船为车，以楫为马，往若飘风，去则难从，锐兵任死，越之常

① [汉]班固:《汉书》卷二十八下《地理志下》，中华书局，1962年版，第1644—1664页。
② [晋]陈寿:《三国志》卷四十六《孙讨逆传》，中华书局，1971年版，第1106页。
③ [汉]司马迁:《史记》卷四十《楚世家》，中华书局，1959年版，第1692、1695页。
④ [汉]司马迁:《史记》卷三十二《齐太公世家》，中华书局，1959年版，第1491页。
⑤ 吕思勉:《秦汉史》，中国友谊出版公司，2009年版，第558页。

性也。夫子异则不可。”[①]

此则材料展现的是，春秋时期的夫子之教，不能教化越之常性，即姿态敦重的中原文化难以化解精敏轻疾的吴越文化，吴越文化圈相对于中原文化圈仍然是异质的存在。而经过两汉的开发，至东汉末年时，吴楚之地已经接受了中原文化的改编与重塑，能够与中原文化保持一致，王夫之说道：“江、浙、闽、楚，文教日兴……理学节义文章事功之选，肩踵相望，天所佑也，汉肇之也。”[②] 可以说，东汉末年的吴楚已属于华夏文化圈的范畴，在华夏文化圈看来，吴楚是“自己人”了，可以分享自己“姿态敦重”的文化符号。而此时的巴人仍在中原文化圈外，故在华夏文化圈的他者视角中形成“精敏轻疾”的地域印象。总而言之，在“姿态敦重”作为帝国文化的象征性符号时，“精敏轻疾”便是一种对他域文化的歧视与想象。而当某一地域接受帝国文化时，该地域“精敏轻疾”的印记则会消失，而形成新的地域符号——“姿态敦重”。

综上所述，地域认知中劲悍或仁柔的风俗特质，决定于地域文化与主流文化之间的关系，决定于地域与帝国的关系。以北方中原文化为本位的汉帝国，从容不迫地给各个地域冠以各种名谓，认同北方中原文化、服从帝国政府的支配则其冠之以“淳朴质素”的称号，反之则冠之以“劲悍贼果”的印记。于赓哲在谈及南方被污名化的问题时曾说道：“史料中南方风土问题实际上是当时南北方发展水平不一、话语权不平衡的体现。”掌握话语权的帝国主流文化圈，以特有的傲慢与偏见去认知周边地域，吴楚之地“劲悍贼果”的认知问题实际上是话语权不平衡的问题。“我们目前所看到的有关南方地区的史料大多数正是出自主流文化圈人士的笔下，他们对于南方风土的描述不可避免地带有主流文化圈的傲慢、偏见与好奇。”[③]

---

① 李步嘉撰：《越绝书校释》卷八《越绝外传·记地传》，武汉大学出版社，1992年版，第196页。

② [清]王夫之：《读通鉴论》卷三《武帝》，中华书局，1975年版，第71页。

③ 于赓哲：《恶名之辨——对中古南方风土史研究的回顾与展望》，《南京大学学报·哲学人文社会科学版》，2012年第5期，第101—112页。

第三节　南方形象的形成

著名历史学家克罗齐曾说："一切历史都是当代史。"过去记忆受到当下权力关系建构的影响，现实知识影响着史家判断，史家习惯于将历史塑造成他们意识中所认定的状态，以符合其既有的期待视野。阿莱达·阿斯曼在其《回忆空间》一书中指出：

> "被回忆的过去"并不等同于我们称之为"历史"的、关于过去的冷冰冰的知识。被回忆的过去永远掺杂着对身份认同的设计，对当下的阐释，以及对有效性的诉求。因此关于回忆的话题也就深入到了政治动因和国家身份认同建立的核心。我们面对的是一汪原液，从中可以塑造身份认同，创造历史和建立共同体。[①]

对于历史材料，史家只会看到其所想看到的，而忽视其所不想看到的。因此，即使是严谨的史家在选择取舍文献材料时，也会受到个人偏好的影响，将历史叙述成整齐有序、简单一致的样貌，而难以呈现出多样化、复杂化的形态。爬疏春秋战国时存有的楚地认识，可以发现存在着"天方开楚"与"凌虐中国"两种对立矛盾的文献记录，但是在汉代的历史文献中，却只留有"凌虐中国"的社会记忆，"天方开楚"被汉代知识阶层选择性遗忘。与此同时，帝国有意识地改编楚地典故，移易楚地文本的内涵，对楚地所期许的价值观念进行污名化的处理，以迫使其向帝国的价值观念看齐。

一、记忆的选择

楚国分封始于周成王时。"熊绎当周成王之时，举文、武勤劳之后嗣，

① [德]阿莱达·阿斯曼著，潘璐译：《回忆空间——文化记忆的形式和变迁》，北京大学出版社，2016年版，第85—86页。

而封熊绎于楚蛮，封以子男之田，姓芈氏，居丹阳”①，而后筚路蓝缕开拓基业，至春秋时，则致力于征服四周的诸侯国以扩大其势力范围。对于楚民族的发展壮大，当时的思想界有两种不同的认识：一种看到楚民族艰苦卓绝的进取奋斗，由此认为“天方开楚”；另外一种则看到楚国扩大势力范围时对中原诸侯的威胁，从而认为“凌虐中国”。

楚民族自开国之日起便披荆斩棘，富有开拓进取的精神。这种精神被楚国作为先王训典传承开来，子革谏楚灵王时便说：“昔我先王熊绎，辟在荆山，筚路蓝缕，以处草莽。跋涉山林，以事天子。唯是桃弧、棘矢，以共御王事。”②“辟在荆山，筚路蓝缕”展演着楚民族不畏艰难、勇于奋斗、不屈不挠的精神品质，这种品质在《楚辞》中也有所表现，如《国殇》：“出不入兮往不返，平原忽兮路超远。带长剑兮挟秦弓，首身离兮心不惩。诚既勇兮又以武，终刚强兮不可凌。身既死兮神以灵，子魂魄兮为鬼雄。”《离骚》：“亦余心之所善兮，虽九死其犹未悔。……宁溘死以流亡兮，余不忍为此态也。”③勇武刚强、九死不悔的精神流传在楚民族的血脉与文化中，生生不息，楚民族深深地为这种精神感到骄傲与自豪。这种艰苦创业的精神也被当时的诸侯所发现与认可。《左传·宣公十二年》载晋国栾武子之言曰：“楚自克庸以来，其君无日不讨国人而训之。于民生之不易，祸至之无日，戒惧之不可以怠。在军，无日不讨军实而申儆之。于，胜之不可保，纣之百克，而卒无后。训以若敖蚡冒，筚路蓝缕，以启山林。”④栾武子认为楚国自讨平庸人的叛乱后，一直居安思危、励精图治，加之以传统的艰苦奋斗精神，已是不可战胜的强敌。直至西晋，江统依然以楚民族的奋斗精神来鼓励晋帝发愤图强，再造盛世：“古之圣王莫不以俭为德，故尧称采椽茅茨，禹称卑宫恶服……蚡冒以筚路蓝缕，用张楚国。”⑤

楚民族开拓进取的精神品质是其兴盛的种子：《左传·宣公十五年》载伯

---

① [汉]司马迁：《史记》卷四十《楚世家》，中华书局，1959年版，第1691页。

② [汉]司马迁：《史记》卷四十《楚世家》，中华书局，1959年版，第1705页。

③ [宋]洪兴祖撰，白化文等点校：《楚辞补注》，中华书局，1983年版，第83、14页。

④《春秋左传正义》卷二十三《宣公十二年》，清嘉庆本《十三经注疏》，中华书局，2009年版，第4082页。

⑤ [唐]房玄龄：《晋书》卷五十六《江统传》，中华书局，1974年版，第1536页。

宗之言曰："天方授楚，未可与争。虽晋之强，能违天乎？"[①] 在伯宗看来楚之强盛已是上天所安排的，是承天命而兴。事实上，在西周末年，太史伯便有此论断，《史记·郑世家》曰：

> 公曰："吾欲南之江上，何如？"对曰："昔祝融为高辛氏火正，其功大矣，而其于周未有兴者，楚其后也。周衰，楚必兴。兴，非郑之利也。"……公曰："周衰，何国兴者？"对曰："齐、秦、晋、楚乎？……及楚之先，皆尝有功于天下。"[②]

太史伯认为楚之兴盛势不可挡，因为其祖先有功于天下。这种认识多次出现在春秋时期的思想界，如《左传》载桓公六年，季梁谏言曰："天方授楚，楚之羸，其诱我也，君何急焉？"成公十六年，范匄说："晋楚唯天所授，何患焉？"昭公四年，司马侯曰："晋楚唯天所相，不可与争。"[③] 直至司马迁撰写《史记》时，仍然感叹楚国之国运兴旺发达，连绵不绝。"太史公曰：楚之先岂有天禄哉？在周为文王师，封楚。及周之衰，地称五千里。秦灭诸侯，唯楚苗裔尚有滇王。汉诛西南夷，国多灭矣，唯滇复为宠王。"[④] 总而言之，在这派人士看来，楚民族因其自强不息的奋斗精神与祖先功德的保佑，已成功得到天命的承认，故曰"天方开楚"。

然而，与此同时，思想界对楚地还存在着另外一种认识，即"凌虐中国"。楚国为扩充其势力范围，多次征伐汉阳诸姬，所谓"楚灵王兵强，陵轹中国"[⑤]；"楚强，陵江汉间小国，小国皆畏之"[⑥]。楚国令尹斗伯比临终时曾向楚王表示自己的遗憾："吾不得志于汉东也。"[⑦] 斗伯比临终时念念不忘

① 《春秋左传正义》卷二十四《宣公十五年》，清嘉庆本《十三经注疏》，中华书局，2009 年版，第 4096 页。

② [汉] 司马迁：《史记》卷 42《郑世家》，中华书局，1959 年版，第 1757 页。

③ 《春秋左传正义》，清嘉庆本《十三经注疏》，中华书局，2009 年版，第 3799、4164、4414 页。

④ [汉] 司马迁：《史记》卷一百一十六《西南夷列传》，中华书局，1959 年版，第 2997 页。

⑤ [汉] 司马迁：《史记》卷四十七《孔子世家》，中华书局，1959 年版，第 1910 页。

⑥ [汉] 司马迁：《史记》卷四十《楚世家》，中华书局，1959 年版，第 1696 页。

⑦ 《春秋左传正义》卷六《桓公六年》》，清嘉庆本《十三经注疏》，中华书局，2009 年版，第 3798 页。

的是没有占有汉东之地，可见楚国对汉阳之地的垂涎与重视。楚国与汉阳诸国的争斗结果是汉阳诸姬被尽数扫灭，这个事实一直让北方诸侯耿耿于怀。《左传》载僖公二十八年："汉阳诸姬，楚实尽之。"[①] 定公四年："周之子孙，在汉川者，楚实尽之。"[②] 楚成王即位时，派人向周天子朝贡，对此，"天子赐胙，曰：'镇尔南方夷越之乱，无侵中国。'于是楚地千里。"[③] 可以看出，周王朝已经承认楚国的崛起，默认其为南方的霸主，"镇尔南方夷越之乱"。周王朝对楚国提出了一个要求，即"无侵中国"，这个要求可以证明在周朝的认知中，楚国就是一反复"陵轹中国"的诸侯。

在"陵轹中国"的记忆中，给中原诸侯印象最为深刻的是楚庄王问鼎之事，此事造成的震动不亚于晴天霹雳。此前虽然霸主迭出，然而其事迹大致可归为"尊王攘夷"，唯有楚庄王之举，将旧有的政治秩序与尊卑体系狠狠地践踏，赤裸裸地展现了对周室取而代之的野心。问鼎之事不但见于《周本纪》，《秦本纪》也有记载，本纪作为记述"王迹所兴，原始察终，见盛观衰"[④] 的传记，可见问鼎所征示的震撼性意义。问鼎一事据《楚世家》载：

> 八年，伐陆浑戎，遂至洛，观兵于周郊。周定王使王孙满劳楚王。楚王问鼎小大轻重，对曰："在德不在鼎。"庄王曰："子无阻九鼎！楚国折钩之喙，足以为九鼎。"王孙满曰："呜呼！君王其忘之乎？昔虞夏之盛，远方皆至，贡金九牧，铸鼎象物，百物而为之备，使民知神奸。桀有乱德，鼎迁于殷，载祀六百。殷纣暴虐，鼎迁于周。德之休明，虽小必重；其奸回昏乱，虽大必轻。昔成王定鼎于郏鄏，卜世三十，卜年七百，天所命也。周德虽衰，天命未改。鼎之轻重，未可问也。"楚王乃归。[⑤]

需要注意的是，问鼎之事见于《左传》所载庄王"子无阻九鼎！楚国折

① 《春秋左传正义》卷十六《僖公二十八年》，清嘉庆本《十三经注疏》，中华书局，2009 年版，第 3961 页。

② 《春秋左传正义》卷二十五《定公四年》，清嘉庆本《十三经注疏》，中华书局，2009 年版，第 4640 页。

③ [汉]司马迁：《史记》卷四十《楚世家》，中华书局，1959 年版，第 1697 页。

④ [汉]司马迁：《史记》卷一百三十《太史公自序》，中华书局，1959 年版，第 3319 页。

⑤ [汉]司马迁：《史记》卷四十《楚世家》，中华书局，1959 年版，第 1697、1700 页。

钩之喙，足以为九鼎”这句话，故马骕曰：“问鼎亦窥之渐，故王孙满阻之甚力耳。至折钩之语，恐是太史公所增。”[①] 不管“折钩之语”是司马迁向壁构造，或者有所本，司马迁对此的着重叙述集中展现了楚庄王志得意满、不可一世的霸主心态，以及其藐视秩序、凌虐中国的心理意识。更值得注意的是，庄王之语与五十年前齐桓公之言有着惊人的相似：

> 齐侯陈诸侯之师，与屈完乘而观之。齐侯曰：“岂不谷是为？先君之好是继。与不穀同好，何如？”对曰：“君惠徼福于敝邑之社稷，辱收寡君，寡君之愿也。”齐侯曰：“以此众战，谁能御之？以此攻城，何城不克？”对曰：“君若以德绥诸侯，谁敢不服？君若以力，楚国方城以为城，汉水以为池，虽众，无所用之。”[②]

楚国的屈完指出以德服人则所向无敌，以力服人则无所用之，恰如孟子所言：“以力服人者，非心服也，力不赡也；以德服人者，中心悦而诚服也。”[③] 楚国民众一直传唱着屈完的英雄事迹，而庄王“折钩之语”所展现的不尊德义而唯力是从的观念，则彻底颠覆了屈完留下的以德服人政治遗产与国际形象。司马迁巧妙地将庄王“折钩之语”与五十年前的齐桓公责楚之语结合起来，营造出一幕滑稽荒诞的历史戏剧，加深了观众对楚庄王背弃先贤传统的反感与厌恶。所以“折钩之语”的存在意义与价值，即给后世增添楚国“凌虐中国”的印象。

有趣的是，楚国的自我认知也存在着两种情况：一种是夷狄自置，如前所述，楚先王熊渠、楚武王、楚成王都曾自称为“蛮夷”。楚国在自称“蛮夷”的时候，一般是处于为扩大势力范围而对周边诸侯发动战争期间，即“凌虐中国”时。但同时，楚国的自我认知还存有另外一种状态，即服膺于中原文化与制度的一面，据《左传·襄公十三年》载：

> 楚共王卒。子囊谋谥。大夫曰：“君有命矣。”子囊曰：“君命以共，

① 转引自冯永轩：《史记楚世家会注考证校补》，湖北教育出版社，1993年版，第32页。

② 《春秋左传正义》卷十二《僖公四年》，清嘉庆本《十三经注疏》，中华书局，2009年版，第3892页。

③ [宋]朱熹：《四书章句集注·孟子集注》卷三《公孙丑章句上》，中华书局，1983年版，第235页。

若之何毁之？赫赫楚国，而君临之，抚有蛮夷，奄征南海，以属诸夏，而知其过，可不谓共乎？请谥之'共'。"大夫从之。[①]

追谥事迹亦见于《国语》，其中"共"作"恭"。楚恭王是楚庄王之子，在庄王问鼎中原后，他却"以属诸夏"。而且，这种行为被以子囊为代表的楚国士大夫认为是"恭"，表现了楚地对诸夏文化的驯服。楚地的认知情况形象地反映了他者认知与自我认知在错综复杂的关系中纠缠轇轕，并互相定义、彼此渗透，随着形势自由地流动转化。

综上可知，在春秋时期的思想界，对楚地不但存在着"凌虐中国"的地域认识，也有着"天方开楚"的价值判断。而至汉代，在知识阶层的普遍认识与共同思想中，春秋时期的楚国形象，被单边化、一元化地形塑为"凌虐中国"，楚地的地域形象被书写成剽悍轻果、好乱犯上，即是此形塑的具体表现。太史公在《孔子世家》中特言："吴楚之君自称王，而《春秋》贬之曰'子'。"[②]冯衍《显志赋》则曰："黜楚子于南郢兮，执赵武于溴梁。"[③]在礼崩乐坏的春秋时代，《春秋》贬称诸侯乱制逆行无处不在，但是南方的吴楚之君却被固化为逆乱的典型。且王国维先生《古诸侯称王说》一文曰："古时天泽之分未严，诸侯在其国自有称王之俗，即徐楚吴越之称王者，亦沿周初之旧习，不得以僭窃目之。"[④]吴楚被定义为逆乱典型的缘由，不得不说与大一统帝国视野下的吴楚难于治理有关。吴楚"凌虐中国"思想理念的延续与发展，即是吴楚之地在帝制中国长期被视为蛮夷之乡，如《汉书·五行志》言先秦时的情景道："是时，中国齐晋、南夷吴楚为强。"[⑤]可以看出在汉代的历史世界，北方中国与南夷吴楚已作为固定组合的文化符码被知识阶层所信服。又如刘向《九叹·惜贤》："荡渨涹之奸咎兮，夷蠢蠢之溷浊。"[⑥]扬雄

---

① 《春秋左传正义》卷三十二《襄公十三年》，清嘉庆本《十三经注疏》，中华书局，2009年版，第1955页。

② [汉]司马迁：《史记》卷四十七《孔子世家》，中华书局，1959年版，第1943页。

③ [南朝宋]范晔：《后汉书》卷二十八下《冯衍列传》，中华书局，1965年版，第994页。

④ 王国维：《观堂集林》(外二种)，河北教育出版社，2003年版，第623页。

⑤ [汉]班固：《汉书》卷二十七下之上《五行志下之上》，中华书局，1962年版，第1463页。

⑥ [宋]洪兴祖撰，白化文等点校：《楚辞补注》卷十六《九叹章句》，中华书局，1983年版，第296页。

《扬州牧箴》："犷矣淮夷，蠢蠢荆蛮。"[①] 何休注《公羊传》曰："楚有王者则后服，无王者则先叛，夷狄也，而亟病中国。"[②] 在释名方面也可见此态度，东汉刘熙《释名》云："楚，辛也，其地蛮多，而人性急，数有战争，相争相害，辛楚之祸也。"[③]《晋书》曰："荆，强也，言其气躁强。亦曰警也，言南蛮数为寇逆，其人有道后服，无道先强，常警备也。"[④] 直至宋代，吴楚的称呼仍然带有贬义色彩，苏东坡说："王介甫先封舒公，后改封荆。《诗》云：'戎狄是膺，荆舒是惩。'识者谓宰相不学之过也。"[⑤] 并在《和陶赠羊长史》言："犹当距杨墨，稍欲惩荆舒。"苏东坡嘲笑王安石的爵号"舒""荆"带有蛮夷色彩。甚者，后世吴楚本地之士亦将吴楚视为蛮夷。朱熹作为出生且生活于南方的士大夫，在注解《楚辞》时说屈原"不知学于北方，以求周公、仲尼之道，而独驰骋于变风、变雅之末流，以故醇儒庄士或羞称之"[⑥]，这表现了朱熹自觉站在北方文化中心视野下，对吴楚文化进行矮化与污名化。

二、价值的错位

在中原文化对楚地文化的收编过程中，除了有选择地汲取历史记忆，还经常移易词汇的内涵，即将词语在初始文化中的含义替换为主流文化所需要的含义。内涵错位现象常见于汉代的史料记载，以《后汉书·东夷列传》为例：

> 《王制》云："东方曰夷。"夷者，柢也，言仁而好生，万物柢地而出。故天性柔顺，易以道御，至有君子、不死之国焉。[⑦]

---

① 林贞爱：《扬雄集校注》，四川大学出版社，2001 年版，第 249 页。

② 《春秋公羊传注疏》卷十《僖公四年》，清嘉庆本《十三经注疏》，中华书局，2009 年版，第 4883 页。

③ [汉] 刘熙撰，[清] 毕沅疏证，[清] 王先谦补，祝敏彻、孙玉文点校：《释名疏证补》卷二《释州国》，中华书局，2008 年版，第 51 页。

④ [唐] 房玄龄：《晋书》卷十五《志第五》，中华书局，1974 年版，第 453 页。

⑤ [宋] 苏轼著，茅维编，孔凡礼点校：《苏轼文集》卷七十二《人物杂记》，中华书局，1986 年版，第 2292 页。

⑥ [宋] 朱熹：《楚辞集注》，上海古籍出版社，1979 年版，（目录页）第 2 页。

⑦ [南朝宋] 范晔：《后汉书》卷八十五《东夷列传》，中华书局，1965 年版，第 2807 页。

东夷在此指的是帝国东边的朝鲜，包括夫余、高句丽等国。而《王制》原文为："东方曰夷，被发文身，有不火食者矣。"[①] 根据披发文身这一极具代表性的人身特征，可以判断其当为吴越之民。《史记》曰："长子太伯、虞仲知古公欲立季历以传昌，乃二人亡如荆蛮，文身断发，以让季历。"东汉应劭注曰："常在水中，故断其发，文其身，以象龙子，故不见伤害。"[②] 东夷的地域指向由西汉时代的瓯越转移到东汉时代的朝鲜，这便是内涵错位的具体表现。错位的原因在于瓯越在武帝时已被迁入江淮之间，纳入编户齐民的体系。在大一统叙述结构中，纳入帝国支配的则为民庶，未曾服膺帝国统治的则为蛮夷，瓯越既然统领于帝国的支配之下，故不再保有"夷狄"的名号。关于朝鲜的记述在《史记》《汉书》中都是称《朝鲜传》，《后汉书》却将其改成了《东夷传》，并赋之以"天性柔顺，易以道御"的主观性解释，原因即在于东汉时期的朝鲜少有叛乱，根据前面的讨论可知，保持对中国的礼敬便会被认知为柔仁，所以帝国对朝鲜才有此印象。

从"东夷"一词的意义转向中可以发现帝国对四周边缘地区的收编，而《后汉书》的《南蛮传》如同《东夷传》，也存在着内涵错位现象，据《南蛮传》载：

> 其在唐虞，与之要质，故曰要服。夏商之时，渐为边患。逮于周世，党众弥盛。宣王中兴，乃命方叔南伐蛮方，诗人所谓"蛮荆来威"者也。又曰："蠢尔蛮荆，大邦为仇。"[③]

《后汉书》中的南蛮指的是长沙、武陵等地的少数民族以及交趾之地的蛮夷，而在阐释南蛮的含义时，《后汉书》却引用先秦典籍中的"南蛮"。事实上，二者的含义是不一致的，先秦时代的南蛮指的是荆楚之民，而后汉时代的南蛮指的是长沙、武陵等地的少数民族。原因是后汉时的荆楚已融入帝国文化体系，在正式称呼中如同瓯越般不再有蛮夷之称[④]。东夷、南蛮含义的转移反映了族群边界的推移，由西汉至东汉，帝国的支配范围发生了变

---

① 《礼记正义》卷十二《王制》，清嘉庆本《十三经注疏》，中华书局，2009年版，第2896页。

② [汉]司马迁：《史记》卷四《周本纪》，中华书局，1959年版，第115页。

③ [南朝宋]范晔：《后汉书》卷八十六《南蛮列传》，中华书局，1965年版，第2830页。

④ 官方认知与士人歧视是并行不悖的两条线。后汉仍有视吴楚之地为蛮夷的现象，但不妨碍它在官方认知中为帝国的一部分。

动，族群边界也随之发生了移动。族群边界意味着隔离与区分，它在向外推移的过程中产生了新的自我与他者，东夷与南蛮意义的转变征示着本始含义所代表的瓯越与荆楚被接受与认可。帝国周边地区的改化与归流，在王充《论衡·恢国》中也有详细的体现：

> 夏禹倮入吴国，太伯采药，断发文身。唐、虞国界，吴为荒服，越在九夷，罽衣关头，今皆夏服，褒衣履舄。巴、蜀、越嶲、郁林、日南、辽东、乐浪，周时被发椎髻，今戴皮弁；周时重译，今吟《诗》《书》。[①]

由“断发文身”至“夏服”“褒衣”“履舄”，从“被发椎髻”到“戴皮弁”“吟《诗》《书》”，展演的便是帝国文化对周边四夷的成功收编与整合。

对南方文化精神的改编与重构持续了整个秦汉时代，并且弥漫于魏晋时期。如“楚囚”意义的转向，据《晋书·王导传》载：

> 过江人士，每至暇日，相要出新亭饮宴。周顗中坐而叹曰：“风景不殊，举目有江河之异！”皆相顾流涕。惟导愀然变色曰：“当共戮力王室，克复神州，何至作楚囚相对泣邪！”[②]

楚囚在这里指的是毫无办法之人，王导暗示自己等人乃是可勠力同心的中原士族，而非哭泣软弱的吴楚土著。楚囚的典故来源于《左传》，据载：

> 晋侯观于军府，见钟仪，问之曰：“南冠而絷者，谁也？”有司对曰：“郑人所献楚囚也。”使税之，召而吊之。再拜稽首。问其族，对曰：“泠人也。”公曰：“能乐乎？”对曰：“先父之职官也，敢有二事？”使与之琴，操南音。公曰：“君王何如？”对曰：“非小人之所得知也。”固问之，对曰：“其为大子也，师保奉之，以朝于婴齐而夕于侧也。不知其他。”公语范文子，文子曰：“楚囚，君子也。言称先职，不背本也。乐

---

① [汉]王充著，黄晖撰：《论衡校释》卷十九《恢国》，中华书局，1990年版，第832—833页。

② [唐]房玄龄：《晋书》卷五十六《王导列传》，中华书局，1974年版，第1747页。

操土风，不忘旧也。称大子，抑无私也。名其二卿，尊君也。不背本，仁也。不忘旧，信也。无私，忠也。尊君，敏也。仁以接事，信以守之，忠以成之，敏以行之。事虽大，必济。君盍归之，使合晋、楚之成。”公从之，重为之礼，使归求成。[①]

不难看出，在《左传》的笔下，楚囚是一个不忘故国、狐死首丘的士人，晋国贤臣范文子对他充满了赞赏，认为他是一个真正的君子。而在王导的表述中，楚囚的内蕴发生了讽刺性的转变，由一个仁信忠敏的君子化为一个懦弱不堪的俗人。在此意蕴转换的过程中，强调了过江诸人与吴楚之士的区别，暗含着王导对自己中原士族身份的自信，并且以一种轻蔑的态度来看待吴楚之士。事实上，过江士族对吴楚士族的轻蔑源于那个时代的大环境，南朝被追为正统的是南渡士族的文化，而非吴楚本土文化。如颜之推《颜氏家训·音词篇》言：

南方水土和柔，其音清举而切诣，失在浮浅，其辞多鄙俗。北方山川深厚，其音沉浊而鈋钝，得其质直，其辞多古语。然冠冕君子，南方为优；闾里小人，北方为愈。……而南染吴越，北杂夷虏，皆有深弊，不可具论。[②]

所谓“冠冕君子”，多为南渡士族，而“闾里小人”，指的是北方的普通百姓，即是说，北方的无论是士族还是百姓，都是站在人群顶端的，优于南方土著以及北方的少数民族。而对于南方本土的士族与百姓，南渡士族保持着一如既往的高傲与鄙视，如《南史·胡谐之传》载：

上方欲奖以贵族盛姻，以谐之家人语傒音不正，乃遣宫内四五人往谐之家，教子女语。二年后，帝问曰：“卿家人语音已正未？”谐之答曰：“宫人少，臣家人多，非唯不能得正音，遂使宫人顿成傒语。”帝大

① 《春秋左传正义》卷二十六《成公九年》，清嘉庆本《十三经注疏》，中华书局，2009 年版，第 4137 页。

② ［北齐］颜之推撰，王利器撰：《颜氏家训集解》（增补本）卷九《音辞》，中华书局，1993 年版，第 529—530 页。

笑，遍向朝臣说之。[①]

南朝时期以南渡士族所说的伊洛晋语为正言，并作为政府的规范性语言，令朝臣学习。豫章的胡谐之习惯说赣方言傒语，齐武帝为示宠爱，特令宫人前往胡谐之家中教学正音。此事反映出中原正言对吴楚本土方言的规范化，在规范的同时隐喻着中原正音对吴楚方言的不满，故才令其统一向正音看齐。“帝大笑，遍向朝臣说之”表现的是自谓正统代言者的齐武帝对吴楚方言高高在上的态度，他以玩乐的态度去看待吴楚的语言系统。而傒语这一中原对赣方言的嘲笑性称呼，同样被吴楚的胡谐之所接受与承认：“遂使宫人顿成傒语。”

第四节 “直躬证父”文本的改编与南北文化竞争

早期中国的文本观念视文本为“公共资源”，文本在其传抄流布的过程中，可任由抄者改写和诠释，它在历史中不断产生新的意义，衍化出新的内涵，郑文惠指出：

> 文本进入社会文化流通过程和群体精神心理意识中，不断被赋予意义，在作者/读者双向建构—反馈机制中，文本增附、衍生、变形的意义与内容，始终积淀于文化形态中，形成绵延无尽的互文性网络，故知在交往性社会文本中，典故内蕴具无限延展、深拓、衍异、增殖之生命力。[②]

孙少华也认为：“经典文本自形成之日起，就成了一个材料蓄水池：里面的水不断溢出（如材料的误读、亡佚），外面不断有水注入（如材料的伪

① ［唐］李延寿撰：《南史》卷四十七《胡谐之列传》，中华书局，1975年版，第1176页。
② 郑文惠：《空间形式与文化权力——武氏祠汉画石刻研究之二》，李丰楙、刘苑如主编：《空间、地域与文化——中国文化空间的书写与阐释》上册，“中央研究院”中国文哲研究所，2002年版，第172页。

造、诠释的多样性)。”[①] 文本的改写与续写反映着编纂者在特定文化观念的期许下，对异质文化进行筛选与过滤，对不同价值进行统合与整理，使之符合该时代文化与主流价值的期许。楚文化作为源自夏殷族的原始氏族文化，自然区别于齐、鲁、晋等中原诸侯所接受的周礼文化，混一中国的秦汉帝国以周礼文化为主流价值，因此对楚文化进行整合与收编便是势在必行的一件大事，而对作为文化载体的文本进行整理更是重中之重。这样的整理自战国时期便已开始，具体表现为文本续写与文本改写两种情况。在改写和续写中，文本早初宣传的价值被有意地加以转换，而赋之以改写者所奉行的主流意识形态与价值观念。在战国时期即开始的“直躬证父”文本改编中，背后就反映了北方中原文化对南方楚文化的整理与收编，以及南方楚文化的反抗与权力争夺。

一、“直躬证父”文本的衍变

“直躬证父”一事最早见于《论语·子路》篇：“叶公语孔子曰：‘吾党有直躬者，其父攘羊，而子证之。’孔子曰：‘吾党之直者，异于是。父为子隐，子为父隐，直在其中矣。’”关于这一段话的解释后世异见纷繁，难有定论，且在2008年的哲学界还爆发了一场“亲亲相隐”的大论辩。就这段材料的表面意思来说，叶公眼中的“直”是公正无私，法理之下无私情；而孔子眼中的“直”是亲亲相隐，法理不外乎人情。江熙在注解《论语》时便注意到二者之间的对立：“叶公见圣人之训，动有隐讳，故举直躬，欲以此言，毁訾儒教，抗衡中国。夫子答之，辞正而义切，荆蛮之豪，丧其夸矣。”[②] 江熙称叶公欲“毁訾儒教，抗衡中国”，虽是微刺之言，却颇具真义。叶公所论“证父攘羊”为楚文化之直，而孔子所论“亲亲相隐”为中原文化之直，从楚文化精神与中原文化精神的区别视野来重新看待这则材料，可以给我们带来一些新的认识。近代的钱穆指出：“当孔子之世，齐、晋霸业已衰，楚与中原诸夏往复频繁，已与昔之以蛮夷自处者远别。然当时南北文化歧见，尚有芥蒂。叶公之意，殆自负以为南方风气人物并不下于北方，故特有此

① 孙少华：《周秦汉唐经典文本的“记录传统”与“诠释义法”》，《复旦学报(社会科学版)》2016年第1期，第4—6页。

② 《论语注疏》卷十三《子路》，清嘉庆本《十三经注疏》，中华书局，2009年版，第5448页。

问。"[①] 叶公在此是为自身的楚文化而自豪，为其不同于北方而骄傲。金良年也说："叶公在此实际是楚文化的代表……（孔子）在与叶公谈到行为问题时，强调在自己的文化中是要讲伦理的，不单凭行为本身来界定，借此抑低叶公所处的文化。"[②] 钱穆、金良年等学者将叶公与孔子之辨深入到南北文化精神对立的层面，从更高的角度来探讨这则小故事的寓意。事实上，楚民族一直颇有自异于中原的自信精神，楚先王熊渠便说"我蛮夷也，不与中国之号谥"，楚武王亦言"我蛮夷也。今诸侯皆为叛相侵，或相杀。我有敝甲，欲以观中国之政，请王室尊吾号"[③]，而楚成王"初收荆蛮有之，夷狄自置"[④]。因此，叶公以"直"来揶揄孔子，抗衡中国，亦是极为正常之事。

证父攘羊的故事在诸子的经典文本中不断发展变异，其意义维度也发生了转变。据《韩非子·五蠹》载：

> 行仁义者非所誉，誉之则害功；工文学者非所用，用之则乱法。楚之有直躬，其父窃羊而谒之吏。令尹曰："杀之！"以为直于君而曲于父，报而罪之。以是观之，夫君之直臣，父子暴子也。鲁人从君战，三战三北。仲尼问其故，对曰："吾有老父，身死莫之养也。"仲尼以为孝，举而上之。以是观之，夫父之孝子，君之背臣也。故令尹诛而楚奸不上闻，仲尼赏而鲁民易降北。上下之利若是其异也，而人主兼举匹夫之行，而求致社稷之福，必不几矣。[⑤]

"直躬证父"一事在此新增了"令尹曰：'杀之'"的结局，以及"令尹诛而楚奸不上闻"的影响。《五蠹》的主题在于法制的重要性，"直躬证父"在此主要是用来证明追求个人名誉对事功的危害。在韩非子看来，直躬的"直"是"匹夫之行"，不能带来"社稷之福"，因此不值得提倡，"誉之则害功"。但值得注意的是，令尹诛杀直躬的罪名是"曲于父"，而非是"害于功"，也就是说，令尹从世俗的角度——违背"孝"出发来判断直躬的罪过，

① 钱穆：《孔子传》，生活·读书·新知三联书店，2012 年版，第 68 页。
② 金良年：《论语译注》，上海古籍出版社，2016 年版，第 207 页。
③ [汉] 司马迁：《史记》卷四十《楚世家》，中华书局，1959 年版，第 1692、1695 页。
④ [汉] 司马迁：《史记》卷三十二《齐太公世家》，中华书局，1959 年版，第 1491 页。
⑤ [清] 王先慎撰，钟哲点校：《韩非子集解》卷十九《五蠹》，中华书局，1998 年版，第 449 页。

而韩非则是在令尹诛杀直躬的基础上，深入思考令尹的做法后得出“刑效”的思想理论。又文中所举的“鲁人三战三北”事例，说明了没有法制的结果会是“鲁民易降北”，但其中仲尼的做法是赞赏“孝”之行。从令尹以“不孝”之罪诛杀直躬与仲尼以“孝”之名劝赏鲁人，或许可以印证在《五蠹》的世俗世界中，“孝”已然成为价值判断的普遍准则。

《吕氏春秋》对直躬的故事也有所改编：

> 辨而不当论，信而不当理，勇而不当义，法而不当务，惑而乘骥也，狂而操吴干将也，大乱天下者，必此四者也。所贵辨者，为其由所论也。所贵信者，为其遵所理也。所贵勇者，为其行义也。所贵法者，为其当务也。……楚有直躬者，其父窃羊而谒之上，上执而将诛之。直躬者请代之。将诛矣，告吏曰：“父窃羊而谒之，不亦信乎？父诛而代之，不亦孝乎？信且孝而诛之，国将有不诛者乎？”荆王闻之，乃不诛也。孔子闻之曰：“异哉！直躬之为信也，一父而载取名焉。”故直躬之信，不如无信。①

直躬者的故事在此踵事增华，先是承继《韩非子》所言“令尹曰：‘杀之’”的故事进展，“上执而将诛之”，其后是直躬欲代父受刑，最后是临刑之际的自我狡辩性陈述。故事一波三折，却更加明确地展示了直躬所谓的“直”是沽名钓誉的行为，便如应劭在《过誉篇》中所言：“讦以为直，隐以为义，枉以为厚，伪以为名，此众人之所致誉，而明主之所必讨；盖观过知仁，谓中心笃诚，而无妨于化者，故覆其违理曰过誉也。”② 直躬一事在《当务》中主要用于解释“信而不当理”，即讲究信却不合情理，因此文章最后下结论说：“直躬之信，不如无信。”

虽然《吕氏春秋》与《韩非子》对“直躬者”的后续改造有所不同，但不约而同地否认了直躬者所自我期许的“直”，认为他的行为是违背社会规则，挑战社会秩序的。与此同时，证父攘羊之事亦在其他经典文本中出现：

---

① ［秦］吕不韦编，许维遹集释，梁运华整理：《吕氏春秋集释》卷十一《当务》，中华书局，2009年版，第251—252页。

② ［汉］应劭撰，王利器校注：《风俗通义校注》卷四《过誉》，中华书局，1981年版，第168页。

直躬证父，尾生溺死，信之患也。……此上世之所传，下世之所语，以为士者正其言，必其行，故服其殃，离其患也。[①]（《庄子·盗跖》）

言而必信，期而必当，天下之高行也。直躬其父攘羊，而子证之，尾生与妇人期而死之。直而证父，信而溺死，虽有直信，孰能贵之？[②]（《淮南子·氾论训》）

《庄子》认为直躬是“正其言，必其行”的“士者”，《淮南子》则认为直躬是“言而必信，期而必当”的“天下之高行”，在《庄子》与《淮南子》的阐述中，直躬之“直”是一种被世俗所认可的道德原则，是一种被社会所肯定与推扬的高尚行为。而后二者站在更高的角度与更深的层面对世俗所认可的“高行”进行批判，他们认为世俗社会所期许的“直”是“服其殃，离其患”，思想世界赞同的“直”是“孰能贵之”，而只有懂得权衡变通，不拘泥于世俗的条条框框，才是真正的“士”，故《淮南子》叹道：“唯圣人为能知权。”

诸子习惯于对世俗世界进行批判，以此宣扬自己的思想精神。《韩非子》与《吕氏春秋》暗示了“孝”是社会的普遍原则，直躬之“直”是作为社会普遍原则的反面出现的；《庄子》与《淮南子》则隐喻了直躬的“直”是被一般群众所认可的普遍性法则。诸子对世俗社会精神品质的判断出现了极大的误差，究其根本，当是楚文化传统与中原文化传统的分异所致。《吕氏春秋》是秦国吕不韦集合其门客所作，《韩非子》亦是三晋法家的合著，二者都可视为中原文化价值观的产物，他们直接续写证父攘羊之事，以此讥讽直躬虚伪不堪，违背社会良俗。而《庄子》和《淮南子》都是习染于楚文化的代表作品，他们将直躬证父视为高贵正直的品行，反映了他们对楚地经典文本与模范人物的集体认同与潜意识理解。文化传统的不同是世俗社会认知分歧的根源所在，这个文本的改编仍然是叶公与孔子之辨的继续。概言之，在南北不同性质的文化之间，“直”的意义与结构不对称增加了文本语义变化的可能性。

① ［清］王先谦撰，沈啸寰点校：《庄子集解》卷八《盗跖》，中华书局，1987年版，第267页。

② ［汉］刘安编撰，何宁集释：《淮南子集释》卷十三《泛论训》，中华书局，1998年版，第952页。

二、“婞直”的楚文化

无论是叶公与孔子的争论，还是后世的不同改编，其内涵的核心都是楚地“直”的价值观与中原不同。“证父攘羊”中的“直”精神在楚文化中有着非常浓厚的精神传统，如屈原《离骚》就曰：“伏清白以死直兮，固前圣之所厚。”“曰鲧婞直以亡身兮，终然殀乎羽之野。”《九章》也说：“行婞直而不豫兮，鲧功用而不就。”“苟余心其端直兮，虽僻远之何伤。”[①] 以清白而死直、以婞直而亡身的行为伦理得到屈原的深切认可，在北方文化中备受贬抑的鲧在屈原的眼中有着高大的“婞直”形象。楚地推崇公正无私的精神品质，先国后家，先公后私，楚士申鸣在白公之难时，面临着维护王权与拯救父亲的两难困境，最后他选择了忠于王权：

> 楚有士曰申鸣，治园以养父母，孝闻于楚王，召之，申鸣辞不往。其父曰：“王欲用汝，何谓辞之？”申鸣曰：“何舍为子，乃为臣乎？”父曰：“使汝有禄于国，有位于廷，汝乐而我不忧矣。我欲汝之仕也。”申鸣曰：“诺。”遂之朝受命。楚王以为左司马。
>
> 其年，遇白公之乱，杀令尹子西、司马子期。申鸣因以兵卫之。白公谓石乞曰：“申鸣，天下勇士也。今将兵，为之奈何？”石乞曰：“吾闻申鸣孝子也，劫其父以兵，使人谓申鸣曰：‘子与我，则与子分楚国。不与我，则杀乃父。’”申鸣流涕而应之曰：“始则父之子，今则君之臣，已不得为孝子矣，安得不为忠臣乎？”援桴鼓之，遂杀白公，其父亦死焉。
>
> 王归赏之。申鸣曰：“受君之禄，避君之难，非忠臣也。正君之法，以杀其父，又非孝子也。行不两全，名不两立。悲夫！若此而生，亦何以示天下之士哉！”遂自刎而死。《诗》曰：“进退维谷。”[②]

当处于人情与礼法的两难处境、个人与国家的困顿选择时，申鸣做出了国法优先于私情的抉择，此为直躬者“证父攘羊”典故的进一步诠释。申

---

① [宋]洪兴祖撰，白化文等点校：《楚辞补注》，中华书局，1983年版，第16—130页。

② [汉]韩婴撰，许维遹校释：《韩诗外传集释》卷十《第二十四章》，中华书局，1980年版，第363—364页。

鸣解释自己行为的依据是“始则父之子，今则君之臣”，“子”的身份所要求的行为是“孝”，而当选择出仕时，自我身份已经由“子”转换到了“臣”，“臣”的身份所要求的则是“忠”，所以选择“忠”的行为是遵守自身的身份，符合社会的期许，此即为楚地之“直”。可见，“直”之大公无私、先国后家是楚民族的集体精神信仰与群体价值理想，贯穿于普通百姓（直躬）与官僚阶层（申鸣）之中，它规范着楚国的文化自信与民族自强，确定着楚地社会思想与历史发展的秩序。

相较于此，北方儒家文化所认可的“直”乃是“亲亲相隐”的孝。孝乃一切之本根，《孝经》：“夫孝，天之经也，地之义也，民之行也。”孝也是治国的根本：“教民亲爱，莫善于孝。教民礼顺，莫善于悌。”[①]《论语·学而》亦曰：“有子曰：其为人也孝弟，而好犯上者鲜矣。不好犯上，而好作乱者，未之有也。君子务本，本立而道生。孝弟也者，其为仁之本与！”[②]服从教化、遵守秩序、不犯上作乱的本根在于“孝弟”，故在孔子看来，楚地所自赞的“直”的行为法则便是不孝，而不孝是祸乱的根源所在。孔子看重的是亲亲相隐，认为治国之先在于治家，如《为政》载：

> 或谓孔子曰：“子奚不为政？”子曰：“《书》云：‘孝乎！惟孝，友于兄弟，施于有政。’是亦为政，奚其为为政？”[③]

家庭和睦即是为政之道，故曰“父为子隐，子为父隐”。北方文化所追求的“直”乃是以孝为核心的“亲亲相隐”，以伦理原则确定社会秩序，以血缘亲情引导政治思想，这与楚民族之“直”有着本质的区别。

然而需要注意的是，孔子也注意到了官僚阶层相对于普通百姓的身份的不同，因此也提出了“不隐于亲”的观点。《左传·昭公十四年》载叔向裁断邢侯、雍子、叔鱼争地一案，曰：

> 晋邢侯与雍子争鄐田，久而无成。士景伯如楚，叔鱼摄理。韩宣子命断旧狱，罪在雍子。雍子纳其女于叔鱼，叔鱼蔽罪邢侯。邢侯怒，杀

① 《孝经注疏》，清嘉庆本《十三经注疏》，中华书局，2009年版，第5543、5558页。

② ［宋］朱熹：《四书章句集注·论语集注》，中华书局，1983年版，第48页。

③ ［宋］朱熹：《四书章句集注·论语集注》，中华书局，1983年版，第59页。

叔鱼与雍子于朝。宣子问其罪于叔向。叔向曰："三人同罪，施生戮死可也。雍子自知其罪，而赂以买直。鲋也鬻狱。刑侯专杀，其罪一也。己恶而掠美为昏，贪以败官为墨，杀人不忌为贼。《夏书》曰：'昏、墨、贼，杀。'皋陶之刑也。请从之。"乃施邢侯，而尸雍子与叔鱼于市。

仲尼曰："叔向，古之遗直也。治国制刑，不隐于亲。三数叔鱼之恶，不为末减。曰义也夫，可谓直矣。"①

"治国制刑，不隐于亲"的叔向被孔子称赞为"古之遗直"，结合孔子所倡导的"亲亲相隐"可知，"直"既是不处于治国机构中的普通百姓的"亲亲相隐"，也是身处治国机构中的官僚的"不隐于亲"，因为治理者的公身份决定了他需要对治下的所有百姓一视同仁，《国语·晋语》即曰："国君无亲，以国为亲。"② 推而言之，官僚阶层的亲人不再仅限于自己的血缘脉属，而是整个国家的所有人民。

《孟子·尽心上》的舜窃负而逃一案，展示了如何调和忠于职守与孝于父母的原则：

桃应问曰："舜为天子，皋陶为士，瞽瞍杀人，则如之何？"

孟子曰："执之而已矣。"

"然则舜不禁与？"

曰："夫舜恶得而禁之？夫有所受之也。"

"然则舜如之何？"

曰："舜视弃天下，犹弃敝屣也。窃负而逃，遵海滨而处，终身訢然，乐而忘天下。"③

桃应问孟子假如舜的父亲瞽瞍杀人应该怎么办，孟子的回答是舜会等皋陶抓人后再带着瞽瞍逃跑。舜在公共管理之位时"不隐于亲"，支持皋陶抓人，然后放弃天子之位成为平民，则需要"亲亲相隐"，所以带着父亲窃负

① 《春秋左传正义》卷四十七《昭公十四年》，清嘉庆本《十三经注疏》，中华书局，2009年版，第4508—4509页。

② [春秋]左丘明撰，徐元诰集解：《国语集解》卷十《晋语四》，中华书局，2002年版，第328页。

③ [宋]朱熹：《四书章句集注·孟子集注》卷十三《尽心上》，中华书局，1983年版，第359页。

而逃，这便成为一个调和忠孝的完美典型。《史记·循吏列传》所载楚士石奢之事与舜之事极为相似，我们可以做一番比对：

> 石奢者，楚昭王相也。坚直廉正，无所阿避。行县，道有杀人者，相追之，乃其父也。纵其父而还自系焉。使人言之王曰："杀人者，臣之父也。夫以父立政，不孝也；废法纵罪，非忠也；臣罪当死。"王曰："追而不及，不当伏罪，子其治事矣。"石奢曰："不私其父，非孝子也；不奉主法，非忠臣也。王赦其罪，上惠也；伏诛而死，臣职也。"遂不受令，自刎而死。①

石奢先是"纵其父"以全孝道，而后"还自系"以示忠于职守；舜是不禁止皋陶抓人以示忠于职守，而后带着瞽瞍逃跑以全孝道，两人的忠孝顺序行为正好相反。然而二者拥有一个共同点，即"纵罪"：瞽瞍与石奢之父逃离了法律应有的制裁，破坏了法的公正性。对此，石奢最后选择以生命来维护法的至高无上性，"自刎而死"；而舜则是"窃负而逃"，在海滨悠然自得地生活，"终身欣然"，不曾考虑由谁来承担"废法"的责任。《韩诗外传》评价石奢时说："君子闻之曰：'贞夫法哉，石先生乎！'……《诗》曰：'彼己之子，邦之司直。'石先生之谓也。"②《韩诗外传》认为石奢是一位直道而行的"邦之司直"，他坚定地维护法律的公平正义，"贞夫法哉"。在石奢的认识中，公法大于私情，国家高于个人，他并没有选择以亲亲相隐的"直"来替自己辩护，而是认为自己没能做到证父攘羊的"直"，他认为如果亵渎了法的严肃性、公正性，则需要以生命来维护法的至高无上性。

可以看出，楚士在处理忠孝两难问题时更加刚烈决绝，令尹子文说："执一国之柄，而以私闻，与吾生不以义，不若吾死也。"③ 以"不义"而生，不若以"义"而死，申鸣如此，石奢亦是如此。需要注意的是，相对于"证父攘羊"故事的戛然而止，可令后世自由续写的情况，《史记》与《韩诗外传》所述之石奢与申鸣在做出舍家为国的"直"的选择后，都以"自刎"来结束

---

① ［汉］司马迁：《史记》卷一百一十九《石奢列传》，中华书局，1959年版，第3102页。

② ［汉］韩婴撰，许维遹校释：《韩诗外传集释》卷六《第十二章》，中华书局，1980年版，第48页。

③ ［汉］刘向撰，向宗鲁校证：《说苑校证》卷十四《至公》，中华书局，1987年版，第359页。

自己的生命，以此践行对“孝”的坚持。“自刎”之结局显示了楚士意欲在生死层面弥合忠孝的尝试，即生为人臣，为国尽忠，死为人子，为父尽孝，以文化竞赛的方式补全了直躬者故事的后续发展。面对中原文化圈对楚地故事的任意续写与自由改编，楚文化采取的策略是将人物事迹定义为一个完整固定、不可再改的故事。死亡是生命的最终归宿与故事的最后结局，任何人都无权对其抹黑或修改，这便在更高的层次上坚守着楚文化所自豪的“直”。

综上可知，先国后家的“直”适用于楚文化中的普通百姓以及官僚阶层；而中原文化的“直”则分为普通百姓的“亲亲相隐”以及官僚阶层的“不隐于亲”。主张有经有权的儒者注重身份与思想的对应，个人可以在庶民身份与官僚身份中做自由选择，这意味着对“直”的把握全凭个人的自觉。尤其是在职官僚选择放弃自身的职位以包庇亲人的罪行被视为完美的调和忠孝，便与楚文化选择以生命的代价来弥合忠孝，形成一个鲜明的对比。

三、汉代的“亲亲相隐”与“婞直之风”

汉帝国承继中原文化以孝治国的政治理念，“孝廉”成为察举制的核心科目，其理论依据是孝子即忠臣，如韦彪就说：“夫国以贤为本，[贤]以孝为行。孔子曰：‘事亲孝故忠可移于君，是以求忠臣必于孝子之门。’”[①] 此忠孝一体，即《孝经》所言“故以孝事君则忠”。帝国将中原文化圈提倡的亲亲相隐提高到思想制度层面。汉宣帝于地节四年（前66年）下诏曰：“父子之亲，夫妇之道，天性也。虽有患祸，犹蒙死而存之。诚爱结于心，仁厚之至也，岂能违之哉！自今子首匿父母，妻匿夫，孙匿大父母，皆勿坐。其父母匿子，夫匿妻，大父母匿孙，罪殊死，皆上请廷尉以闻。”[②] 汉元帝也多次颁布类似的诏令：“盖闻亲亲之恩莫重于孝，尊尊之义莫大于忠。”“夫福善之门莫美于和睦，患咎之首莫大于内离。……传曰：‘父为子隐，直在其中矣。’”[③] 亲亲相隐成为帝国运行机制的一部分，以律令制度的形式固定下来。而思想界亦是欢欣鼓舞，如《盐铁论·周秦》亦曰：“父母之于子，虽有罪犹

① [晋]袁宏撰，张烈点校：《后汉纪》卷十一《孝章皇帝纪上卷》，中华书局，2002年版，第221页。

② [汉]班固：《汉书》卷八《宣帝纪》，中华书局，1962年版，第251页。

③ [汉]班固：《汉书》卷八十《东平思王宇传》，中华书局，1962年版，第3320—3322页。

匿之，其不欲服罪尔。子为父隐，父为子隐，未闻父子之相坐也。”①《白虎通义·论隐恶之义》曰：“父独为子隐何？以为父子一体，荣耻相及。……兄弟相为隐乎？曰：然。与父子同义。”②《盐铁论》与《白虎通义》是汉代两次思想大讨论的精神结晶，其结果得到了绝大部分士人的认可，二者对亲亲相隐的赞同即表示着汉代思想世界的价值取向。

而在东汉中后期，“婞直之风”开始弥漫。《后汉纪》载袁宏论曰：“自兹（和帝）以降，主失其权，阉竖当朝，佞邪在位，忠义之士发愤忘难，以明邪正之道，而肆直之风盛矣。”③ 盛行于世的“肆直之风”，其主要目的在于明黑白，辨清浊。《后汉书·党锢传序》亦曰：“虽中兴在运，汉德重开，而保身怀方，弥相慕袭，去就之节，重于时矣。逮桓灵之间，主荒政缪，国命委于阉寺，士子羞与为伍，故匹夫抗愤，处士横议，遂乃激扬名声，互相题拂，品核公卿，裁量执政，婞直之风，于斯行矣。”④ 范晔总结东汉一代士人的整体习气，前期重“去就之节”，后期重“婞直之风”。所谓“去就之节”，即用之则行，舍之则藏的轨则风范，以“保身怀方”为最终目的；“婞直之风”正好与此相反，以“忠义”为衡量一切的准则。《后汉书·陈蕃传论》曰：“愍夫世士以离俗为高，而人伦莫相恤也。……功虽不终，然其信义足以携持民心。”⑤“婞直”之士超越世俗认可的血缘亲情的人伦规范，以“忠义”自许，如震惊朝野的党人赵苞，据《后汉书·独行列传》记载：

> 初仕州郡，举孝廉，再迁广陵令。视事三年，政教清明，郡表其状，迁辽西太守。抗厉威严，名振边俗。以到官明年，遣使迎母及妻子，垂当到郡，道经柳城，值鲜卑万馀人入塞寇钞，苞母及妻子遂为所劫质，载以击郡。苞率步骑二万，与贼对阵。贼出母以示苞，苞悲号谓母曰：“为子无状，欲以微禄奉养朝夕，不图为母作祸。昔为母子，今为王臣，义不得顾私恩，毁忠节，唯当万死，无以塞罪。”母遥谓曰：

① 王利器校注：《盐铁论校注》卷十《周秦》，中华书局，1992年版，第585页。

② ［清］陈立撰，吴则虞点校：《白虎通疏证》卷五《论隐恶之义》，中华书局，1994年版，第240页。

③ ［晋］袁宏撰，张烈点校：《后汉纪》卷二十二《孝桓皇帝下》，中华书局，2002年版，第433页。

④ ［南朝宋］范晔：《后汉书》卷六十七《党锢列传》，中华书局，1965年版，第2184页。

⑤ ［南朝宋］范晔：《后汉书》卷六十六《陈蕃列传》，中华书局，1965年版，第2171页。

"威豪，人各有命，何得相顾，以亏忠义！昔王陵母对汉使伏剑，以固其志，尔其勉之。"苞即时进战，贼悉摧破，其母妻皆为所害。苞殡敛母毕，自上归葬，帝遣策吊慰，封鄃侯。苞葬讫，谓乡人曰："食禄而避难，非忠也；杀母以全义，非孝也。如是，有何面目立于天下！"遂欧血而死。[①]

赵苞之事迹与楚士申鸣有着惊人的相似，在父母之孝与国家之忠中选择了孝，所谓"义不得顾私恩，毁忠节"，而其理由亦是"昔为母子，今为王臣"，最后当母妻被害后，赵苞也"欧血而死"。对于赵苞舍孝为忠的"婞直"，帝国大为震动，封为鄃侯以示尊崇。与此同时，赵苞母亲坦然赴死也是因为她认为臣子当以忠义为先："何得相顾，以亏忠义！"赵苞母亲与汉初王陵之母赴死的情结颇为相似，不过缘由大不相同。王陵的母亲赴死是因为她觉得刘邦最后将会得到天下，王陵站在刘邦的阵营有利于他自身的发展。后世"陵母知兴"一语即是此义。"陵母既私送使者，泣曰：'愿为老妾语陵，善事汉王。汉王长者，毋以老妾故持二心。妾以死送使者。'遂伏剑而死。"[②] 也就是说，陵母是以利益为选择标准的，与东汉的"忠义"为先的思想迥然有别。

事实上，汉末多有与赵苞类似之事。公孙瓒奔赴日南侍奉旧主时说："昔为人子，今为人臣，当诣日南。日南瘴气，或恐不还，与先人辞于此。"[③] 王异在准备铲除马超时言："忠义立于身，雪君父之大耻，丧元不足为重，况一子哉？夫项讬、颜渊，岂复百年，贵义存耳。"[④] 这些人都是以"忠义"为先，而将"孝"的顺序排在后面。以信义自我期许的党人，他们将人伦规范中的"孝"置后，这种行为受到社会的普遍赞扬与欣赏："天下士大夫皆高尚其道。""时人义之。"

综上，楚文化视家与国难以两全，在困顿中以"忠"为基本固持；而中原文化则认为家国一体，在起始处以"孝"为核心内涵。在直躬文本的变异与流传中，不难发现中原文化圈为符合自身审美文化与价值的需要，对楚

① [南朝宋]范晔：《后汉书》卷八十一《赵苞列传》，中华书局，1965年版，第2692—2693页。

② [汉]班固：《汉书》卷四十《王陵传》，中华书局，1962年版，第2047页。

③ [晋]陈寿：《三国志》卷八《公孙瓒传》，中华书局，1971年版，第239页。

④ [晋]陈寿：《三国志》卷二十五《杨阜传》，中华书局，1971年版，第703页。

地文化典故进行改写，将楚地自我褒扬的精神品质进行污名化的处理。汉帝国虽然以诏书的形式宣布亲亲相隐、以孝治国的正义性，然在现实生活中，舍孝为忠、舍家为国的行为亦是得到社会的普遍承认，这展示了中原文化与楚文化都在帝国的意识形态中留下了自己的痕迹。中原文化的“直”得到了帝国明面上的承认，成为意识形态中的大传统，而楚文化的“直”成为帝国思想文化中的潜流，被帝国群众默默保留，等到合适的时机便会爆发出来。

结 语

汉代吴楚之地以“剽悍”的地域形象保存在史料记载中，然而此地域印记更多的是大一统叙述结构与文化偏见下的想象与认识。“剽悍”作为异质文化的象征符号，是以“儒雅”为核心的北方中心文化建构出的他域想象。在帝国视野支配的叙述中，认可北方文化、服从帝国管理的地域则其风俗为“仁柔”，反之则为“剽悍”，吴楚之地因其承继的夏殷族原始氏族文化以及“好作乱”的地域想象，便转化为风俗“剽悍”的形象。同时，汉代史家在北方中心主义的视域下，以记忆选择、文本改编、价值错位等方法来塑造“南方”，使其符合北方价值观的想象。自此，南方被淡忘、被矮化，成了一个不值得留恋的蛮夷之地。这其中既有文化偏见的地域想象的影响，也是大一统叙述策略的成效。

第五章 《毛诗》阐释：大一统视野下的南方认知

汉代经学昌明，《诗经》首发其端。“考之汉史，文帝时，申公、韩婴以《诗》为博士，五经列于学官者，唯《诗》而已。”① 对《诗经》的阐释贯穿于整个汉代，且引导着经世致用的政治生活的前进方向。此时的《诗经》文本成为一个交涉、协调的开放场域，在持续不断的政治性诠释中，其改造世界的理想已然成为可能。

现存的汉代《诗经》注疏以毛传郑笺最为完整，郑玄笺释《诗经》以毛诗为主，兼顾韩诗、鲁诗、毛诗三家诗说，据《后汉书·郑玄传》载：“郑玄括囊大典，网罗众家，删裁繁诬，刊改漏失，自是学者略知所归。”② 毛传郑笺最具特色的地方，在于将《诗经》阐释与大一统叙述结合起来。文章选取毛传郑笺中的“京师”阐释以及“二南”释义两个切入点，来探讨大一统叙述结构在《毛诗》阐释中的具体应用。

第一节 大一统观念下的“京师”阐释

关于“京师”的原始含义，周宏伟教授在详细考证周代的文献资料后，认为“所谓‘京师’，含义等同于‘周师’、‘王师’，不具有都城意义”，由于东周的王师驻扎在洛邑附近，“故东周以降京师也就慢慢演变成为对王朝

---

① [清]皮锡瑞著，周予同注释：《经学历史》，中华书局，2004年版，第43页。

② [南朝宋]范晔：《后汉书》卷三十五《郑玄列传》，中华书局，1965年版，第1213页。

都城的别称”[①]。此考证翔实缜密，确为可信。周氏认为“京师”开始指代的是“王师”，后在东周时期成为都城洛邑的别称。然后人反推以往，西周的都城镐京也被冠以京师之称。《曹风·下泉》：

冽彼下泉，浸彼苞稂。忾我寤叹，念彼周京。
冽彼下泉，浸彼苞萧。忾我寤叹，念彼京周。
冽彼下泉，浸彼苞蓍。忾我寤叹，念彼京师。

周京、京周、京师三者反复出现，指代的是同一个地方。《正义》曰：“周京与京师，一也，因异章而变文耳。周京者，周室所居之京师也。京周者，京师所治之周室也。”郑笺云：“念周京者，思其先王之明者。”[②]可知这个地方是“先王之明者”所居之地。有周一代，最为姬姓诸侯津津乐道的便是文王之德与武王之功了，《大雅·文王有声》便言：

王公伊濯，维丰之垣。四方攸同，王后维翰。王后烝哉！
丰水东注，维禹之绩。四方攸同，皇王维辟。皇王烝哉！
镐京辟雍，自西自东，自南自北，无思不服。皇王烝哉！
考卜维王，宅是镐京。维龟正之，武王成之。武王烝哉！[③]

文王作丰邑，“四方攸同”，武王建镐京，天下“无思不服”。在政治秩序逐渐崩溃的东周时期，文武之绩更是激起姬姓诸侯的无限畅想。因此，“先王之明者”只可能存于西周时期，《下泉》中“念彼京师”的“京师”，指的就是镐京。在郑玄的理解中，镐京是周王朝当之无愧的京师，它代表着四方诸侯的臣服，九州一体的政治实践，而洛邑则是衰落中的王城，展演的是诸侯各行其志，地方独立的政治现实。但是需要注意的是，在汉代的通行知识中，周代的“京师”特指的是洛邑。郑玄将镐京视为京师的做法与通行知识正好相反，是一个值得深思的问题。

① 周宏伟：《西周都城诸问题试解》，《中国历史地理论丛》2014年第1期，57—92页。
② 《毛诗正义》卷七《下泉》，清嘉庆本《十三经注疏》，中华书局，2009年版，第822页。
③ 《毛诗正义》卷十六《文王有声》，清嘉庆本《十三经注疏》，中华书局，2009年版，第1134—1135页。

一、天下的中心

据毛传郑笺的阐释，京师当位于天下的中心，被诸夏、四夷层层拱卫着，如郑笺注《小雅·苕之华》“苕之华，其叶青青”时云：“京师以诸夏为障蔽。今陵苕之华衰，而叶见青青然，喻诸侯微弱，而王之臣当出见也。”[①]四方诸侯为京师的障蔽，是京师的保护伞。又《大雅·板》曰：“价人维藩，大师维垣，大邦维屏，大宗维翰。”毛传曰：“王者天下之大宗。翰，干也。”笺云：“大邦，成国诸侯也。大宗，王之同姓之适子也。王当用公卿诸侯及宗室之贵者为藩屏垣干，为辅弼，无疏远之。”[②]京师与诸侯是干与枝的关系，诸侯微弱则京师危险，故《小雅·苕之华》“苕之华，芸其黄矣”的笺云：“陵苕之华，紫赤而繁。兴者，陵苕之干喻如京师也，其华犹诸夏也，故或谓诸夏为诸华。华衰则黄，犹诸侯之师旅罢病将败，则京师孤弱。”[③]郑玄在《诗经》的阐释中构建了一个土中之京师，四方之诸侯，八荒之蛮夷层层包围的、同心方形的天下结构。

需要注意的是，此层层拱卫的“京师”指的是镐京。《苕之华》作于西周幽王之时：“幽王之时，西戎东夷交侵中国，师旅并起，因之以饥馑。”[④]《板》作于周厉王之时：“凡伯刺厉王也。”[⑤]周幽王与周厉王都是西周的君主，此时的“京师”指代的即为镐京。然而在早期中国的通行理解中，天下之中是特指洛邑的，《汉书·地理志》言：“昔周公营雒邑，以为在于土中，诸侯蕃屏四方，故立京师。”[⑥]以四方诸侯为蕃屏的是洛邑，而非镐京。洛邑在周公营建之时，便被有意识地定位为天下之中。《史记·周本纪》载周公营建洛邑之事曰：“成王在丰，使召公复营洛邑，如武王之意。周公复卜申视，

---

① 《毛诗正义》卷十五《苕之华》，清嘉庆本《十三经注疏》，中华书局，2009 年版，第 1076 页。

② 《毛诗正义》卷十七《板》，清嘉庆本《十三经注疏》，中华书局，2009 年版，第 1185 页。

③ 《毛诗正义》卷十五《苕之华》，清嘉庆本《十三经注疏》，中华书局，2009 年版，第 1076 页。

④ 《毛诗正义》卷十五《苕之华》，清嘉庆本《十三经注疏》，中华书局，2009 年版，第 1076 页。

⑤ 《毛诗正义》卷十七《板》，清嘉庆本《十三经注疏》，中华书局，2009 年版，第 1185 页。

⑥ ［汉］班固：《汉书》卷二十八下《地理志下》，中华书局，1962 年版，第 1650 页。

卒营筑，居九鼎焉。曰：‘此天下之中，四方入贡道里均。’”①《逸周书·作雒解》云：“周公敬念于后曰：‘予畏周室克追，俾中天下。及将致政，乃作大邑成周于土中……以为天下之大凑。’”②“作大邑成周于土中”“天下之大凑”指的就是洛邑天下中心的地理位置。周成王时的青铜器何尊曰：“唯（成）王初迁宅于成周……唯武王既克大邑商，则廷告于天日，余其宅兹中国，自兹乂民。”③总之，在周王朝的认知中，洛邑为名副其实的天下之中，被诸侯、四夷层层拱卫。

汉代知识分子亦持此观点。刘敬即曰：“成王即位，周公之属傅相焉，乃营成周都雒，以为此天下中，诸侯四方纳贡职，道里钧矣，有德则易以王，无德则易以亡。凡居此者，欲令务以德致人，不欲阴险，令后世骄奢以虐民也。”④刘敬对洛阳的认识完全承继西周的观点，“以为此天下中，诸侯四方纳贡职，道里钧矣”。东汉前期，关于是否迁都长安在整个社会爆发过一场大讨论，最终以“盛称洛邑之美”的反迁都派获得胜利结束。反迁都派提出的一个重要理由就是洛邑为天下之中，有煌煌之尊威。如班固《东都赋》便说：“即土之中，有周成隆平之制焉。……偏据而规小，岂如宅中而图大。……且夫僻界西戎，险阻四塞。修其防御，孰与处乎土中，平夷洞达，万方辐凑？”⑤张衡《东京赋》曰：“彼偏据而规小，宅中而图大？昔先王之经邑也，掩观九隩，靡地不营。土圭测影，不缩不盈。总风雨之所交，然后以建王城。……区宇乂宁，思和求中。”⑥傅毅《反都赋》《洛都赋》、崔骃《反都赋》也指出洛阳为天下之中，迁都不符合礼制传统。

总之，自洛邑建立以来，便是理所当然的天下中心。但郑玄却将镐京解为被层层拱卫的天下中心，这与整个时代的公共基础知识大异其趣。这种状况，不得不令人深思其义。

① [汉]司马迁：《史记》卷四《周本纪》，中华书局，1959年版，第133页。

② 黄怀信、张懋镕、田旭东撰，李学勤审定：《逸周书汇校集注》，上海古籍出版社，1995年版，第559—564页。

③ 马承源：《何尊铭文初释》，《文物》1976年1期，第64—65页。

④ [汉]班固：《汉书》卷四十三《娄敬传》，中华书局，1962年版，第2119页。

⑤ [南朝宋]范晔：《后汉书》卷四十下《班固列传》，中华书局，1965年版，第1361—1370页。

⑥ [清]严可均编：《全上古三代秦汉三国六朝文·全后汉文》卷五十三《东京赋》，中华书局，1958年版，第1530页。

关于京师何以要在天下之中，《白虎通义》曾做过一番饶有意味的解释：

王者京师必择土中何？所以均教道，平往来，使善易以闻，为恶易以闻，明当惧慎，损于善恶。《尚书》曰："王来绍上帝，自服于土中。"圣人承天而制作。《尚书》曰："公不敢不敬天之休，来相宅。"①

京师之所以要居于土中，是因为京师为王者所居之地，只有居于天下的中心，王者才能有效地控制支配各个地方，令各地舆情通达无误。故《白虎通义》注引《要义》云："王者受命创始，建国立都，必居中土，所以总天地之和，据阴阳之正，均统四方，以制万国也。"引谯周《法训》云："王者居中国何也？顺天之和，而四方之统也。"京师居于天下之中不仅仅具有简单的地理意义，更为重要的是传达政治意义。天下臣服是京师成立的前提，地理位置的安排是为了达到政治目的，换言之，只要能够有力地支配整个天下，那么京城便可视为天下的中心。

对于"京师"，郑玄关注的是它所代表的政治意义，而非其实际地理位置。《王风·黍离》的小序曰："宗周，镐京也，谓之西周；周王城也，谓之东周；幽王之乱而宗周灭，平王东迁，政遂微弱，下列于诸侯，其诗不能复雅，而同于国风焉。"② 王城即洛邑，文武之绩与成康之治均出现在定都于镐京的西周王朝，而迁都于洛邑的东周王朝则衰落不堪，不复有掌控天下诸侯的能力，洛邑也就失去京师的气象，同于诸侯所居之地，"同于国风"。在郑玄看来，只有拥有支配整个天下的能力——即王者大一统的京师，才能够称得上真正的京师。镐京因诸侯臣服、九州一体的政治现实贴近于王者大一统的政治理想，也就成了郑玄心目中真正的"京师"，这便是郑玄的京师观与汉代通行理解错位的原因。

其次，同心方形的天下结构展现的实际是大一统帝国的政区意识。以京师为中心，四方诸侯与八荒夷狄层层护佑式的政区制度是理想中的五服制，据祭公谋父言：

---

① [清]陈立撰，吴则虞点校：《白虎通疏证》卷四《论建国》，中华书局，1994年版，第157—158页。

② 《毛诗正义》卷四《黍离》，清嘉庆本《十三经注疏》，中华书局，2009年版，第697页。

> 夫先王之制：邦内甸服，邦外侯服。侯、卫宾服，蛮夷要服，戎狄荒服。甸服者祭，侯服者祀，宾服者享，要服者贡，荒服者王。日祭，月祀，时享，岁贡，终王，先王之训也。[①]

五服制的政区制度虽然在周王朝未曾真正出现，但其思想内涵却被大一统的汉代帝国吸纳而成为政治思想资源。实际上，汉帝国就存在着蛮夷、边郡、内郡、京师层层包围的政区观念，虽然未成为一项载明于册的政区制度，但从帝国的各式文献中却可以发现这种政区意识。

首先来看京师与诸夏之间的关系。

《汉书·翟方进传》载王莽谏言曰："是以广立王侯，并建曾玄，俾屏我京师，绥抚宇内。"[②] 诸夏是拱卫京师的屏障。桓谭《新论·谴非》亦说："王者初兴，皆先建根本，广立藩屏，以自树党而强固国基焉。"[③] 而任何政策的实行都是先从京师开始，再推广至四方诸夏。如汉安帝《赈贫民表贞妇诏》载："夫政，先京师，后诸夏。"[④] 又如朱浮《上书请广选博士》言："旧事，策试博士，必广求详选，爰自畿夏，延及四方。"[⑤] 先畿夏，后四方，京师的地位要高于帝国的内郡与边郡。《汉书·地理志》曰："本秦京师为内史。"颜师古注曰："京师，天子所都畿内也。秦并天下，改立郡县，而京畿所统，特号内史，言其在内，以别于诸郡守也。"[⑥]"别于诸郡"指出京师的特殊地位。王音也将京师视为与诸郡对立的存在。"今即位十五年，继嗣不立，日日驾车而出，泆行流闻，海内传之，甚于京师。"[⑦] 鲁丕的《举贤良方正对策》说："君子为阳，小人为阴；京师为阳，诸夏为阴。"[⑧] 鲁丕将京师与诸夏比喻成阳与阴，体现了二者对立与统一的关系。《汉书·五行志》所记谷永的

① [春秋]左丘明撰，徐元诰集解：《国语集解》卷一《周语上》，中华书局，2002年版，第6—7页。

② [汉]班固：《汉书》卷八十四《翟方进传》，中华书局，1962年版，第3432页。

③ [汉]桓谭撰，朱谦之校辑：《新辑本桓谭新论》卷六《谴非》，中华书局，2009年版，第18页。

④ [南朝宋]范晔：《后汉书》卷五《孝安帝纪》，中华书局，1965年版，第229页。

⑤ [南朝宋]范晔：《后汉书》卷三十三《朱浮列传》，中华书局，1965年版，第1144页。

⑥ [汉]班固：《汉书》卷二十八下《地理志下》，中华书局，1962年版，第1639—1640页。

⑦ [汉]班固：《汉书》卷二十七中之下《五行志中之下》，中华书局，1962年版，第1418页。

⑧ [晋]袁宏撰，张烈点校：《后汉纪》卷十六《孝安皇帝纪》，中华书局，2002年版，第311—312页。

占对，将京师与四方解释为内与外的关系，据载：

永始元年九月丁巳晦，日有食之。谷永以京房《易占》对曰：“元年九月日蚀，酒亡节之所致也。独使京师知之，四国不见者，若曰，湛湎于酒，君臣不别，祸在内也。”

永始二年二月乙酉晦，日有食之。谷永以京房《易占》对曰：“今年二月日食，赋敛不得度，民愁怨之所致也。所以使四方皆见，京师阴蔽者，若曰，人君好治宫室，大营坟墓，赋敛兹重，而百姓屈竭，祸在外也。”①

谷永认为天下可分为两部分：内的京师与外的四方。灾祸在内的征兆是“独使京师知之，四国不见”，灾祸在外的表现是“四方皆见，京师阴蔽”，京师与诸夏有着内外之别、本末之分。谷永的“内外之分”思想来源于董仲舒：

在外而不正者，虽贵如高庙，犹灾燔之，况诸侯乎！在内不正者，虽贵如高园殿，犹燔灾之，况大臣乎！此天意也。罪在外者天灾外，罪在内者天灾内，燔盛罪当重，燔简罪当轻，承天意之道也。②

所谓“罪在外者天灾外，罪在内者天灾内”，细而言之，指的就是谷永的占对。京师迥别于诸郡的思想，在帝国的地震处理态度中尤可见端倪。汉顺帝时，阳嘉二年（133年），京师地震，顺帝下诏书曰：

朕秉政不明，灾眚屡臻。典籍所忌，震食为重。今日变方远，地摇京师，咎征不虚，必有所应。群公百僚其各上封事，指陈得失，靡有所讳。③

汉安二年（143年），西北边郡也发生地震，顺帝亦下诏书说：

---

① ［汉］班固：《汉书》卷二十七下之下《五行志下之下》，中华书局，1962年版，第1505页。
② ［汉］班固：《汉书》卷二十七上《五行志上》，中华书局，1962年版，第1332—1333页。
③ ［南朝宋］范晔：《后汉书》卷六《孝顺帝纪》，中华书局，1965年版，第265页。

陇西、汉阳、张掖、北地、武威、武都，自去年九月已来，地百八十震，山谷坼裂，坏败城寺，杀害民庶。夷狄叛逆，赋役重数，内外怨旷，惟咎叹息。①

仔细观察这两份诏书，不难发现二者对地震重视程度的鲜明差别。京师地震后，顺帝认为帝国施政存在着严重问题，“咎征不虚，必有所应”，并让群公百僚上书“指陈得失”；而对于边郡地震，顺帝仅仅表示“叹息”。总而言之，在汉代知识阶层的认知中，京师为诸夏所包围，其重要性远远高于诸夏。

第二，边郡与内郡的重要性亦有着相当大的区别。

光武帝《蠲边郡盗谷罪诏》曰：“今边郡盗谷五十斛，罪至于死，开残吏妄杀之路，其蠲除此法，同之内郡。”② 边郡与内郡享有的并不是同一法度，可见二者之间严格的区隔。伏湛《上疏谏征彭宠》言：

今京师空匮，资用不足，未能服近而先事边外。……今兖、豫、青、冀，中国之都，而寇贼从横，未及从化。渔阳以东，本备边塞，地接外虏，贡税微薄。安平之时，尚资内郡，况今荒耗，岂足先图？……以中土为忧念。③

伏湛谏言光武帝的经营当“以中土为忧念”，而不要将过多的精力浪费在边郡上。伏湛之所以看轻外郡，原因是外郡不能给帝国的管理控制提供有效的援助，反而需要内郡源源不断地输血。伏湛发论的立足点是天子如何有效实现对帝国的支配，同样立足于此的还有蔡邕的《难夏育请伐鲜卑议》：“夫边陲之患，手足之蚧搔；中国之困，胸背之瘭疽。”④ 边郡的窘境是手足的小病，无关大体；而内郡之困顿则是胸背的大病，关乎生死。天子要实现他对天下的有效支配，就当从身边做起，从内郡做起。

与此同时，另外一种观点认为边郡是内郡的障蔽，对边郡的管理不但

① [南朝宋]范晔：《后汉书》卷六《孝顺帝纪》，中华书局，1965年版，第274页。
② [南朝宋]范晔：《后汉书》卷一下《光武帝纪下》，中华书局，1965年版，第69页。
③ [南朝宋]范晔：《后汉书》卷二十六《伏湛列传》，中华书局，1965年版，第894—895页。
④ [南朝宋]范晔：《后汉书》卷九十《鲜卑列传》，中华书局，1965年版，第2992页。

可以保障内郡的平稳发展，而且有助于实现天子对天下的支配。班勇上疏《西域对》时说："愚以为边境者中国之唇齿，唇亡则齿寒，其理然也。"① 边境是中国的保护伞，唇亡则齿寒，同样持此观点的还有反对弃凉州的傅燮："今凉州天下之冲要，国家之蕃卫也。……且无凉州，则三辅危，三辅危则京师薄矣。"② 凉州护佑三辅，三辅护佑京师，这便是边郡拱卫内郡，内郡拱卫京师的政区意识。虞诩亦曰："凉州既弃，即以三辅为塞；三辅为塞，则园陵单外。此不可之甚者也。"③ 可见，边郡是内郡的障蔽，内郡则是京师的障蔽。

同样，周边蛮夷的重要性也是低于中国的。贾捐之在《弃珠厓议》中说道："骆越之人，父子同川而浴，相习以鼻饮，与禽兽无异，本不足郡县置也。……弃之不足惜，不击不损威。"④ 贾氏建议放弃珠厓的理由是珠厓自古以来就是蛮夷之地，没有资格被帝国教化和管理，"本不足郡县置也。"崔据也认为西域无益于中国："朝廷前所以弃西域者，以其无益于中国而费难供也。"⑤ 事实上，对周边蛮夷采用漠视的态度在汉代非常常见。刘安认为瓯越是"不居之地，不牧之民，不足以烦中国也"⑥。韩安国认为汉廷攻打匈奴："得其地不足为广，有其众不足为强。"⑦ 杨终在总结汉代的外夷政策时说道："故孝元弃珠厓之郡，光武绝西域之国，不以介鳞易我衣裳。……以为不舍则有害于民也。"⑧ 放弃经营周边蛮夷乃是为了保护九州华夏之民。帝国的主要精力应该放在自身的经营上，对周边蛮夷无须过度关注。

综上可知，在汉代知识阶层的潜意识中，存在着一个以京师为根本，以内郡为拱卫，以外郡为障蔽，以蛮夷为忽略的同心方形政区意识。这种层层拱卫的政区意识根植于大一统帝国的思想深处，王莽在复古改制中就将此政

---

① ［晋］袁宏撰，张烈点校：《后汉纪》卷十六《孝安皇帝纪》，中华书局，2002年版，第319页。

② ［晋］袁宏撰，张烈点校：《后汉纪》卷二十五《孝灵皇帝纪》，中华书局，2002年版，第484页。

③ ［南朝宋］范晔：《后汉书》卷五十八《虞诩列传》，中华书局，1965年版，第1866页。

④ ［汉］班固：《汉书》卷六十四下《贾捐之传》，中华书局，1962年版，第2833—2834页。

⑤ ［南朝宋］范晔：《后汉书》卷四十七《班勇列传》，中华书局，1965年版，第1588页。

⑥ ［汉］班固：《汉书》卷六十四上《严助传》，中华书局，1962年版，第2777—2785页。

⑦ ［汉］班固：《汉书》卷五十二《韩安国传》，中华书局，1962年版，第2398页。

⑧ ［南朝宋］范晔：《后汉书》卷四十八《杨终列传》，中华书局，1965年版，第1598页。

区意识化为实际行动，他在《下书改郡县名》的诏书中说：

> 粟米之内曰内郡，其外曰近郡。有鄣徼者曰边郡。合百二十有五郡。九州之内，县二千二百有三。公作甸服，是为惟城；诸在侯服，是为惟宁；在采、任诸侯，是为惟翰；在宾服，是为惟屏；在揆文教，奋武卫，是为惟垣；在九州之外，是为惟藩：各以其方为称，总为万国焉。①

王莽将农耕种植的地方称为内郡，内郡之外为近郡或者说边郡，边郡之外则是游牧蛮夷。这种思想观念展现的就是上面所述的层层拱卫的政区意识，反映了大一统帝国对同心方形天下结构的政治实践。

二、风俗的统一

在毛传郑笺中，京师不但在地理上是天下的中心，在道德上也是天下仿效与看齐的对象。《诗经·商颂》："商邑翼翼，四方之极。赫赫厥声，濯濯厥灵。"毛传曰："商邑，京师也。"笺云："极，中也。商邑之礼俗翼翼然可则效，乃四方之中正也。赫赫乎其出政教也，濯濯乎其见尊敬也。"② 京师的礼俗是四方效仿的对象，也就是说天下当以京师礼俗为标准，移易其各自的地方风情，最终京师的风俗保持一致。孔颖达正义"惠此中国，以绥四方"时曰："京师，王之所专。王若安之，则四方诸侯亦皆效王安之。"③ 京师为道德的核心地，是四方诸侯效仿的榜样。在毛传郑笺的阐释中，四方诸侯的风俗习惯当向京师看齐，这传达的是一种混一风俗、统一礼仪的政治思想。

事实上，周时各地的风俗处于散乱状态，并未有过统一风俗的行动。《晏子春秋·问上》即曰："古者百里而异习，千里而殊俗。故明王修道，一民同俗。"④ "百里异习、千里殊俗"是周时"古者"的社会状态，"一民同俗"是天下定于一后的明王的行动。云梦睡虎地秦简《语书》载南郡守腾之言曰：

---

① ［汉］班固：《汉书》卷九十九中《王莽传中》，中华书局，1962 年版，第 4136—4137 页。
② 《毛诗正义》卷二十《殷武》，清嘉庆本《十三经注疏》，中华书局，2009 年版，第 1355 页。
③ 《毛诗正义》卷十七《民劳》，清嘉庆本《十三经注疏》，中华书局，2009 年版，第 1181 页。
④ 张纯一校注，梁运华点校：《晏子春秋校注》，中华书局，2014 年版，第 164 页。

“古者，民各有乡俗，其所利及好恶不同，或不便于民，害于邦。是以圣王作为法度，以矫端民心，去其邪避（僻），除其恶俗。”[①] 这里的“古者”，即秦混一六国以前的状态，那时各地存在着各种不同的乡俗，而且其中有大量“不便于民，害于邦”的恶风劣俗。为了由“乱”至“治”，需要以“圣王法度”为准则，也就是以京师咸阳的风俗为准则，使各地的风俗统一向京师所代表的“圣王法度”看齐。

周初分封诸侯时，各地治理方法因地制宜。《淮南子·齐俗训》便载太公治齐与周公治鲁的不同：

> 昔太公望、周公旦受封而相见。太公问周公曰：“何以治鲁？”周公曰：“尊尊亲亲。”太公曰：“鲁从此弱矣！”周公问太公曰：“何以治齐？”太公曰：“举贤而上功。”周公曰：“后世必有劫杀之君！”[②]

太公治齐以“举贤而上功”为法，鲁以“尊尊亲亲”为则，二者互相颉颃，而没有统一向京师所代表的礼制文化看齐，后世齐鲁之地的风俗受二公治理之法的影响甚远。《诗经》的十五国风，可以说是十五个特色鲜明的风俗区，这里也不存在向京师风俗看齐的情况。总之周代未曾有过混一各地风俗的举动，反而其治国的礼制精神不断遭到破坏。

赵武灵王的胡服骑射是典型的逆反之举，公子成指出此举逆乱中国礼制：“今王舍此而袭远方之服，变古之教，易古之道，逆人之心，而佛学者，离中国，故臣愿王图之也。”赵武灵王则曰：“乡异而用变，事异而礼易。是以圣人果可以利其国，不一其用；果可以便其事，不同其礼。……今叔之所言者俗也，吾所言者所以制俗也。”[③] 赵武灵王认为圣王制俗而不制于俗，可者用之，不可则改之，不需要拘泥于传统礼俗，因时制宜的礼俗准则与看齐京师的礼俗规范是两种不同的原则，公子成的屈服既有人臣服从于雄主的缘故，更因为当时并没有将京师之风俗当作行为轨则的传统。

事实上，混一风俗是大一统帝国才有的做法。《墨子·尚同中》曰：“方

---

① 睡虎地秦墓竹简整理小组：《睡虎地秦墓竹简》，文物出版社，1978 年版，第 15—19 页。

② ［汉］刘安编撰，何宁集释：《淮南子集释》卷十一《齐俗训》，中华书局，1998 年版，第 765 页。

③ ［汉］司马迁：《史记》卷四十三《赵世家》，中华书局，1959 年版，第 1808—1809 页。

今之时，复古之民始生未有正长之时，盖其语曰‘天下之人异义’。是以一人一义，十人十义，百人百义，其人数兹众，其所谓义者亦兹众。是以人是其义，而非人之义，故相交非也。”《墨子》指出现实中的社会状态是“天下之人异义”，各地风俗歧义异出，而改变这种状态的办法，便是建立一君万民的集权制度：“明乎民之无正长以一同天下之义而天下乱也，是故选择天下贤良圣知辩慧之人，立以为天子，使从事乎一同天下之义。”[①] 混一风俗是治理大一统王朝的必然要求，也是大一统帝国的文化表征。秦始皇兼并六国后，其推行的“车同轨、书同文、行同伦”制度，即是对混一风俗的实践。始皇帝多次在刻石中表达对混一天下风俗的重视，如《会稽刻石》：

> 皇帝休烈，平一宇内，德惠修长。三十有七年，亲巡天下，周览远方。遂登会稽，宣省习俗，黔首斋庄。……贵贱并通，善否陈前，靡有隐情。饰省宣义，有子而嫁，倍死不贞。防隔内外，禁止淫泆，男女洁诚。夫为寄豭，杀之无罪，男秉义程。妻为逃嫁，子不得母，咸化廉清。大治濯俗，天下承风，蒙被休经。皆遵度轨，和安敦勉，莫不顺令。黔首修洁，人乐同则，嘉保太平。后敬奉法，常治无极，舆舟不倾。[②]

秦始皇指出会稽风俗多有不合帝国要求之处，敕令其向秦律看齐。顾炎武即指出：“当其时，盖欲民之多。而不复禁其淫泆。传至六国之末，而其风犹在，故始皇为之厉禁，而特着于刻石之文。”[③] 始皇帝以关中风俗为准则来混一天下风俗，来达到令天下“皆遵度轨，和安敦勉，莫不顺令”的既定目的。

混一风俗的做法是要各个地方向京师看齐，因京师乃“圣王”所在地，也就是说，京师的风俗是各地的标准。《曹风·下泉》曰：“冽彼下泉，浸彼苞稂。忾我寤叹，念彼周京。”郑玄笺注“周京”曰：“念周京者，思其先王之明者。”京师象征着先生的贤明之治，故《下泉》的小序言说：“《下泉》，

① [清]孙诒让撰，孙启治点校：《墨子间诂》卷三《尚同中》，中华书局，2001年版，第77页。

② [汉]司马迁：《史记》卷六《秦始皇本纪》，中华书局，1959年版，第261—262页。

③ [清]顾炎武著，[清]黄汝成集释，栾保群、吕宗力校点：《日知录集释》，上海古籍出版社，2014年版，第296页。

思治也。曹人疾共公侵刻下民，不得其所，忧而思明王贤伯也。”[①] 人穷则反本，曹国百信在曹君刻剥自己的时候无时不思念着拥有贤君明王的京师，因为那是理想的伊甸园与道德的模范地。《汉书·地理志》谈及民生风俗时说道：

凡民函五常之性，而其刚柔缓急，音声不同，系水土之风气。故谓之风；好恶取舍，动静亡常，随君上之情欲，故谓之俗。孔子曰：“移风易俗，莫善于乐。”言圣王在上，统理人伦，必移其本，而易其末，此混同天下一之乎中和，然后王教成也。[②]

圣王可以混一天下风俗，建立统一的社会规范，使各区域文化均臻至中正平和，然后王道教化即可水到渠成。符合京师伦理标准的才是良风美俗，否则便需要移易，使其归之于正，应劭《风俗通义·序》说：

风者，天气有寒暖，地形有险易，水泉有美恶，草木有刚柔也。俗者，含血之类，像之而生，故言语歌讴异声，鼓舞动作殊形，或直或邪，或善或淫也。圣人作而均齐之，咸归于正；圣人废，则还其本俗。[③]

应劭指出各地风俗有善有恶，但当圣王出现时，他便会将各地风俗均齐，使其“咸归于正”；而当圣人不出时，则“还齐本俗”，各地保有各自的风俗。班固和应劭都指出圣王的一大职责在于整齐风俗，订立普遍的行为模式，建构统一的社会规范。《刘子》亦言：“风有厚薄，俗有淳浇。明王之化，当移风使之雅，易俗使之正。”[④] 终军上书汉武帝时说：“夫天命初定，万事草创，及臻六合同风，九州共贯，必待明圣润色，祖业传于无穷。”[⑤] 只有等到圣人出现，才能够实现“六合同风，九州共贯”。如果不修正各地区的异风异俗，便属于不教而杀的范畴了。《淮南子》曰：“若不修其风俗，而纵之

---

① 《毛诗正义》卷七《下泉》，清嘉庆本《十三经注疏》，中华书局，2009 年版，第 822 页。

② ［汉］班固：《汉书》卷二十八下《地理志下》，中华书局，1962 年版，第 1640 页。

③ ［汉］应劭撰，王利器校注：《风俗通义校注·序》，中华书局，1981 年版，第 8 页。

④ ［北齐］刘昼著，傅亚庶校释：《刘子校释》卷九《风俗章》，中华书局，1998 年版，第 443 页。

⑤ ［汉］班固：《汉书》卷六十四下《终军传》，中华书局，1962 年版，第 2816 页。

淫辟，乃随之以刑，绳之以法，法虽残贼天下，弗能禁也。”①

需要注意的是，此“圣王”“明王”暗含着帝国一统的意蕴，只有一统天下的君王，才有资格被称为“圣王”。于迎春先生说道：“在强调大一统的中国古代，以中央朝廷的政治向心力和文化上的凝聚力建立起统一的标准，使之通行于全国各地，整齐殊俗，就不免为圣贤所倡导。”② 王吉上书宣帝时也说：“《春秋》所以大一统者，六合同风，九州共贯也。”③ 普天之下同有一种礼俗是大一统帝国方才拥有的气象，只有成立大一统帝国的王者出世，混一风俗才有指望。《史记·乐书》言：“以为州异国殊，情习不同，故博采风俗，协比声律，以补短移化，助流政教。”④ 各地风俗的显示状态是“州异国殊”，只有“补短移化”，才符合大一统帝国的实质内涵。

帝国各地区当以京师的风俗为准则已成为汉代知识阶层的共识。匡衡《上政治得失疏》曰：“今长安天子之都，亲承圣化，然其习俗无以异于远方，郡国来者无所法则，或见侈靡而放效之。此教化之原本，风俗之枢机，宜先正者也。”⑤ 匡氏明确指出京师风俗因沐浴着圣天子的直接教化，自然异于郡国之地，它是帝国郡县所效仿的榜样。宣帝时，御史大夫于定国亦言：“圣王之制，施德行礼，先京师而后诸夏，先诸夏而后夷狄。《诗》云：‘率礼不越，遂视既发；相士烈烈，海外有截。’”⑥ 施德行礼当从京师开始，由近及远，王吉亦曰：“臣闻圣王宣德流化，必自近始。”⑦ 樊准云：“今可先令太官、尚方、考功、上林池籞诸官，实减无事之物，五府调省中都官吏京师作者。如此，则化及四方，人劳省息。”京师乃首善之地，道德为天下之先：“故教化之行也，建首善自京师始，由内及外。”⑧ 京师的一举一动都将对天下造成莫大的影响，宣帝时，京兆尹张敞指责丞相黄霸在京城弄虚作假，给天下树立一个很不好的榜样：“假令京师先行让畔异路，道不拾遗，其实亡

---

① [汉]刘安编撰，何宁集释：《淮南子集释》卷二十《泰族训》，中华书局，1998年版，第1403页。

② 于迎春：《汉代文人与文学观念的演进》，东方出版社，1997版，第111—112页。

③ [汉]班固：《汉书》卷七十二《王吉传》，中华书局，1962年版，第3063页。

④ [汉]司马迁：《史记》卷二十四《乐书》，中华书局，1959年版，第1175页。

⑤ [汉]班固：《汉书》卷八十一《匡衡传》，中华书局，1962年版，第3335页。

⑥ [汉]班固：《汉书》卷七十八《萧望之传》，中华书局，1962年版，第3282页。

⑦ [汉]班固：《汉书》卷七十二《王吉传》，中华书局，1962年版，第3063页。

⑧ [南朝宋]范晔：《后汉书》卷三十二《樊准列传》，中华书局，1965年版，第1127页。

益廉贪贞淫之行，而以伪先天下，固未可也；即诸侯先行之，伪声轶于京师，非细事也。”①

因此，移风易俗，使天下风俗都向京师看齐，咸归之于正成为帝国的重要职责。《汉书·景帝纪》的“赞曰”即认为文景之治的功劳在于改易不良的风俗，使百姓回归醇厚：“汉兴，扫除烦苛，与民休息。至于孝文，加之以恭俭，孝景遵业，五六十载之间，至于移风易俗，黎民醇厚。周云成康，汉言文景，美矣。”②帝国将移风易俗纳入官员政绩考察的科目，视其为官员能力大小的重要标准。汉初贾谊指出移风易俗是官员善于为治的表现，并非俗吏所能为：“移风易俗，使天下回心而乡道，类非俗吏之所能为也。”③俗吏只会加剧各地风俗的不一致，王吉言：

> 今俗吏所以牧民者，非有礼义科指可世世通行者也，独设刑法以守之。其欲治者，不知所由，以意穿凿，各取一切，权谲自在，故一变之后不可复修也。是以百里不同风，千里不同俗，户异政，人殊服。④

俗吏没有崇高的政治理念来指导自己的行动，只会苟且偷安，随意而治，“不知所由，以意穿凿”，最终造成的后果是“百里不同风，千里不同俗”，而难以形成共同的行为理念。能混一风俗的是史书中的循吏，他们以移风易俗为其本职，真诚实践着改良风俗的重任：“若杜诗守南阳，号为‘杜母’，任延、锡光移变边俗，斯其绩用之最章章者也。”⑤循吏们将帝国所宣扬的文化风俗推广到各地，从而达到整平地方秩序、教化地区百信的目的。《后汉书·循吏传》曰：“以礼训人，不任刑罚。崇好儒雅，敦明庠序。”⑥余英时《汉代循吏与文化传播》便指出循吏在教化百姓、混一风俗、建立文化秩序中的重大作用：“循吏不但逐步把大传统注入中国民间，而且也曾努力将中国的生活方式传播到边疆地区和少数民族的社会，因而不断地扩大了

① [汉]班固：《汉书》卷八九《黄霸传》，中华书局，1962年版，第3633页。
② [汉]班固：《汉书》卷五《景帝纪》，中华书局，1962年版，第153页。
③ [汉]班固：《汉书》卷二十二《礼乐志》，中华书局，1962年版，第1030页。
④ [汉]班固：《汉书》卷七十二《王吉传》，中华书局，1962年版，第3063页。
⑤ [南朝宋]范晔：《后汉书》卷七十六《循吏列传》，中华书局，1965年版，第2457页。
⑥ [南朝宋]范晔：《后汉书》卷七十六《循吏列传》，中华书局，1965年版，第2467页。

中国文化的影响范围。”[①] 所谓大传统就是指帝国所主张的风俗礼制与生活方式，将其注入民间与边疆地区即表示着帝国风俗的混一。

因京师是帝国风俗的起源地与中心地，于是在汉代思想界，形成了京师乃德行兼备之人所住之地，边郡乃德行恶劣之人所居之地的思想观念。汉成帝《徙解万年制》曰：“故将作大匠万年佞邪不忠，妄为巧诈，多赋敛，烦繇役，兴卒暴之作，卒徒蒙辜，死者连属，毒流众庶，海内怨望。虽蒙赦令，不宜居京师。”[②] 诏书认为解万年德行不备，不适合居住在京师，这就是说京师乃道德之高岭，非有德有才则不能居住于此。《公羊传·成公十八年》曰：“公子喜时者，仁人也。内平其国而待之，外治诸京师而免之。其言自京师何？言甚易也，舍是无难矣。”[③] 京师容易治理的原因就是道德水准相对较高。

与此相对，边郡则为不法之人的所居之地。东汉时期，帝王大规模地颁布迁徙罪人至边郡的诏书，据《后汉书》所载：

> 汉明帝《徙边诏》：诏三公募郡国中都官死罪系囚，减罪一等，勿笞，诣度辽将军营，屯朔方、五原之边县；妻子自随，便占着边县。[④]
>
> 汉明帝《徙罪人边诏》：诏令郡国中都官死罪系囚减死罪一等，勿笞，诣军营，屯朔方、敦煌；妻子自随，父母同产欲求从者，恣听之；女子嫁为人妻，勿与俱。[⑤]
>
> 汉章帝《改元元和诏》：郡国中都官系囚减死一等，勿笞，诣边县；妻子自随，占着在所。[⑥]
>
> 汉章帝《减刑诏》：令郡国中都官系囚减死一等，诣金城戍。[⑦]
>
> 汉和帝《减罪诏》：诏郡国中都官系囚减死一等，诣敦煌戍。[⑧]

---

① 余英时：《汉代循吏与文化传播》，《士与中国文化》，中华书局，1987年版，第193页。

② [汉]班固：《汉书》卷七十《陈汤传》，中华书局，1962年版，第3026页。

③《春秋公羊传注疏》卷十八《成公十六年》，清嘉庆本《十三经注疏》，中华书局，2009年版，第4989—4990页。

④ [南朝宋]范晔：《后汉书》卷二《显宗孝明帝纪》，中华书局，1965年版，第111页。

⑤ [南朝宋]范晔：《后汉书》卷二《显宗孝明帝纪》，中华书局，1965年版，第121页。

⑥ [南朝宋]范晔：《后汉书》卷三《肃宗孝章帝纪》，中华书局，1965年版，第147页。

⑦ [南朝宋]范晔：《后汉书》卷三《肃宗孝章帝纪》，中华书局，1965年版，第156页。

⑧ [南朝宋]范晔：《后汉书》卷四《孝和帝纪》，中华书局，1965年版，第182页。

汉安帝《徙罪人诏》：诏郡国中都官系囚减死一等，勿笞，诣冯翊、扶风屯，妻子自随，占着所在；女子勿输。[①]

徙家边郡在这里是一种政策性的惩罚，其原理是被迁徙之人德行不够，没有居住在郡国的资格，边郡才是其最终归宿。左雄即谏言："若被劾奏，亡不就法者，徙家边郡，以惩其后。"[②]"徙家边郡"具有道德制裁的意义，它的目的是为了"惩其后"。

帝国之所以会产生边郡乃罪孽之人的归宿的思想观念，是因为边郡与蛮夷接壤，容易沾染上蛮夷的风气，杨琦便言："傕，边鄙之人，习于夷风。"[③]周边蛮夷整体道德水平低下是汉代的共识，而多受蛮夷之气影响的边郡，其道德水平也就近墨者黑了。事实上，迁徙罪犯去边郡的做法效仿的是上古圣王流放四裔的做法："于是舜归而言于帝，请流共工于幽陵，以变北狄；放驩兜于崇山，以变南蛮；迁三苗于三危，以变西戎；殛鲧于羽山，以变东夷：四罪而天下咸服。"[④]舜主张将穷凶极恶的四裔流放至四方蛮夷之地，其理论核心亦在于四方蛮夷为道德低劣之人所处之地。同时需要注意的是，舜流放四裔的目的在于移易周边蛮夷的风俗习性，也就是说，即使是华夏的穷凶极恶之人，在道德习性上依然高于周边蛮夷。总而言之，礼义文化与帝国的政区意识一般，表现出层层拱卫的状态，京师是道德之中心，越靠近都城，越是文化之地，越是远离中心，便越是道德的荒芜之地。

而且，《诗经》在汉代被知识阶层视为移风易俗的良方，认为它创建的行为轨则可以为天下树立良好的榜样。《诗大序》曰："《关雎》，后妃之德也。风之始也，所以风天下而正夫妇也，故用之乡人焉，用之邦国焉。……先王以是经夫妇，成孝敬，厚人伦，美教化，移风俗。"[⑤]《关雎》的主旨在此被解为后妃之德，其创作的目的被理解成为天下夫妇之间的行为交际建立正确的准则。而此行为准则"用之乡人焉，用之邦国焉"，可以达到整齐风俗的既定鹄的。匡衡延此继续阐发："臣又闻室家之道修，则天下之理

① [南朝宋]范晔：《后汉书》卷五《孝安帝纪》，中华书局，1965年版，第224页。
② [南朝宋]范晔：《后汉书》卷六十一《左雄列传》，中华书局，1965年版，第2018页。
③ [晋]陈寿：《三国志》卷六《李傕传》，中华书局，1971年版，第184页。
④ [汉]司马迁：《史记》卷一《五帝本纪》，中华书局，1959年版，第28页。
⑤《毛诗正义》卷一《关雎》，清嘉庆本《十三经注疏》，中华书局，2009年版，第562—563页。

得，故《诗》始《国风》，《礼》本《冠》《婚》。始乎《国风》，原情性而明人伦也。”[①] 夫妇之礼作为人伦之始，是天下之理的核心内涵，它的成功推行意味着天下同理时代的到来。《诗大序》又说：“至于王道衰，礼义废，政教失，国异政，家殊俗，而变风变雅作矣。”[②] 变风变雅源于异政殊俗，而如果天下风俗整齐一体，则是便“雅”了。《诗经·毛诗序》疏诗六义之“雅”云：“‘雅’既以齐正为名，故云‘以为后世法’。郑之所注，其意如此。”[③]《左传·襄公廿九年》“为之歌小雅”的疏曰：“天子以政教齐正天下，故民述天子之政，还以齐正而为名，故谓之雅。”[④] 可见，混一风俗则为“雅”，异政殊俗则为“变雅”。

综而可知，在毛传郑笺的理解中，京师所建立的道德准则乃是地方风俗的指南针，而这种情况是大一统帝国才会有的混一风俗理念，而非是《诗经》时代的真实情况。大一统帝国的政治理想在于建立一个拥有共同理念、共同风俗、共同习惯的地域共同体，普遍的秩序结构与一统的规则法理是帝国的既定目标，将此目标推广至各个地域是帝国政府义不容辞的责任。毛传郑笺在阐释《诗经》时，便以日常生活规训中的大一统知识来对《诗经》进行再理解，由此造成了《诗经》阐释与《诗经》时代的误差。

三、中央集权

京师作为大一统帝国的精神象征，具有浓厚的政治意义。毛传郑笺在释“京师”时继承《春秋公羊传》的做法，将其解为“众大”，以突显王者的威严与神圣。《大雅·公刘》：“京师之野，于时处处，于时庐旅，于时言言，于时语语。”传曰：“是京乃大众所宜居之也。”笺云：“京地乃众民所宜居之野也，于是处其所当处者，庐舍其宾旅，言其所当言，语其所当语，谓安民馆客，施教令也。”[⑤] 京师是政权发号施令的地方，其特征是人口众多与城市雄伟广阔。在这里，“大”与“众”的京师特征背后暗含的是王者大一统精

① [汉]班固：《汉书》卷八十一《匡衡传》，中华书局，1965年版，第3340页。

② 《毛诗正义》卷一《关雎》，清嘉庆本《十三经注疏》，中华书局，2009年版，第566页。

③ 《毛诗正义》卷一《关雎》，清嘉庆本《十三经注疏》，中华书局，2009年版，第565页。

④ 《春秋左传正义》卷三十九《襄公二十九年》，清嘉庆本《十三经注疏》，中华书局，2009年版，第4358页。

⑤ 《毛诗正义》卷十七《公刘》，清嘉庆本《十三经注疏》，中华书局，2009年版，第1168页。

神。《春秋公羊传·桓公九年》曰："京师者何？天子之居也。京者何？大也。师者何？众也。天子之居，必以众大之辞言之。"[①] 京师即大众，说明的是王者所居之地必须是众大之所。萧何曾云："天子以四海为家，非壮丽无以重威。"[②] 天子居住的宫殿要壮丽，同样，天子所居的城市要众大，唯有如此，才能够展演王者政权的神圣与威严。《白虎通义》亦言："京师者，何谓也？千里之邑号也。京，大也。师，众也。天子所居，故以大众言之。明十倍诸侯，法日月之经千里。"[③] 京师的称呼是"千里之邑"的夸张性想象，众大的缘由是要"十倍"于诸侯，突出天子的至高无上。而蔡邕《独断》曰："天子所都曰京师。京，水也，地下之众者，莫过于水，地上之众者，莫过于人。京，大也；师，众也。故曰京师也。"[④] 无论是水还是人，蔡邕的注意力都是在"众"，即王者的威权方面。京师内涵的众大，精神指向是大一统的尊王结构，故孔融《上书请准古王畿制》曰："臣闻先分九圻，以远及近，《春秋》'内诸夏而外夷狄'。《诗》云：'封畿千里，惟民所止。'故曰天子之居必以众大言之。"[⑤]

壮丽的目的在于突出政权的神圣与权威，演示帝国秩序的森严与浩大。元世建都，亦信承"宫室城邑，非巨丽宏深，无以雄视八表"，所谓"自古在昔，王公大人处则栋宇之隆，出则车马之盛，若素有之，不以为过。由其位望之尊，职任之重，不如是不足以示等威正体统也"[⑥]。"示等威正体统"才是宫宇壮丽隆盛的目的所在，一如《史记·礼书》曰："寝兕持虎，鲛韅弥龙，所以养威也。"[⑦] 宫宇的宏富博丽是为了维护政权的有效运转，明朝丘濬言道："上而朝廷，则有宫阙，下而官府，则有廨宇，非以私奉养也。盖上之所居必尊严，则下不敢轻忽。"[⑧] 在此意义中，宏富博丽成了帝国神圣与权

---

① 《春秋公羊传注疏》卷五《桓公九年》，清嘉庆本《十三经注疏》，中华书局，2009年版，第4818页。

② [汉]司马迁：《史记》卷八《高祖本纪》，中华书局，1959年版，第386页。

③ [清]陈立撰，吴则虞点校：《白虎通疏证》卷七《论京师》，中华书局，1994年版，第160页。

④ [汉]蔡邕：《独断》卷上，中华书局，1985年版，第5页。

⑤ [晋]袁宏撰，张烈点校：《后汉纪》卷二十九《孝献皇帝纪》，中华书局，2002年版，第564页。

⑥ [元]欧阳玄：《欧阳玄全集》，四川大学出版社，2010年版，第256、514页。

⑦ [汉]司马迁：《史记》卷二十三《礼书》，中华书局，1959年版，第1162页。

⑧ [明]丘濬著，蓝田玉等校点：《大学衍义补》，中州古籍出版社，1995年版，第1115页。

威的象征符号。

何晏《景福殿赋》言："昔在萧公，暨于孙卿。皆先识博览，明允笃诚。莫不以为不壮不丽，不足以一民而重威灵，不饬不美不足以训后而永厥成。故当时享其功利，后世赖其英声。"[①] 何晏分析出壮丽具有增强政权威信、传承政治训典的功能效果，不但有利于当时，而且造福于后世。梁朝王筠《上太极殿千夫表》亦曰："四海为家，义存威重。万国来朝，事惟壮观。"[②] 王筠直白地指出威重与壮观是以四海为家、万国来朝的帝国展现政权神圣与权威的必要象征符号。概言之，只有维护与保证天子的威严，才能够建立有效的政治秩序。

因此，郑氏特别强调京师在王者大一统中的象征意义。《大雅·民劳》："惠此中国，以绥四方。"毛传曰："中国，京师也。四方，诸夏也。"郑笺言："爱京师之人以安天下，京师者，诸夏之根本。"[③] 京师一安，则中国与四方都会安宁和谐，"惠此中国，以绥四方"在郑玄看来即是王者之行。事实上，"惠此中国，以绥四方"自战国末期始就已成为王者大一统的象征符号，《荀子·致士篇》便曾引用此诗来论证王者大一统之事："故礼及身而行修，义及国而政明，能以礼挟而贵名白，天下愿，令行禁止，王者之事毕矣。诗曰：'惠此中国，以绥四方。'此之谓也。"[④] 荀子认为王者之事就是将礼仪文明由中国扩而充之至四方，让天下令行禁止，这便是所谓的"惠此中国，以绥四方"。汉代的文献也有类似的表达。《淮南子·泰族训》："四海之内，莫不仰上之德，象主之指，夷狄之国，重译而至，非户辩而家说之也，推其诚心，施之天下而已矣。《诗》曰：'惠此中国，以绥四方。'内顺而外宁矣。"[⑤]《盐铁论·论勇》："闻得贤圣而蛮、貊来享，未闻劫杀人主以怀远也。《诗》云：'惠此中国，以绥四方。'故'自彼氐、羌，莫不来王。'非畏其威，畏其德也。"[⑥] 可知在汉代，"惠此中国，以绥四方"是王者大一统的代名词，其所

① 《文选》卷十一，上海古籍出版社，1986 年版，第 523—524 页。

② ［唐］欧阳询撰，汪绍楹校：《艺文类聚》卷六十二，中华书局，1965 年版，第 1126 页。

③ 《毛诗正义》卷十七《民劳》，清嘉庆本《十三经注疏》，中华书局，2009 年版，第 1180 页。

④ ［清］王先谦撰，沈啸寰、王星贤点校：《荀子集解》卷九《致士》，中华书局，1988 年版，第 260 页。

⑤ ［汉］刘安编撰，何宁集释：《淮南子集释》卷二十《泰族训》，中华书局，1998 年版，第 1383 页。

⑥ 王利器校注：《盐铁论》卷九《论勇》，中华书局，1992 年版，第 537 页。

表示的是安中国以安四方，安四方以臻至太平。

据毛传郑笺的阐释，安京师则可以安天下，这便将京师的符号意义提高到无以复加的程度。在经典的文化传统中，京师是大一统之治的起始。《公羊传·成公十五年》曰："王者欲一乎天下，曷为以外内之辞言之？自近者始也。"疏曰："明当先正京师，乃正诸夏，诸夏正乃正夷狄，以渐治之。"①京师乃太平之始，自京师至诸夏，自诸夏至夷狄，逐渐臻至太平之世。孔安国注《尚书》"申域郊圻，慎固封守，以康四海"曰："又当谨慎坚固封疆之守备，以安四海。京圻安，则四海安矣。"②京师安则四海安，京师治则天下平。田邑《报冯衍书》曰："新帝司徒已定三辅，陇西、北地从风响应。其事昭昭，日月经天，河海带地，不足以比。"③三辅作为京畿之地，光武帝甫一平定，"陇西、北地从风响应"，便是因为京师乃大一统帝国的精神象征所在。

京师作为中央集权代表的另一层表现，是郑玄将诸侯释为京师的臣子。《小雅·沔水》："嗟我兄弟，邦人诸友，莫肯念乱，谁无父母！"毛传曰："邦人诸友，谓诸侯也。兄弟，同姓臣也。京师者，诸侯之父母也。"郑笺云："我同姓异姓之诸侯，女自恣听不朝，无肯念此于礼法为乱者。女谁无父母乎？言皆生于父母也。臣之道，资于事父以事君。"④各地诸侯以臣子之道侍奉京师，这是典型的脱胎于中央集权的支配模式。周王朝与诸侯国之间的关系是以血缘为纽带联系起来的朝贡制度，而非是支配与被支配的关系。只有在大一统中央集权下的皇帝支配制度，京师作为天子所在之地，才对诸郡拥有法理意义上的支配权。李斯建议设郡县时说道："周文武所封子弟同姓甚众，然后属疏远，相攻击如仇雠，诸侯更相诛伐，周天子弗能禁止。今海内赖陛下神灵一统，皆为郡县，诸子功臣以公赋税重赏赐之，甚足易制。"⑤"周天子弗能禁止"与"甚足易制"便是以封建制为核心的周王朝与以郡县制为核心的大一统汉帝国之间的区别。《汉书·韩安国传》载："梁王

① 《春秋公羊传注疏》卷十八《成公十五年》，清嘉庆本《十三经注疏》，中华书局，2009年版，第4988页。
② 《尚书正义》卷十九《毕命》，清嘉庆本《十三经注疏》，中华书局，2009年版，第521页。
③ [南朝宋]范晔：《后汉书》卷二十八上《冯衍列传》，中华书局，1965年版，第973—974页。
④ 《毛诗正义》卷十一《沔水》，清嘉庆本《十三经注疏》，中华书局，2009年版，第925页。
⑤ [汉]司马迁：《史记》卷六《秦始皇本纪》，中华书局，1959年版，第239页。

念太后、帝在中，而诸侯扰乱。”颜师古注曰：“中，关中也。一说谓京师为中，犹言中国也。”[①]把京师释为中国，并将其与诸侯做对比，体现了京师的中央集权象征意义。汉末孔融曰：“秦兼天下，政不遵旧，革划五等，扫灭侯甸，筑城万里，滨海立门，欲以六合为一区，五服为一家。”[②]秦始皇所建立的秦帝国与周王朝的区别在于始皇帝对天下实行无差别的个别人身支配，各地彻底臣服在天子的威严之下，而周王朝的天子对诸侯之地并没有直接支配权，周天子只是名义上的“天下共主”。

汉帝国为了维护中央集权，实现对天下的无差别支配，采取了削藩等一系列措施。汉景帝时，晁错极力建议削藩：“夫晁错患诸侯强大不可制，故请削地以尊京师，万世之利也。”[③]削藩的目的在于“尊京师”，以加强中央集权。汉初为巩固刘姓统治，模仿周时的分封制，大肆分封同姓诸侯，此时的诸侯具有相当的独立性，京师所代表的中央对分封诸侯并没有足够的支配权与管理权。据《汉书·百官公卿表》载：

> 诸侯王，高帝初置，金玺盭绶，掌治其国。有太傅辅王，内史治国民，中尉掌武职，丞相统众官，群卿大夫都官如汉朝。景帝中五年令诸侯王不得复治国，天子为置吏，改丞相曰相，省御史大夫、廷尉、少府、宗正、博士官，大夫、谒者、郎诸官长丞皆损其员。武帝改汉内史为京兆尹，中尉为执金吾，郎中令为光禄勋，故王国如故。损其郎中令，秩千石；改太仆曰仆，秩亦千石。成帝绥和元年省内史，更令相治民，如郡太守，中尉如郡都尉。[④]

可以看出，汉初诸侯国就是一个仿效中央的小朝廷，中央朝廷对诸侯国的控制仅限于派遣丞相，其他一切职位都是诸侯王自置。“以海内初定，子弟少，激秦孤立亡藩辅，故大封同姓，以填天下。时诸侯得自除御史大夫群卿以下众官，如汉朝，汉独为置丞相。”[⑤]《史记·五宗世家》曰：“高祖时诸

---

① ［汉］班固：《汉书》卷五十二《韩安国传》，中华书局，1962年版，第2394—2395页。
② ［晋］袁宏撰，张烈点校：《后汉纪》卷二十九《孝献皇帝纪》，中华书局，2002年版，第564页。
③ ［汉］司马迁：《史记》卷一百一《晁错列传》，中华书局，1959年版，第2747页。
④ ［汉］班固：《汉书》卷十九上《百官公卿表上》，中华书局，1962年版，第741页。
⑤ ［汉］班固：《汉书》卷三十八《高五王传》，中华书局，1962年版，第2002页。

侯皆赋，得自除内史以下，汉独为置丞相，黄金印。诸侯自除御史、廷尉正、博士，拟于天子。”① 所谓“拟于天子”，即言诸侯所行礼法制度与天子相似，这便是汉初分封诸侯的实相。经过汉景帝对吴楚之乱的镇压，诸侯国气焰稍减，中央朝廷才开始逐步掌控地方藩国。汉武帝时，特设左官之律与附益之法，进一步加强对诸侯国的实际支配：“武有衡山、淮南之谋，作左官之律，设附益之法。”所谓“左官之律”，据三家注所说：“服虔曰：‘仕于诸侯为左官，绝不得使仕于王侯也。’应劭曰：‘人道上右，今舍天子而仕诸侯，故谓之左官也。’师古曰：‘左官犹言左道也，皆僻左不正，应说是也。汉时依上古法，朝廷之列以右为尊，故谓降秩为左迁，仕诸侯为左官也。’”而“附益之法”，张晏曰：“律郑氏说，封诸侯过限曰附益。或曰阿媚王侯，有重法也。”颜师古曰：“附益者，盖取孔子云‘求也为之聚敛而附益之’之义也，皆背正法而厚于私家也。”② 左官之律与附益之法的目的均在于削弱诸侯国的实际力量。直至东汉时期，光武帝仍然重申此法：“诏有司申明旧制阿附蕃王法。”③ 经过中央朝廷的不断削弱后，“诸侯惟得衣食税租，不与政事”。臻至汉成帝时，帝国对诸侯国的支配才达到了如同支配郡县的程度：“成帝绥和元年省内史，更令相治民，如郡太守，中尉如郡都尉。”可以看出，有汉一代，朝廷一直致力于削弱诸侯王的实力，以使其纳入帝国的支配之下，而不是如同周室般，仅是名义上的“共主”。

其次，加强对地方郡国支配的措施还有迁徙豪强守陵的制度。汉成帝时陈汤建议徙初陵时说：“以强京师，衰弱诸侯。”④ 班固《西都赋》曰：“与乎州郡之豪杰，五都之货殖，三选七迁，充奉陵邑。盖以强干弱枝，隆上都而观万国也。”⑤ 迁徙地方豪强充奉陵邑，有利于加强充实中央的力量，削弱地方藩国既有力量，故被称为“强干弱枝”。汉帝国经过七次大规模的迁徙活动，极大加强了中央朝廷的实际支配力量。

综上所言，经过西汉诸帝的共同努力后，诸侯等同于郡县，受到帝国政府的直接支配，郑玄所言诸侯以“资于事父以事君”的臣子之道来侍奉京师，只可能在大一统帝国的中央集权制度下发生。

---

① [汉]司马迁：《史记》卷五十九《五宗世家》，中华书局，1959年版，第2104页。

② [汉]班固：《汉书》卷十四《诸侯王表》，中华书局，1962年版，第395—396页。

③ [南朝宋]范晔：《后汉书》卷一下《光武帝纪下》，中华书局，1965年版，第76页。

④ [汉]班固：《汉书》卷七十《陈汤传》，中华书局，1962年版，第3024页。

⑤ [南朝宋]范晔：《后汉书》卷四十上《班固列传》，中华书局，1965年版，第1338页。

第二节　大一统视域下的“二南”解释

在毛传郑笺的解《诗》中，大一统的思维方式除了体现在“京师”的阐释外，对于“二南”的理解亦是显露出了郑氏大一统政治理想的思维特质。毛传郑笺以《禹贡》九州的大一统政治地理来阐释十五《国风》的地理位置，将每一《诗》风地理的位置一一对应于九州的州属位置。为确保九州地理的完整性与一统性，地理位置模糊的“二南”被阐释为雍、梁、荆、豫、徐、扬等六州之地。这种理解方式在《汉书·地理志》中也有所体现，并对后世的南方书写产生了深远影响。同时，郑玄的风雅正变说认为《诗经》收录地方之“风”的核心原则是该地域臣服于周王朝的政治权威之下，“诗”乃周王朝之“诗”，反叛与抗衡者自绝于周室，是没有资格入选的，此即《诗经》无楚风的原因所在。

一、九州一体：广土众域的“二南”

关于“二南”的具体地域，学界一直以来就争论不休。争论的核心围绕着毛诗郑笺的阐释而展开：“从汉至今，举其要者，有以毛诗和后世尊毛派的文王德化南方说，以及反毛派的南音说、诗体说、楚风说等。”[①] 无论对“二南”的阐释如何开展，其中心都是“尊毛”或者“反毛”。《毛诗》对“二南”的解释集中在《周南召南谱》中，曰：

> 周、召者，《禹贡》雍州岐山之阳地名。周之先公曰大王者，避狄难，自豳始迁焉，而修德建王业。商王帝乙之初，命其子王季为西伯。至纣，又命文王典治南国江、汉、汝旁之诸侯。于时，三分天下有其二，以服事殷，故雍、梁、荆、豫、徐、扬之人，咸被其德而从之。文王受命，作邑于丰，乃分岐邦。周、召之地，为周公旦、召公奭

① 王德华：《〈诗经〉中的“南土”诗歌与毛传郑笺的文化指向》，《浙江大学学报（人文社会科学版）》，2011 年第 4 期，第 57 页。

之采地，施先公之教于已所职之国。武王伐纣，定天下，巡守述职，陈诵诸国之诗，以观民风俗。六州者得二公之德教尤纯，故独录之，属之大师，分而国之。其得圣人之化者谓之《周南》，得贤人之化者谓之《召南》，言二公之德教自岐而行于南国也。乃弃其余，谓此为风之正经。……问者曰："《周南》《召南》之诗，为风之正经则然矣。自此之后，南国诸侯政之兴衰，何以无变风？"

答曰："陈诸国之诗者，将以知其缺失，省方设教为黜陟。时徐及吴、楚僭号称王，不承天子之风，今弃其诗，夷狄之也。其余江、黄、六、蓼之属，既驱陷于彼俗，又亦小国，犹邾、滕、纪、莒之等，夷其诗，蔑而不得列于此。"[①]

郑玄以文王德化南方之说来阐释"二南"出现的缘由："命文王典治南国江、汉、汝旁之诸侯……故雍、梁、荆、豫、徐、扬之人，咸被其德而从之。"所谓"三分天下有其二"，就是说"雍、梁、荆、豫、徐、扬"这六州臣服于文王的道德权威之下，而后这六州再经周公、召公之德的感化，创建了"二南"。"周、召之地，为周公旦、召公奭之采地，施先公之教于已所职之国。……六州者得二公之德教尤纯，故独录之，属之大师，分而国之。其得圣人之化者谓之《周南》，得贤人之化者谓之《召南》"，即是说"二南"的地域范围为"雍、梁、荆、豫、徐、扬"六州之地。六州之地是"自岐而行于南国"，此中"南国"或者说"南土"的范围，郑氏在回答"南国诸侯政之兴衰，何以无变风"一问题时，指出南国诸侯主要为"徐及吴、楚"，结合"自岐而行于南国"的六州，徐国指代的当为徐州，楚国即为荆州与梁州，吴国即为扬州，故在郑玄的叙述中南国大致为六州中的梁、荆、徐、扬。而当在具体阐释《诗经》的"南国"时，南土的范围则限于"荆、杨之域"。《周南·樛木》："南有樛木。"毛传曰："南，南土也。"郑笺："南土谓荆、杨之域。"[②]《周南·汉广》的解题曰："文王之道被于南国，美化行乎江汉之域。"郑笺云："纣时淫风遍于天下，维江汉之域先受文王之教化。"[③] 南土、南国

① 《毛诗正义·诗谱序·周南召南谱》，清嘉庆本《十三经注疏》，中华书局，2009年版，第557—560页。
② 《毛诗正义》卷一《樛木》，清嘉庆本《十三经注疏》，中华书局，2009年版，第585页。
③ 《毛诗正义》卷一《汉广》，清嘉庆本《十三经注疏》，中华书局，2009年版，第591页。

的解释在这里或指江汉之域，也即荆、杨之域。

郑玄的“南土”阐释，或为“梁、荆、徐、扬”四州，或为“荆、杨之域”，其阐释的模糊性影响着后世学者对“二南”地理范围的探讨，郑志强曾总结道：“一言以蔽之，自宋代以来对《周南》《召南》之‘南’的主流解释，都源自《毛诗序》中的这段话。南宋以后数百年间，《诗经》学虽然经历了多次革新浪潮，但对‘南’的主流解读却依旧未脱出《毛诗序》的藩篱。”① 如朱熹便言：

> 南，南方诸侯之国也。……盖其得之国中者，杂以南国之诗，而谓之《周南》，言自天子之国而被于诸侯，不但国中而已也。其得之南国者，则直谓之《召南》，言自方伯之国被于南方，而不敢以系于天子也。……南方之国，即今兴元府、京西、湖北等路诸州。②

朱熹的解释继承了郑玄的判断，将“南”释为“南方诸侯之国”，并具体限定在“兴元府、京西、湖北等路诸州”。王德华教授认为在考证“南土”的地域时，应该置于《诗经》时代来考察，而经过其考察：“《诗经》中涉及的南土是以申、邓、吕及楚为中心的南阳盆地及江汉流域一带，随着周王室东部的拓展与稳定，渐拓展至淮河流域，其表现出的中国、四方地域观念与《诗经》时代国家政治地理结构及演变基本一致。”③ 关于“南土”的具体地理位置，这里并不想多做讨论。在此后真相时代，真相背后的原理比真相更为重要。“相对于过去人们对真相和真理的孜孜追求，后真相时代的人们似乎更倾向于把立场、情感和利益置于真相和真理之前。”④ 也就是说，相对于探讨“南土”的具体地理位置，郑玄《诗谱》阐释背后隐含的原理更值得我们去关注，即郑玄在《诗谱》中为何将“南土”释为“梁、荆、徐、扬”四州的广土众域之地，而又在具体作品阐释时将“南土”解为“荆、杨之域”呢？

---

① 郑志强、周颖：《〈周南〉〈召南〉之“南”正义——兼论二〈南〉与“楚风”的关系》，《中州学刊》2004 年第 6 期，第 82—87 页。

② ［宋］朱熹：《诗集传》，上海古籍出版社，1958 年版，第 1 页。

③ 王德华：《〈诗经〉中的“南土”诗歌与毛传郑笺的文化指向》，《浙江大学学报（人文社会科学版）》2011 年第 4 期，第 60 页。

④ 《探索与争鸣》圆桌会议《多维视野中的后真相时代——问题与对策》主持人语，见吴晓明：《多维视野中的后真相时代——问题与对策》，《探索与争鸣》2017 年第 4 期，第 4 页。

欲回答此问题，首先当了解与毛诗同时代的汉初三家诗对“南土”的解释。王先谦《诗三家义集疏》曰：“鲁说曰：古之周南，即今之洛阳。又曰：洛阳而谓周南者，自陕以东，皆周南之地也。”① 此说源于《史记·太史公自序》：“是岁天子始建汉家之封，而太史公留滞周南，不得与从事，故发愤且卒。而子迁适使返，见父于河洛之间。”② 陈乔枞《韩诗遗说考》引《水经注》韩婴叙诗云：“其地在南郡南阳之间。”③《齐诗遗说考》引《焦氏易林·大过之颐》曰：“周南、召南，圣人所在，德义流行，民悦以喜。”陈乔枞按曰：“疆理南国使二公分治之，其属周公者为周南，其属召公者为召南，故下即继以左周右召，周召皆为采邑，不得名为国风，故编诗必系以南国之旧名也。”④ 这里的周南、召南指的是分陕而治的两个采邑。可以看出，齐诗、鲁诗对周南、召南的解释都偏向于中原地带且皆较小，韩诗所言之“南郡南阳之间”与郑玄所言之“江汉之域”大致相似，而郑玄的涵纳雍、梁、荆、豫、徐、扬六州的“二南”解释不见于任何一处，这种解读可谓是郑氏的独家发明。换言之，对于“南土”所指地域为梁、荆、徐、扬四州是一件特别值得注意的事项。

郑玄作《诗谱》时，自言承太史公作《史记》之遗风，乃是以孔子作《春秋》来自我期许：

> 太史《年表》自共和始，历宣、幽、平王而得春秋次第，以立斯《谱》。欲知源流清浊之所处，则循其上下而省之；欲知风化芳臭气泽之所及，则傍行而观之。此《诗》之大纲也。举一纲而万目张，解一卷而众篇明，于力则鲜，于思则寡。其诸君子，亦有乐于是与！⑤

《诗谱》的目的在于为后世提供“吉凶之所由，忧娱之萌渐”，正有如《春秋》褒善贬恶，正是明非。“夫《春秋》，上明三王之道，下辨人事之纪，

① [清]王先谦著，吴格点校：《诗三家义集疏》，中华书局，1987年版，第1页。

② [汉]司马迁：《史记》卷一百三十《太史公自序》，中华书局，1959年版，第3295页。

③ [清]陈乔枞述，[清]陈寿祺撰：《三家诗遗说考·韩诗遗说考》卷一《国风》，清刻左海续集本，第513页。

④ [清]陈乔枞述，[清]陈寿祺撰：《三家诗遗说考·齐诗遗说考》卷一《国风》，清刻左海续集本，第335—336页。

⑤《毛诗正义·诗谱序》，清嘉庆本《十三经注疏》，中华书局，2009年版，第556—557页。

别嫌疑，明是非，定犹豫，善善恶恶，贤贤贱不肖，存亡国，继绝世，补敝起废，王道之大者也。”[①] 所以郑玄说《诗》的大纲在于正源流清浊，辨风化芳臭，《诗》的次序仿效太史公《年表》的世次：“表见《春秋》《国语》学者所讥盛衰大指着于篇。”《诗谱》是郑玄托喻志向的地方，蕴含着他个人的价值理想，所以应该将他所有的《诗谱》看成一个整体来考察，另外十一份《诗谱》曰：

《邶鄘卫谱》：邶、鄘、卫者，商纣畿内方千里之地。其封域在《禹贡》冀州大行之东。北逾衡漳，东及兖州桑土之野。

《王城谱》：王城者，周东都王城畿内方六百里之地。其封域在《禹贡》豫州太华、外方之间。北得河阳，渐冀州之南。

《郑谱》：初，宣王封母弟友于宗周畿内咸林之地，是为郑桓公，今京兆郑县是其都也。

《齐谱》：齐者……其封域东至于海，西至于河，南至于穆陵，北至于无棣。在《禹贡》青州岱山之阴，潍淄之野。

《魏谱》：魏者……在《禹贡》冀州雷首之北，析城之西。

《唐谱》：唐者……其封域在《禹贡》冀州太行、恒山之西，太原、太岳之野。

《秦谱》：秦者，陇西谷名，于《禹贡》近雍州鸟鼠之山。

《陈谱》：陈者……其封域在《禹贡》豫州之东，其地广平，无名山大泽，西望外方。

《桧谱》：桧国在《禹贡》豫州外方之北，荥波之南，居溱、洧之间。

《曹谱》：曹者，《禹贡》兖州陶丘之北，地名。

《豳谱》：豳者，后稷之曾孙也公刘者，自邰而出，所徙戎狄之地名，今属右扶风栒邑。[②]

统观这十一份《诗谱》，可以发现郑玄在阐释《诗谱》时习惯性地将其与《禹贡》九州联系起来。《禹贡》九州乃为王者大一统之天下，郑玄笺注

① [汉]司马迁:《史记》卷一百三十《太史公自序》，中华书局，1959年版，第3297页。

② 《毛诗正义》，清嘉庆本《十三经注疏》，中华书局，2009年版，第622、696、709、736、756、766、783、800、811、818、827页。

《商颂·长发》“洪水芒芒，禹敷下土方。外大国是疆，幅陨既长”时云：“乃用洪水，禹敷下土，正四方，定诸夏，广大其竟界之时，始有王天下之萌兆，历虞、夏之世，故为久也。”[①] 大禹治水敷土，划定九州，奠定了后世王者的根基。故对于“古帝命武汤，正域彼四方。方命厥后，奄有九有”，毛传言：“九有，九州也。”郑笺云：“古帝，天也。天帝命有威武之德者成汤，使之长有邦域，为政于天下。方命其君，谓徧告诸侯也。汤有是德，故覆有九州，为之王也。”[②] 混一九州为王天下之兆，也就是说，九州是一个不可分割的整体，是王者的根基所在。《禹贡》将天下划分为冀、兖、青、徐、扬、荆、豫、梁、雍九州，而郑玄在作《诗谱》时便将《诗》地理投射于九州地理之上，并将二者一一对应。然而除《周南》《召南》外的十三国风，其所能代表的地域也仅为九州中的冀、兖、青、豫、雍五州之地，另外的徐、扬、荆、梁四州只能别于他处寻求。较于十三国风地理位置的相对准确性，《周南》《召南》地名的模糊性，为郑玄的阐释提供了很大的发挥空间。

在郑玄的思想世界中，《诗》风的地理范畴当涵纳整个九州地域。只有将《周南》《召南》释为包括雍、梁、荆、豫、徐、扬在内的广大区域，将“南土”解为徐、扬、荆、梁四州之地，才可以将九州重现于《诗》风地理之上。换言之，在郑玄的诠释空间中，作为文学经典与文化传统的《诗经》，其十五国风蕴含着一个完整的九州地理观念，一个圆融自洽、不可分割的大一统地理观念。以大一统的心理空间图式来观照《诗》风地理，便是郑玄解释“二南”时的原理所在。

二、不服周室：斥之不录的“南风”

《诗经》中无南土诸侯之风，这一点早已为学者所察觉，后世学者或以

① 《毛诗正义》卷二十《长发》，清嘉庆本《十三经注疏》，中华书局，2009年版，第1350页。
② 《毛诗正义》卷二十《玄鸟》，清嘉庆本《十三经注疏》，中华书局，2009年版，第1344页。

“二南”为南土之风[①]，或以《陈风》为南土之风[②]。郑玄对这一问题也有自己的解释，他说：

> 时徐及吴、楚僭号称王，不承天子之风，今弃其诗，夷狄之也。其余江、黄、六、蓼之属，既驱陷于彼俗，又亦小国，犹邾、滕、纪、莒之等，夷其诗，蔑而不得列于此。

郑氏认为在《诗》风中，小国没有记录的必要性，故夷蔑“江、黄、六、蓼之属”等小国的诗；而南土的大国“僭号称王，不承天子之风”，也就是说南土之国不服从中央政府的号令，心目中没有周王朝的存在，这才是南土大国无风的原因所在。《诗经》的采风是在武王伐纣，天下归一之后开始进行的。“武王伐纣，定天下，巡守述职，陈诵诸国之诗，以观民风俗。”这意味着采风进行的前提是中央对地方的有效管理。所以，《诗》风收录的首要标准就是采风之国服从周王朝的号令，维护既有的政治秩序。也就是说，《诗》乃周王朝附属国之诗。

郑玄着重指出“徐及吴、楚”三国“不承天子之风”，是因为这三个国家都有凌虐中国的历史记忆。吴、楚之事在前已有所述，而徐国：“后徐夷僭号，乃率九夷以伐宗周，西至河上。穆王畏其方炽，乃分东方诸侯，命徐偃王主之。”[③] 所谓僭号称王，体现的就是一种破坏既有政治秩序的文化心理。《诗经》所录之风为臣服于周王朝的诸侯之地，南土诸侯既然有此叛逆之心，

---

① 如元代赵悳《诗辨说》云：“孰知楚之封域，正在江汉汝沱之间，以《汉广》《汝坟》《江有汜》数诗观之，其民被文王之化，得于耳濡目染者有素，而流风善政，犹有存者，则其诗，亦楚之诗也，然圣人归之周公、召公，其意深矣。”[元]赵悳：《诗辨说》，《丛书集成初编》本，商务印书馆，1937年版，第2页。陈陛谟《读十五国风》：“春秋之旨，专主摈楚，而风又散见于二南古也。”湖北人民政府文史研究馆、湖北省博物馆整理：《湖北文征》第七卷，湖北人民出版社，2014年版，第369页。

② 此说以王德华教授为代表，王德华教授认为将“二南”释为“楚风”犯了将春秋时楚的疆域当成了西周初年楚国范围的错误，“郑氏眼中南土只有楚、徐、吴几个大国以及江、黄、六、蓼等几个小国，其南土观也已偏离了《诗经》时代的看法，代之以夷夏之别的地域政治色彩，因而未能依《诗经》时代人们对南土地域的认知把陈风视为南土变风的代表。”王德华：《〈诗经〉中的“南土”诗歌与毛传郑笺的文化指向》，《浙江大学学报（人文社会科学版）》2011年第4期，第56—65页。

③ [南朝宋]范晔：《后汉书》卷八十五《东夷列传》，中华书局，1965年版，第2808页。

则已然不从属于周王朝，故没有录其风的必要性。

在此基础上，郑氏创造了“风雅正变说”系统，详见于郑玄所作《诗谱序》：

> 诗之兴也，谅不于上皇之世。大庭轩辕，逮于高辛，其时有亡，载籍亦蔑云焉。《虞书》曰：“诗言志，歌永言，声依永，律和声”，然则诗之道，放于此乎？有夏承之，篇章泯弃，靡有孑遗。迩及商王，不《风》不《雅》。何者？论功颂德，所以将顺其美；刺过讥失，所以匡救其恶。各于其党，则为法者彰显，为戒者着明。周自后稷，播种百谷，黎民阻饥，兹时乃粒，自传于此名也。陶唐之末，中叶公刘，亦世修其业，以明民共财。至于大王、王季，克堪顾天，文、武之德，光熙前绪，以集大命于厥身，遂为天下父母，使民有政有居。其时《诗·风》有《周南》《召南》，雅有《鹿鸣》《文王》之属。及成王、周公致大平，制礼作乐，而有《颂》声兴焉，盛之至也。本之由此《风》《雅》而来，故皆录之，谓之《诗》之正经。
>
> 后王稍更陵迟，懿王始受谮，亨齐哀公，夷身失礼之后，邶不尊贤。自是而下，厉也幽也，政教尤衰，周室大坏。《十月之交》《民劳》《板》《荡》，勃尔俱作，众国纷然，刺怨相寻。五霸之末，上无天子，下无方伯，善者谁赏？恶者谁罚？纪纲绝矣。故孔子录懿王、夷王时诗，讫于陈灵公淫乱之事，谓之变风变雅。以为勤民恤功，昭事上帝，则受颂声，弘福如彼；若违而弗用，则被劫杀，大祸如此。吉凶之所由，忧娱之萌渐，昭昭在斯，足作后王之鉴，于是止矣。①

诗之“正”是为了“顺其美”，“为法者彰显”，“变”是为了“救其恶”，“为戒者着明”，此外，还有未曾道出的“斥之不录”，其目的是为了使乱臣贼子惧。风雅正变的存在是为治理者提供历史经验或教训，“足作后王之鉴”。郑玄以风雅正变说来寄托其政治理想，仿孔子之《春秋》、司马迁之《史记》，欲达到善善恶恶，令乱臣贼子惧的目的。有贤德则有贤诗，“文、武之德，光熙前绪”，“成王、周公致大平，制礼作乐”，在贤君明臣情况下产生的诗歌理所应当属于“风之正经”。“风之变经”则生于周道衰弱、纪纲倾

① 《毛诗正义·诗谱序》，清嘉庆本《十三经注疏》，中华书局，2009年版，第554—556页。

颓之时："政教尤衰，周室大坏。""善者谁赏？恶者谁罚？纪纲绝矣。"《诗大序》亦言："至于王道衰，礼义废，政教失，国异政，家殊俗，而变风变雅作矣。"[①]"变经"注重的是讽刺，也是为了恢复旧有秩序，而未曾想过彻底摧毁这种秩序结构，重新更换一种秩序。孔颖达在疏"变风变雅"时便说："变风、变雅之作，皆王道始衰，政教初失，尚可匡而革之，追而复之，故执彼旧章，绳此新失，觊望自悔其心，更遵正道，所以变诗作也。以其变改正法，故谓之变焉。"[②]变诗的目的在于"匡而革之，追而复之"。对于一心颠覆周王朝的南土诸侯，其诗根本就不属于正变的范畴，于是"斥之不录"。

风雅正变以及斥之不录展演了郑玄的政治理念，他对未收南土之风的解说即是在这种理念下生发的。后世对郑氏所创的风雅正变说多有讨论，如叶适指出：

> 言《诗》者自《邶》《鄘》而下皆为变风，其正者《二南》而已。《二南》，王者所以正天下，教则当然，未必其风之然也。《行露》之不从，《野有死麕》之恶，虽正于此而变于彼矣。若是，则《诗》无非变，将何以存！季札听诗论其得失，未尝及变，孔子教小子以可群可怨，亦未尝及变。夫为言之旨，其发也殊，要以归于正尔。美而非谄，刺而非讦，怨而非愤，哀而非私，何不正之有！后之学《诗》者，不顺其义之所出而于性情轻别之，不极其志之所至而于正变强分之，守虚会而迷实得，以薄意而疑雅言，则有蔽而无获矣。[③]

郑玄所创风雅正变说是为了更好地服务于他的大一统政治理念，"正"所表示的是政治合理有序，"变"则是秩序毁坏，"斥之"则是意欲彻底颠覆秩序。叶适指出诗的最终归宿都是要"归于正尔"，此"正"即是对既有秩序的维护与现存制度的尊重，而"美而非谄，刺而非讦，怨而非愤，哀而非私"等情绪宣泄，本质上仍然是对现有秩序的热爱，所以叶适会说："何不正之有？"概言之，维持既有秩序，服从于周王室的统治是《诗》风的核心原则。

总之，郑玄无论是对"二南"的阐释，还是对《诗经》无南土诸侯之风

---

① 《毛诗正义》卷一《关雎》，清嘉庆本《十三经注疏》，中华书局，2009年版，第566页。

② 《毛诗正义》卷一《关雎》，清嘉庆本《十三经注疏》，中华书局，2009年版，第567页。

③ [宋]叶适：《习学记言序目》卷六《毛诗》，中华书局，1977年版，第64页。

的理解，都贯彻着他的大一统政治观念。生活于汉末诸侯割据时期的郑玄，对政治秩序的重建抱着极大渴望。在“三礼注”中，他极力表现了对恢复太平，重归大一统盛世的殷切期望：“斯道也，文武所以纲纪周国，君临天下，周公定之，致隆平龙凤之瑞。”① 礼的精髓在于秩序确立，在于中央与地方各安其位，各守其序。“古《周礼》六篇者，天子所专秉以治天下，诸侯不得用焉。”②

结 语

毛传郑笺的《诗经》阐释带有非常浓厚的大一统政治观念痕迹。在解读《诗经》时，毛郑运用帝国通行的大一统意识形态来阐释《诗经》时代的思想观念，由此造成理想与现实、历史与记忆之间的偏离与误差。南北之间的关系被郑玄放在大一统帝国的视野下来观察，二者被当成整体的一部分，而非是两个独立的个体。因此，《诗经》时代的对立关系转换而成主流与边缘的关系，矛盾的关系被化成统治与反抗的关系。此时的南方是周王朝治下的南方，或许服从，或许不服从，都不能改变它是周王朝一部分的事实。离开了周王朝，南土之国不但不能独立存在，也失去了它的价值与意义。

① 《周礼注疏·序》，清嘉庆本《十三经注疏》，中华书局，2009 年版，第 1371 页。

② 《周礼注疏》卷三十九《冬官考工记》，清嘉庆本《十三经注疏》，中华书局，2009 年版，第 1956 页。

第六章 《楚辞》研究：儒学背景下的南方探讨

“楚辞”在汉代因帝王的喜好而蔚为兴盛，它于外可以作为士人的晋升之阶，于内可以抒发自我的忧闷情感，因而成为知识阶层的宠儿，开启了文学传统中的“楚辞学”。汉代是楚辞学的生发期，也是中国楚辞学的巅峰期，其楚辞研究对后世的影响无远弗届。汉代楚辞学的主要特色表现在文本编撰以及章句训诂等方面，二者以独特的笔触来述说《楚辞》的思维特质。

第一节 《楚辞》编纂与动态空间的形成

自阮孝绪《七录》将“楚辞类”列为集部之首，后世书目多袭之不变，楚辞在集部的地位有如经部在四部图书中的地位。对于楚辞类被单独列出来的原因，晁公武《郡斋读书志》曰：“众士慕乡，波属云委。自时厥后，缀文者接踵于斯矣。然轨辙不同，机杼亦异，各名一家之言。学者欲矜式焉，故别而序之，命之为集。”[①] 晁氏以为由于《楚辞》影响广远，后世拟者接踵不断，为方便后来者学习，单独列为集部的一个分类。学习者众多，研究者亦是人才济济，这又让《楚辞》研究发展成一门独立、专业的学科，研究内容涉及章句训诂、名物辨证、理论建构、美学批评、义理阐释等方面。

此中关于《楚辞》与文学地理方面的研究，亦是代不乏人。王逸便曾讨论过屈原作品的产生与南方楚国文化风俗之间的关系：“昔楚国南郢之邑，

① [宋]晁公武撰：《昭德先生郡斋读书志》卷四上，商务印书馆，1937年版，第317页。

沅、湘之间，其俗信鬼而好祠。其祠，必作歌乐鼓舞以乐诸神。”[①] 南方因好祭祀的缘故，有着很强的乐神娱神传统，“作歌乐鼓舞以乐诸神”，这对楚辞风格的生成起着很大的促进作用。《文心雕龙·物色》亦曰：“若乃山林皋壤，实文思之奥府，略语则阙，详说则繁。然屈平所以能洞监风骚之情者，抑亦江山之助乎？”[②] 王夫之《楚辞通释·序例》则言：“楚，泽国也，其南沅湘之交，抑山国也。叠波旷宇，以荡遥情，而迫之以崟㠑戌削之幽菀，故推宕无涯，而天采矗发，江山光怪之气，莫能揜抑。”[③] 楚地风光波澜谲诡、光怪陆离，迥异于开阔宽敞的北方平原风光，由此生发的感性思维方式，也不同于北方中原文化的理性思维方式，故在此“江山之助”之下，有了别具一格的“楚辞”。

进入近代，东西文明比较研究以及南北文化差异研究成为文学地理学研究的主要课题之一。《楚辞》作为南方文学的典型代表，常被拿出来与北方文学的象征符号《诗经》做比较：如刘师培《南北文学不同论》[④]，刘氏认为屈原作品虽属于南方文学，然而“隐括众体”，也积极吸收了北方文学的精髓，因而成为集南北文学之长的金声玉振之作；又如章培恒的《从〈诗经〉与〈楚辞〉看我国南北文学的差别》[⑤]，章氏从人性出发，以个体意识与集体意识来区分南北文学，认为南北各善其长。

《楚辞》文本在王逸写定之前，已经历过四次左右的编纂[⑥]。可以说，自

---

① [宋]洪兴祖撰，白化文等点校：《楚辞补注》卷二《九歌章句》，中华书局，1983年版，第55页。

② [南朝梁]刘勰著，周振甫注：《文心雕龙注释》卷十《物色》，中华书局，1981年版，第494页。

③ [清]王夫之撰：《楚辞通释·序例》，上海人民出版社，1975年版，第4页。

④ 刘师培：《南北学派不同论》，万仕国辑校：《仪征刘申叔遗书》，广陵书社，2014年版，第1611—1656页。

⑤ 章培恒：《从〈诗经〉与〈楚辞〉看我国南北文学的差别》，《中国文化》1989年第1期，第60—65页。

⑥ 汤炳正先生认为可将《楚辞》分为五组：第一组为《离骚》和《九辩》，纂辑者或即为宋玉；第二组为《九歌》《天问》《九章》《远游》《卜居》《渔父》《招隐士》，增辑者为淮南王宾客淮南小山，或即为淮南王刘安本人；第三组为《招魂》《九怀》《七谏》《九叹》，增辑者即为刘向；第四组为《哀时命》《惜誓》《大招》，增辑者不可考，增辑时期当在班固以后，王逸以前；第五组为《九思》，增辑者乃王逸。汤炳正：《〈楚辞〉编纂者及其成书年代的探索》，《江汉学报》1963年第10期，第49—57页。

屈原开始创作“楚辞”后一直到《楚辞》的最终写定，这期间《楚辞》文本一直处于流动与编纂的状态中。在此过程中，《楚辞》的编纂体例也逐渐形成。《楚辞》的选订与编纂体例是在历史中经过知识阶层的共同认识而形成的，而非出于一人一家之手，编纂本身便可视为汉代知识阶层的《楚辞》研究。因此，《楚辞》的编纂可以用于窥探汉代学者对于《楚辞》的认识与理解。

关于《楚辞》的编纂，学界已有丰富的研究成果①。然而需要注意的是，《楚辞》虽然有“书楚语、作楚声、纪楚物”的楚地特色，但也收录了不少非楚地人之作，如北方的贾谊、东方朔等。简言之，《楚辞》收录的作家不限于楚人，相对于《诗经》十五国风所展示的静态固定的地域空间，《楚辞》更多表现的是一个流动开放的空间。

一、文本中心的《楚辞》编纂

从文献编纂方式来看，以地域来编纂文献的意识在我国出现得很早，《诗经》十五国风的编纂便是按照地域来划分的。十五国风的编纂不仅反映了周代的区域地理，也凸显了其时的文化地理，后者尤受学者的重视，胡朴安曾说：

> 各国之风俗，皆由各国之政治养成；三百五篇之《诗》，最能表现政治与风俗相关之故。历史中之政治，舍《诗经》，尚有他书可以考见；惟由政治养成之风俗，只可于《诗经》中得之。地理中之土壤、物产、田赋等，《禹贡》所记綦详。若因风土之不同，致好恶之各别，亦只可于《诗经》中得之。②

胡朴安认为早期中国的自然地理多有文献可考，而若要审察那时的风俗文化、政治制度，唯有从十五国风入手。春秋时的季札在观乐时，就曾简要概述过十五国风蕴含的文化地理，据载：

---

① 如对“经传”编纂体例的辨析研究，有周苇风：《〈楚辞〉编纂体例探微》，《文学遗产》2006年第5期，第24—28页；邵杰：《〈楚辞〉编纂体例“经传说”析论》，《中国诗歌研究》2012年第9辑。

② 胡朴安、闻一多、傅斯年著：《胡朴安诗经学·闻一多诗经讲义·傅斯年诗经讲义》，吉林人民出版社，2013年版，第119页。

> 吴公子札来聘。……请观于周乐。使工为之歌《周南》《召南》，曰："美哉！始基之矣，犹未也，然勤而不怨矣。"为之歌《邶》《鄘》《卫》，曰："美哉！渊乎！忧而不困者也。吾闻卫康叔、武公之德如是，是其《卫风》乎！"为之歌《王》，曰："美哉！思而不惧，其周之东乎！"为之歌《郑》，曰："美哉！其细已甚，民弗堪也。是其先亡乎！"为之歌《齐》，曰："美哉！泱泱乎！大风也哉！表东海者，其大公乎！国未可量也。"为之歌《豳》，曰："美哉！荡乎！乐而不淫，其周公之东乎！"为之歌《秦》，曰："此之谓夏声。夫能夏则大，大之至也，其周之旧乎！"为之歌《魏》，曰："美哉！渢渢乎！大而婉，险而易行，以德辅此，则明主也。"为之歌《唐》，曰："思深哉！其有陶唐氏之遗民乎！不然，何忧之远也？非令德之后，谁能若是？"为之歌《陈》，曰："国无主，其能久乎？"①

季札对国风的理解，主要从文化传统、历史传统对地域风俗的养成方面来分析，如"卫康叔、武公之德"与《卫风》的"忧而不困"，"其周公之东"与《豳风》的"乐而不淫"，"其周之旧"与《秦风》的"此之谓夏声"。季札以为十五国风的文本特征决定于其地域风俗，而地域习俗源于先公先王的性格特征，这样，贤君圣王的性格特征是国风特征的源泉与本质。在传统知识阶层的认知中，普通民众习惯性地效仿管理者的行为方式，由此管理者的个人特质容易成为一地的文化习俗。

十五国风的论述手法影响深远，《汉书·地理志》在讨论帝国各地区的风俗文化时，便承此展开，钱穆曾说："《汉志》根据《诗经》十五国风，来叙述推论当时各地区之历史传统和文化特点。此一体统与特点之提示，大值我们注意。"②《地理志》从《诗》风视野出发，以《诗》风地理来划分帝国的区域。如秦地："故秦地于《禹贡》时跨雍、梁二州，《诗·风》兼秦、豳两国。……吴札观乐，为之歌《秦》，曰：'此之谓夏声。夫能夏则大，大之至也，其周旧乎？'"魏地："河内本殷之旧都，周既灭殷，分其畿内为三国，

---

① 《春秋左传正义》卷三十九《襄公二十九年》，清嘉庆本《十三经注疏》，中华书局，2009年版，第4355页。

② 钱穆：《如何研究历史地理》，《中国历史研究法》，生活·读书·新知三联书店，2001年版，第119页。

《诗·风》邶、庸、卫国是也。……河东土地平易，有盐铁之饶，本唐尧所居，《诗·风》唐、魏之国也。”[①]《地理志》的书写模式是将先秦诸侯国的疆域地理与十五国风显示的文化地理结合起来，其地理知识融自然地理与文化地理于一体，成为后世研究地域文学的典范。总而言之，《诗》风地理是以地域为核心来收集、分类诗歌的，它严格地将作品系于所产之地，这给后世留下了深刻的印记。

相较于此，《楚辞》则是以文本内容为核心来编纂的。需要注意的是，《楚辞》一书的名称含有非常浓厚的地域意味。刘向将屈原、宋玉以及部分汉人拟骚之作定名为《楚辞》：“逮至刘向，典校经书，分为十六卷。”[②]“裒屈宋诸赋，定名《楚辞》，自刘向始也。”[③]而刘向本人对地理区域有着非常清晰的认识，他曾作“域分”来划分帝国的区域，所以《楚辞》的取名当含有相当分量的区域之意。对于《楚辞》名称的来源，后世存在两种观点：一是认为《楚辞》的名称来源于屈原为楚人，这是从源流出发而得出的结论。如《隋书·经籍志》言：“其后，贾谊、东方朔、刘向、扬雄，嘉其文彩，拟之而作。盖以原楚人也，谓之‘楚辞’。”[④]王应麟《玉海》也说：“原著《离骚》，宋玉伤而和之。其后贾谊、东方朔、刘向、扬雄拟作，以原楚人也，谓之‘楚辞’。”[⑤]二是认为《楚辞》是指用楚地特有的语言、音声、名物创作的歌辞，这是从创作风格出发而得出的结论。如宋代黄伯思说：“盖屈、宋诸骚，皆书楚语，作楚声，纪楚地，名楚物，故可谓之‘楚辞’。”[⑥]陆时雍《楚辞疏·条例》言：“其人楚，其情楚，而其音复楚，谓之《楚辞》，雅称也。”[⑦]可见，无论是从源流上，还是从创作风格上，《楚辞》一名都跟楚地有着非常浓厚的关系。

---

① [汉]班固：《汉书》卷二十八下《地理志下》，中华书局，1962年版，第1643—1648页。

② [宋]洪兴祖撰，白化文等点校：《楚辞补注》卷一《离骚经章句》，中华书局，1983年版，第48页。

③ [清]永瑢等撰：《四库全书总目》卷一四八，中华书局，1965年版，第1267页。

④ [唐]魏征等撰：《隋书》卷三十五《经籍志四》，中华书局，1973年版，第1056页。

⑤ [宋]王应麟撰，武秀成、赵庶洋校证：《玉海艺文校证》（中册），凤凰出版社，2013年版，第926页。

⑥ [宋]黄伯思：《宋本东观余论》，中华书局，1988年版，第344页。

⑦ [明]陆时雍：《楚辞疏》，《续修四库全书》本（第1301册），上海古籍出版社，2002年版，第372页。

《楚辞》的“楚”毫无疑问指的是楚地，然而需要注意的是，在汉人的地域认知中，存在着两种楚地观。《史记·货殖列传》将楚地分为三楚：“夫自淮北沛、陈、汝南、南郡，此西楚也。……彭城以东，东海、吴、广陵，此东楚也。……衡山、九江、江南、豫章、长沙，是南楚也。”①而《汉书·地理志》则说：“楚地，翼、轸之分野也。今之南郡、江夏、零陵、桂阳、武陵、长沙及汉中、汝南郡，尽楚分也。”②司马迁的楚地认识源于战国中期楚国鼎盛时的势力范围，其中包括了吴地等整片南国地区。而刘向对楚地的认知源于汉武帝时开始的州制划分，楚地的范围大致为荆州，而吴地为扬州。“吴地，斗分野也。今之会稽、九江、丹阳、豫章、庐江、广陵、六安，临淮郡，尽吴分也。”③故关于朱买臣的地域归属，二书作做了截然不同的判断。《史记·张汤传》：“买臣楚士。”④而《汉书·朱买臣传》曰：“朱买臣字翁子，吴人也。”⑤《汉书·地理志》的地域划分采用的是刘向的“域分”，据此可知刘向认知的“楚”当仅限于荆州。

虽《楚辞》之楚指的是荆州，但就《楚辞》收录的作品而言，其作者并不全为荆州之人。后世关于《楚辞》一些篇章的作者存有争论，这里对于作者归属的处理方式是完全信任王逸的《楚辞章句》，因为无论后世有何不同意见，无论王逸判定的作者是否为真实，《楚辞章句》整理出来的作者可以说代表了整个汉代认可的心理事实。具体来说，《楚辞》首先收录的是屈原、宋玉与景差三位战国楚人的作品，而两汉时期收录的作品有贾谊《惜誓》、淮南小山《招隐士》、东方朔《七谏》、严忌《哀时命》、王褒《九怀》、刘向《九叹》及王逸《九思》。从作家本籍以及活动地域来看，淮南小山为淮南王门客，主要活动于寿春，王逸是南郡宜城人，此二地均在荆州。贾谊为北方洛阳人，《吊屈原赋》《鹏鸟赋》等众多赋作均作于他被贬长沙之时，这些作品都有比较浓厚的楚辞风格，可以说他与楚地也有着一定的关联。东方朔是北方平原厌次人，但他的《七谏》在勘校屈原生平方面几可与《史记·屈原

① [汉]司马迁：《史记》卷一百二十九《货殖列传》，中华书局，1959年版，第3267—3268页。

② [汉]班固：《汉书》卷二十八下《地理志下》，中华书局，1962年版，第1665页。

③ [汉]班固：《汉书》卷二十八下《地理志下》，中华书局，1962年版，第1666页。

④ [汉]司马迁：《史记》卷一百二十二《酷吏列传》，中华书局，1959年版，第3143页。

⑤ [汉]班固：《汉书》卷六十四上《朱买臣传》，中华书局，1962年版，第2791页。

列传》比肩，且在王德华教授看来，东方朔“是汉人拟骚中最近屈原者”[①]。严忌乃吴人，《汉书·地理志》言：“粤既并吴，后六世为楚所灭。……本吴、粤与楚接比，数相并兼，故民俗略同。”[②] 吴地在战国中期就为楚国所占有，长期习染之下，二者文化风俗极其相近。王褒为蜀资中人，《地理志》即认为汉中郡为楚地分野，蜀文化与楚文化的渊源纠葛甚大。刘向虽然作为汉室宗亲主要活动于长安，但他是楚元王的直系后代，身上也有着浓郁的楚地情结。由此可以看出，《楚辞》收录的作家虽然不全是楚人，但或多或少与楚地有一些关联，这体现出了一种源于楚地而又超越楚地的色彩。王德华教授说：“《楚辞》这部书从编纂角度看，反映了刘向对‘楚辞’地理的认知，即从源上讲，看到了‘楚辞’的地域特征；从其流看，则反映了对‘楚辞’风格特征的重视，超越了作家本籍与楚地的关系。”[③]

既然《楚辞》的收录标准不是以地域为核心，那么它的收录标准是什么呢？李诚教授说：“收入《楚辞》中的汉人拟楚辞，在形式上是骚体；内容与屈原相关；行文则大体以第一人称代屈原立言。”[④] 形式、内容、行文指的皆是文本写作风格，也就是说《楚辞》的收录标准是文本的相似性。事实上，《楚辞》的收录标准与后世名气甚嚣尘上的江西诗派类似，据杨万里《江西宗派诗序》所言：“江西宗派诗者，诗江西也，人非皆江西也。人非皆江西，而诗曰江西者何？系之也。系之者何？以味不以形也。”[⑤] 判断是否为江西诗派的标准是“以味不以形也”，只要其“味”相似，便可视为江西诗派的一员，而不论作者是不是江西人。《楚辞》也是选择文本总体风格相似的作品编纂而成，这体现的是以文本为中心的编纂方式。

二、开放流动的《楚辞》空间

从前文可以看出，《诗经》与《楚辞》反映了两种不同的编纂方式，这代

---

① 王德华：《唐前南北文学地理研究的历史演进与思考》，《中文学术前沿》2015年第2期，第2页。

② [汉]班固：《汉书》卷二十八下《地理志下》，中华书局，1962年版，第1668页。

③ 王德华：《唐前南北文学地理研究的历史演进与思考》，《中文学术前沿》2015年第2期，第2页。

④ 李诚：《汉人拟楚辞入选〈楚辞〉探由》，《文学遗产》2006年第2期，第129—131页。

⑤ 辛更儒笺校：《杨万里集笺校》，中华书局，2007年版，第3230页。

表了两种不同的文学地理观："《诗经》的地理观是以地域为主，其地理观静止而封闭；而《楚辞》则以文本为主，其地理观是流动而开放的。"[①] 也就是说，《楚辞》以创作风格为依托，它超越了区域地理的限制，构建了一个开放性的结构，展现了一种动态的文学地理观。然而"楚辞"作为一个具有强烈地域色彩的称谓，其地理观何以是动态而开放的？

"楚辞"所体现的动态空间，与刘向编纂的《战国策》所呈现的状态与其非常相似。《战国策》作为国别体的史学之作，刘向在编纂诸国的策文时，他的选择并没有局限于该国的游士，而是以整个天下的游士为选择对象，所以《秦策》所录策论的游士不但有秦人，还有卫人商鞅、魏人张仪、周人苏秦、燕人蔡泽等关东之人，而《楚策》所录亦可以有晋人、周人、魏人等中原之人。《战国策》的收录标准是以策论为核心，只要某一游士的策论与该国有关，则被收入于该国之中，而非仅限于该国之人。对比同为国别体的《国语》，不难发现《国语》所选录的人事大致限于本国人才的史事：《周语》所选择的主人公为周人，如祭公、邵公、芮良夫，《鲁语》所选择的史事的主人公基本上是鲁人，如曹刿、夏父展、臧文仲。《战国策》与《国语》虽同为国别体史书，二者的编纂方式也有很大的不同：《战国策》以国事大政为主，而《国语》则以本国贤才为主。可以说，《国语》所展现的贤才空间为固定静态的，《战国策》所表演的贤才空间为活跃动态的，二者所展演的空间一如《诗经》与《楚辞》所反映的空间，一为静止而封闭，一为流动而开放。

刘向同时编纂了《战国策》与《楚辞》，编纂方式选择的都是动态而开放的文本空间。其原因主要在以下两个方面：

首先是写定时间的不同。早期文献多经长时间的整理与编纂才被写定为文本，《诗经》文本自西周初年的采诗活动开始便处于编纂之中，但是只有经过"孔子删诗"，《诗经》的文本才算最终成形，故《诗经》文本写定时间最晚可以定为春秋中叶[②]。《国语》的文本写定时间，学界已经否定了"刘歆伪造说"，对其成书时间的考证，主流观点认为《国语》文本大致写成于

① 王德华：《唐前南北文学地理研究的历史演进与思考》，《中文学术前沿》2015年第2期，第2—3页。

② 刘丽文认为孔子删诗而成《诗经》一书："孔子对这三千多首诗，剔除重复舛误的，合并内容相似的，厘清归类混乱的，校理篇章窜乱的，订正字句讹错的，使它们各归其类，最后，编成了一部三百零五篇的《诗经》。"刘丽文：《清华简〈周公之琴舞〉与孔子删〈诗〉说》，《文学遗产》2014年第5期，第37—43页。

战国中期[①]。而《战国策》的编纂始于战国时期，直到刘向时方才编订成书："臣向因国别者，略以时次之；分别不以序者以相补，除复重，得三十三篇。"[②]《楚辞》的编纂经历与《战国策》类似。可以看出，《诗经》与《国语》的成书时间最晚为战国中期，而《战国策》和《楚辞》的最早编纂年代为战国时期。二者之间最大的差别即一处于春秋时期，一处于战国时期。春秋之时，虽有灭国，旋即复之，兼并之祸相对较轻，各诸侯国的地域位置相对清晰固定，此时各个地域诸侯是独立的个体，自身可以单独存在，而不是某个整体的附属物。战国时期开始，诸侯兼并之祸变烈，列国争强不断，国家疆域位置朝夕更换，"天下定于一"成为时代的心理意识，九州共同体逐渐形成，此时各个地域之间是互相关联的，每个地域都是九州的附属存在物，不可以单独存在着。

作为整体的部分而存在，其地理观必然具有动态而开放的性质；而作为独立的存在，其地理观则会显示出静态而封闭的特性。"定义一"时代意识的出现，淡化了原有的地域划分，地方意识在"大一统"空间的重组中变得模糊，这是动态空间出现的潜在原因。至刘向编书之时，华夏作为一个统一的帝国已平稳发展了一百多年。在刘向看来，所谓的楚、齐、秦、魏等地域都是帝国的一部分，故即使只是编纂楚地歌谣的"楚辞"，此歌谣的选择范围也并非立足于战国时期独立的楚地，而是帝国的下属荆州。也就是说，刘向眼中的"楚"自身便带有帝国整体的性质。以文本为中心的编纂，选择以整个帝国作家作品的搜罗对象，这体现了《楚辞》编纂的帝国"大一统"特性。

其次，《楚辞》的创作阶层与《诗经》十五国风的创作阶层有异。《楚辞》是知识精英的创作作品，展现的是大传统中知识阶层的个体意识，故每篇作品都有署名。陆云《九愍序》说："昔屈原放逐，而《离骚》之辞兴。自今及古，文雅之士，莫不以其情而玩其辞，而表意焉。"[③]《楚辞》成为"文雅之士"所反复把玩的珍品，即指出了《楚辞》的精英属性。而《诗经》十五国风更多的是普通人民集体创作而成，多数诗篇不知创作者为谁。这里可以用曼纽尔·卡斯特的"地方空间"与"流动空间"理论来解释这一问题，流动

---

① 如徐中舒、杨伯峻、赵光贤、夏经林等先生便持此看法，可参见梁涛：《20世纪以来〈左传〉〈国语〉成书、作者及性质的讨论》，《邯郸学院学报》2005年第4期，第75—79页。

② 何建章注释：《战国策注释》附录四《刘向战国策序》，中华书局，1990年版，第1355页。

③ [晋]陆云：《陆云集》，中华书局，1988年版，第124页。

空间最大的特征便是精英化，而地方空间则代表大众化。卡斯特说道：

> 简言之，精英是寰宇主义的，而人民是地域性的。权力和财富的空间投射到全世界，民众的生活和经验则根植于地方，根植于他们的文化和历史之中。因此，社会组织越是奠基于非历史性的流动而超越任何特定地方的逻辑，那么全球权力的逻辑就越能够脱离具有历史特殊性的地域——国家社会的社会——政治控制。[①]

《诗经》十五国风选取的是地方性的民歌民谣，即所谓的“民众的生活和经验则根植于地方，根植于他们的文化和历史之中”，作为大众阶层的他们留恋的是地方小传统，更关注本地的发展情况，因而他们映射的是静止的地方空间；而《楚辞》是精英文化的代表，所征示的是“超越任何特定地方的逻辑”的寰宇主义，作为精英阶层他们关注的是帝国大传统，心怀的是整个帝国疆域，因而他们体现的是开放的流动空间。

总而言之，相对于《诗经》所体现的静态文本空间，《楚辞》的编纂以风格为主体，表现的是一个流动而开放的文本空间。此动态文本空间的形成，得益于“天下定于一”“大一统”思维方式的出现，它以开放而宏阔的视野将各个地域视为九州共同体的局部，将作者的归属统于帝国而非某个区域，因此其编纂可以自由选择帝国的子民而非局限于某一处地域。

第二节 依经立义的《楚辞》研究

纪晓建在其博士论文《汉代楚辞学研究》中指出：

> “依诗释骚”和“儒道杂糅”这种看起来相互矛盾的学术特征和文人心态在两汉楚辞学领域“和谐”地并存着。儒家价值观成为汉代楚辞学者评价屈原人格及其作品的标准，而道家思想又在潜移默化中支配着他

① [美]曼纽尔·卡斯特著，夏铸九、王志弘等译：《网络社会的崛起》，社会科学文献出版社，2001年版，第509—510页。

们对屈原及其作品的评判，正是这种儒道思想的交融和矛盾斗争，推动了汉代楚辞学的发展。[①]

楚辞学在汉代虽然成为显学，然而其研究与探讨的标准却被儒家价值观把控着。儒家价值观是汉代楚辞研究者先入为主的视域，知识阶层对“楚辞”的接受与阐释自觉带入经学的眼光，由此，“依诗释骚”与“依经立义”成为汉代楚辞研究的核心内涵。

一、《楚辞》仕进：帝王个人的私下爱好

中国古代知识分子的人生追求专一而执着，他们有种强烈的社会责任感与历史使命感，其所做的一切都是为了仕进为宦、安世济民。自“士”诞生之初，他们学习知识的目的便是为了仕进。《孟子》载：

周霄问曰：“古之君子仕乎？”

孟子曰：“仕。传曰：‘孔子三月无君，则皇皇如也，出疆必载质。’公明仪曰：‘古之人三月无君则吊。’”

“三月无君则吊，不以急乎？”

曰：“士之失位也，犹诸侯之失国家也。”[②]

孟子指出“士”如果三个月没有出仕，则惶惶如丧家之犬。仕是士的最终目的与根本属性，所谓“士之失位也，犹诸侯之失国家也”，“士之仕也，犹农夫之耕也”，即是说“士”要仕进，有如诸侯要有国土、农夫要去耕田一样，是天经地义的。《列子·力命》也说：“农赴时，商趣利，工追术，仕逐势，势使然也。”[③]“仕”是士人的本职工作，他们追逐仕宦乃是时势的要求，孔子也认为“学而优则仕”。在汉代，楚辞学与经学都是“士”阶层才能掌握的特有知识，其目的都是为了仕进，在狭窄的仕进之路中，两种性质

① 纪晓建：《汉代楚辞学研究》，苏州大学2014年博士学位论文，（中文摘要）第2页。

② ［宋］朱熹：《四书章句集注·孟子集注》卷六《滕文公章句下》，中华书局，1983年版，第266页。

③ 杨伯峻撰：《列子集释》卷六《力命》，中华书局，1979年版，第215页。

不同的知识学问必然会产生激烈的竞争与碰撞。

汉初人才选拔并无定制，大半出于荫任与訾选二途。“夫长吏多出于郎中、中郎，吏二千石子弟选郎吏，又以富訾，未必贤也。”① 帝国虽有征召贤良方正之举，然并没有形成定制，此时的仕进与知识之间并无必然联系，故经学之士少有登进。“孝惠、吕后时，公卿皆武力有功之臣。孝文时颇征用，然孝文帝本好刑名之言。及至孝景，不任儒者，而窦太后又好黄老之术，故诸博士具官待问，未有进者。”② 而善为“楚辞”的士人则游于藩王之间，如严忌游于吴王、梁孝王门下，淮南小山游于淮南王门下，他们与枚乘、司马相如等辞赋家共同形成了汉初的各式藩王文学团体。

经学之士仕进之路的规范化始于汉武帝时，董仲舒建言：“臣愚以为使诸列侯、郡守、二千石各择其吏民之贤者，岁贡各二人以给宿卫，且以观大臣之能。”③ 董仲舒所谓的贤者指的即是儒学之士，故班固以为“及仲舒对策，推明孔氏，抑黜百家。立学校之官，州郡举茂才孝廉，皆自仲舒发之”④。董仲舒的对策开启了汉代经学之士的仕进之旅，而公孙弘则为经学仕进做了一个好榜样：“公孙弘以治《春秋》为丞相封侯，天下学士靡然乡风矣。”⑤ 由此汉代知识阶层借由经学而仕进的情况大幅度出现：“公卿大夫士吏斌斌多文学之士矣。”⑥ 汉代多有劝人攻读经学的谚语，如“士病不明经术，经术苟明，其取青紫如俯拾地芥耳”⑦“遗子黄金满籯，不如一经”⑧。这些民谚展示了普通人对于通经与仕宦之间关系的理解。以《汉书·儒林传》中习《诗》为宦的情况为例，习申公《鲁诗》的士人据载：

> 申公，鲁人也。……弟子为博士十余人，孔安国至临淮太守，周霸胶西内史，夏宽城阳内史，砀鲁赐东海太守，兰陵缪生长沙内史，徐偃胶西中尉，邹人阙门庆忌胶东内史，其治官民皆有廉节称。其学官弟子

① ［汉］班固：《汉书》卷五十六《董仲舒传》，中华书局，1962 年版，第 2512 页。
② ［汉］司马迁：《史记》卷一百二十一《儒林列传》，中华书局，1959 年版，第 3117 页。
③ ［汉］班固：《汉书》卷五十六《董仲舒传》，中华书局，1962 年版，第 2513 页。
④ ［汉］班固：《汉书》卷五十六《董仲舒传》，中华书局，1962 年版，第 2525 页。
⑤ ［汉］班固：《汉书》卷八十八《儒林传》，中华书局，1962 年版，第 3593 页。
⑥ ［汉］司马迁：《史记》卷一百二十一《儒林列传》，中华书局，1959 年版，第 3120 页。
⑦ ［汉］班固：《汉书》卷七十五《夏侯胜传》，中华书局，1962 年版，第 3159 页。
⑧ ［汉］班固：《汉书》卷七十三《韦贤传》，中华书局，1962 年版，第 3107 页。

行虽不备，而至于大夫、郎、掌故以百数。[①]

习辕固生《齐诗》的据载：

> 辕固，齐人也。……诸齐以《诗》显贵，皆固之弟子也。昌邑太傅夏侯始昌最明，自有传。后苍字近君，东海郯人也。事夏侯始昌。始昌通《五经》，苍亦通《诗》《礼》，为博士，至少府，授翼奉、萧望之、匡衡。奉为谏大夫，望之前将军，衡丞相，皆有传。衡授琅邪师丹、伏理斿君、颍川满昌君都。君都为詹事，理高密太傅，家世传业。丹大司空，自有传。由是《齐诗》有翼、匡、师、伏之学。满昌授九江张邯、琅邪皮容，皆至大官，徒众尤盛。[②]

习《韩诗》的据载：

> 韩婴，燕人也。……赵子，河内人也。事燕韩生，授同郡蔡谊。谊至丞相，自有传。谊授同郡食子公与王吉。吉为昌邑王中尉，自有传。食生为博士，授泰山栗丰。吉授淄川长孙顺。顺为博士，丰部刺史。由是《韩诗》有王、食、长孙之学。丰授山阳张就，顺授东海发福，皆至大官，徒众尤盛。[③]

习《毛诗》的据载：

> 毛公，赵人也。治《诗》，为河间献王博士，授同国贯长卿。长卿授解延年。延年为阿武令，授徐敖。敖授九江陈侠，为王莽讲学大夫。由是言《毛诗》者，本之徐敖。[④]

可以看出，习《诗》之人的仕宦一片坦途，《儒林传》中不断出现的“皆

① [汉]班固:《汉书》卷八十八《儒林传》，中华书局，1962年版，第3608页。
② [汉]班固:《汉书》卷八十八《儒林传》，中华书局，1962年版，第3613页。
③ [汉]班固:《汉书》卷八十八《儒林传》，中华书局，1962年版，第3614页。
④ [汉]班固:《汉书》卷八十八《儒林传》，中华书局，1962年版，第3614页。

至大官”等艳羡之语，反映的便是时代对习《诗》而宦途光明的总结。总之，自武帝后，通明经学在仕进为宦中有非常大的便利。

与此同时，研习《楚辞》也是一条仕进的捷径。朱买臣发迹凭借的就是《楚辞》之功，据《史记·酷吏列传》所载：“始长史朱买臣，会稽人也。读《春秋》。庄助使人言买臣，买臣以《楚辞》与助俱幸，侍中，为太中大夫，用事。”[①] 朱买臣因为研习《楚辞》而改变了人生轨迹，走上了仕进之路。又据《汉书·地理志》所言：

> 始楚贤臣屈原被谗放流，作《离骚》诸赋以自伤悼。后有宋玉、唐勒之属慕而述之，皆以显名。汉兴，高祖王兄子濞于吴，招致天下之娱游子弟，枚乘、邹阳、严夫子之徒兴于文、景之际。而淮南王安亦都寿春，招宾客著书。而吴有严助、朱买臣，贵显汉朝，文辞并发，故世传《楚辞》。[②]

所谓“皆以显名”“贵显汉朝”指的都是《楚辞》的政治功能与效用。《楚辞》能够成为知识阶层扬名、仕进的利器，主要与汉代帝王对“楚辞”的喜爱有关。汉高祖刘邦起于沛地，对楚声情有独钟：“高祖乐楚声，故《房中乐》楚声也。”[③] 流风所及，汉廷对楚声青睐有加，鲁迅即指出：“楚声之在汉宫，其见重如此，故后来帝王仓卒言志，概用其声。”[④]

汉代帝王中，以汉武帝与汉宣帝对“楚辞”最为热衷。汉武帝对“楚辞”的兴趣超绝常人，他时常与淮南王刘安讨论“方技赋颂”。“初，安入朝，献所作《内篇》，新出，上爱秘之。使为《离骚传》，旦受诏，日食时上。又献《颂德》及《长安都国颂》。每宴见，谈说得失及方技赋颂，昏莫然后罢。”[⑤] 且汉武帝曾模拟“楚辞”自制《秋风辞》：“汉武帝《秋风词》，尽蹈袭楚辞。”[⑥] 汉宣帝博爱奇异之好，对“楚辞”另眼相看：“宣帝时修武帝故事，讲

---

① [汉]司马迁：《史记》卷一百二十二《酷吏列传》，中华书局，1959年版，第3143页。
② [汉]班固：《汉书》卷二十八下《地理志下》，中华书局，1962年版，第1668页。
③ [汉]班固：《汉书》卷二十二《礼乐志》，中华书局，1962年版，第1043页。
④ 鲁迅：《汉文学史纲要》，译林出版社，2014年版，第57页。
⑤ [汉]班固：《汉书》卷四十四《淮南王传》，中华书局，1962年版，第2145页。
⑥ [宋]陈知柔：《休斋诗话》，郭绍虞辑：《宋诗话辑佚》，中华书局，1980年版，第485页。

论六艺群书，博尽奇异之好，征能为‘楚辞’九江被公，召见诵读。”[①] 因此，陈广忠认为：

> 《楚辞》一书，在武帝初年已经形成并定有专名。司马迁当是见证人。此书已在宫廷、士大夫和文人学士中流传，研习《楚辞》已成为一种专门的学问，并成为升官仕进的一个阶梯，与当时武帝设的五经博士和推举的贤良文学并驾齐驱。刘安整理《楚辞》，不光是由于自己的喜爱，也是为了武帝爱好文学的需要。[②]

习读《楚辞》已成为士人为宦仕进的重要利器，而且与“武帝设的五经博士和推举的贤良文学并驾齐驱”。概言之，《楚辞》与经学在汉代都是重要的仕宦途径。然而根据现代学者的考察，在汉代，仕进的两大常规途径主要是儒生与文吏，所谓“诸生试家法，文吏课笺奏”[③]。有汉一朝，士人入仕的主要途径为察举制，依据光武帝《四科取士诏》：“丞相故事，四科取士。一曰德行高妙，志节清白；二曰学通行修，经中博士；三曰明达法令，足以决疑，能案章覆问，文中御史；四曰刚毅多略，遭事不惑，明足以决，才任三辅令，皆有孝悌廉公之行。”[④] 四科中，前二者指的是儒生，后二者指的是文吏。

也就是说，以“楚辞”显名而被征召在仕进中并非常态，不如经术通明或者明达法令受到国家的重视与认可。汉武帝时，辞赋家多为言语文学侍从：“郡举贤良，对策百余人，武帝善助对，由是独擢助为中大夫。后得朱买臣、吾丘寿王、司马相如、主父偃、徐乐、严安、东方朔、枚皋、胶仓、终军、严葱奇等，并在左右。”[⑤] 而汉宣帝“博尽奇异之好，征能为‘楚辞’九江被公。”[⑥]《楚辞》被视为离经叛道的“奇异之好”，这就一语道破“楚辞”备受轻视冷落的原因。与此相对，却是公孙弘以通《春秋》而为白衣卿相，韦贤、韦玄成父子二人以明经而为丞相，这些以通经明道而仕进为宦的儒

① [汉]班固：《汉书》卷六十四下《王褒传》，中华书局，1962年版，第2821页。
② 陈广忠：《淮南文集》，中国文史出版社，2014年版，第433页。
③ [南朝宋]范晔：《后汉书》卷六十一《左雄列传》，中华书局，1965年版，第2020页。
④ [清]孙星衍等辑，周天游点校：《汉官六种·汉官仪》卷上，中华书局，1990年版，第125页。
⑤ [汉]班固：《汉书》卷六十四上《严助传》，中华书局，1962年版，第2775页。
⑥ [汉]班固：《汉书》卷六十四下《王褒传》，中华书局，1962年版，第2821页。

生成为朝廷的中流砥柱，备受世人敬仰。很明显，在仕进的竞争中，善“楚辞”是远远不如明“经术”的，钱志熙先生便认为“汉代的儒学与文学又是矛盾的，儒学是压抑着文学的”。[①]

探其原因，“楚辞”只是帝王的私人爱好，而儒学却在治国安邦方面拥有很大的贡献。因此，《诗经》等儒学经典得到了帝国官方的承认，被立为五经博士，而“楚辞”却只成为个人的娱乐与消遣。“楚辞”等辞赋技能虽为汉室宫廷传统，颇能满足帝王的消遣心理，但对于治理国家，“楚辞”的贡献却微乎其微。王充便说：“著书之人，博览多闻，学问习熟，则能推类兴文。文由外而兴，未必实才学文相副也。且浅意于华叶之言，无根核之深，不见大道体要，故立功者希。安危之际，文人不与，无能建功之验，徒能笔说之效也。”[②] 王充认为善于为文的文人，多只能在纸上逞能，而无辅政匡国之能，于国于家无益。据《王褒传》，汉宣帝曾因喜爱辞赋而遭到议者的谏诤：

> 上令褒与张子侨等并待诏，数从褒等放猎，所幸宫馆，辄为歌颂，第其高下，以差赐帛。议者多以为淫靡不急，上曰：“‘不有博弈者乎，为之犹贤乎已！’辞赋大者与古诗同义，小者辩丽可喜。辟如女工有绮縠，音乐有郑卫，今世俗犹皆以此虞说耳目，辞赋比之，尚有仁义风谕，鸟兽草木多闻之观，贤于倡优博弈远矣。”
>
> 其后太子体不安，苦忽忽善忘，不乐。诏使褒等皆之太子宫虞侍太子，朝夕诵读奇文及所自造作。疾平复，乃归。太子喜褒所为《甘泉》及《洞箫颂》，令后宫贵人左右皆诵读之。[③]

议者以为辞赋“淫靡”，相对于政事是“不急”之务。汉宣帝虽然做了辩解，认为辞赋可以愉悦耳目，并且“贤于倡优博弈远矣”，然而这番比较却不经意间透露出在汉宣帝眼中，辞赋本质上与倡优、博弈无二，否则也不会拿来做比较了。而太子将辞赋当成治病的工具，以及让后宫女子诵唱的做

① 钱志熙《“鸿都门学”事件考论——从文学与儒学关系、选举及汉末政治等方面着眼》，《北京大学学报（哲学社会科学版）》，2008 年第 1 期，第 91—101 页。

② ［汉］王充著，黄晖撰：《论衡校释》卷十三《超奇》，中华书局，1990 年版，第 610—611 页。

③ ［汉］班固：《汉书》卷六十四下《王褒传》，中华书局，1962 年版，第 2829 页。

法，更是显露出辞赋的倡优式地位，吕思勉总结道："辞赋之用如此，此人之所以轻之也。"①

不能为国家公共事业贡献力量的《楚辞》，其研习者披上了"不能持论"的外衣。吴质《答魏太子笺》曰："往者孝武之世，文章为盛。若东方朔、枚皋之徒，不能持论……其唯严助、寿王，与闻政事。"② 唐末裴延翰也认为"骚人之辞怨刺愤怼，虽援及君臣教化，而不能露洽持论"。③ 不能"与闻政事"是辞赋之士的短板与缺点，也是经学之士极力攻击的地方，而"不能持论"则是不能"与闻政事"的根本与关键。所谓"不根持论"，据《东方朔传》所载："朔、皋不根持论，上颇俳优畜之。"颜师古注"不根持论"曰："论议委随，不能持正，如树木之无根柢也。"④ 也就是说，辞赋家没有自己的原则与坚守，随意更改自己的意见与底线，故多被士人视为弄臣："朔口谐倡辩，不能持论。"⑤

《孔丛子》曾对"持论"做过一番解释：

> 夫物有定名，而论有一至。是故有可一言而得其极，虽十言而不能夺者，唯析理即实为得，不以滥丽说辞为贤也。然而世俗之人聪达者寡，随声者众。持论无主，俯仰为资。因贵势而附从，托浮说以为定。不求之于本，不考之于理，故冗长涸殽之言，而众莫能折其中，所以为口费而无得也。⑥

能够做到"物有定名，而论有一至"的名实相符的人才是真正的贤人君子。而世人多是"持论无主，俯仰为资"的随声者，他们没有自己一以贯之的主见，缺乏坚毅厚重的操守，就如同孔子所说的乡愿："非之无举也，刺之无刺也；同乎流俗，合乎污世；居之似忠信，行之似廉洁；众皆悦

---

① 吕思勉：《秦汉史》，中华书局，2009年版，第589页。

② ［南朝梁］萧统编，［唐］李善注：《文选》卷四十《吴季重答魏太子笺》，郑州大学出版社，2013年版，第1825页。

③ 吴在庆：《杜牧集系年校注》，中华书局，2008年版，第4页。

④ ［汉］班固：《汉书》卷六十四上《严助传》，中华书局，1962年版，第2775页。

⑤ ［汉］班固：《汉书》卷六十五《东方朔传》，中华书局，1962年版，第2860页。

⑥ 傅亚庶撰：《孔丛子校释》卷七《连丛子上》，中华书局，2011年版，第454—455页。

之，自以为是，而不可与入尧舜之道，故曰德之贼也。”[①] 乡愿是儒学经典中口诛笔伐的人物，而“不能持论”的辞赋家在汉代知识分子看来便是乡愿的幽灵。

事实上，司马迁在《史记·屈原列传》就曾总结过楚辞家们的行为处事，他认为后世拟制“楚辞”的创作者没有继承到屈原的“直谏”精神：“屈原既死之后，楚有宋玉、唐勒、景差之徒者，皆好辞而以赋见称；然皆祖屈原之从容辞令，终莫敢直谏。”[②] “莫敢直谏”一语成谶，后世“不能持论”的评价就是它的细化与深化。《汉书·艺文志》进一步说：“大儒孙卿及楚臣屈原离谗忧国，皆作赋以风，咸有恻隐古诗之义。其后宋玉、唐勒，汉兴枚乘、司马相如，下及扬子云，竞为侈俪闳衍之词，没其风谕之义。”[③] 汉代的辞赋家没有继承到屈原的“恻隐古诗之义”，隐没了作为士君子独立象征的讽刺精神，这是他们“不能持论”的缘由之一。

其次，“不能持论”评价的出现还跟“诗言志”传统有关。在汉代知识阶层的普遍思想中，诗赋的目的在于服务政治——以“诗”劝谏，以“赋”讽谏。《诗大序》即曰：“诗者，志之所之也，在心为志，发言为诗，情动于中而形于言。”[④] 此“志”，就是济世安民之志，就是治国平天下之志。汉代士大夫多用《诗》来表达自己的政治见解。王吉劝谏宣帝举贤任能时说：“今使俗吏得任子弟，率多骄骜，不通古今，至于积功治人，亡益于民，此《伐檀》所为作也。宜明选求贤，除任子之令。”[⑤] 贡禹进谏元帝节省开支说道：“方今天下饥馑，可亡大自损减以救之，称天意乎？天生圣人，盖为万民，非独使自娱乐而已也。故《诗》曰：‘天难谌斯，不易为王’；‘上帝临女，毋贰尔心。’”[⑥] 汉儒解读《诗经》时，多赋予其政治含义，以利于在政治事务中实践改造世界的任务，故董仲舒引《诗》《书》劝谏武帝勉力行道：“强勉学问，则闻见博而知益明；强勉行道，则德日起而大有功：此皆可使还至而立有效

---

① [宋]朱熹:《四书章句集注·孟子集注》卷十四《尽心下》，中华书局，1983年版，第375—376页。

② [汉]司马迁:《史记》卷八十四《屈原列传》，中华书局，1959年版，第2491页。

③ [汉]班固:《汉书》卷三十《艺文志》，中华书局，1962年版，第1756页。

④ 《毛诗正义》卷一《关雎》，清嘉庆本《十三经注疏》，中华书局，2009年版，第563页。

⑤ [汉]班固:《汉书》卷七十二《王吉传》，中华书局，1962年版，第3065页。

⑥ [汉]班固:《汉书》卷七十二《贡禹传》，中华书局，1962年版，第3072页。

者也。《诗》曰‘夙夜匪解’《书》云‘茂哉茂哉！’，皆强勉之谓也。”[①] 司马相如引《小雅·北山》“普天之下，莫非王土；率土之滨，莫非王臣”说明汉武帝开边的合理性，刘向引《大雅·荡》“殷鉴不远，在夏后之世”劝谏成帝留心政事。总之，儒学于政治事务中发挥着不可或缺的作用，“诗言志”的传统可谓是“经学视野下的诗学阐释”。

而与此相反，“楚辞”的主要内容在于传达个人的“哀怨”思绪以及表述自己的“伤怀”情感，它展现的不是“诗言志”，而是“诗缘情”，如王逸所言的“下以自慰”。“诗缘情”的目的在于追求以情动人的艺术效果。《文心雕龙》便言：“人禀七情，应物斯感，感物吟志，莫非自然。”[②] “缘情”意味着个人的感情具有独立存在的价值，而不是政治的附庸。而在汉代，占据主流思想的是“诗言志”说，“诗缘情”并无多大影响力。可以想见，以展现个人情感为内涵的《楚辞》注定遭遇主流价值观异样的眼光。

再次，“不能持论”也与《楚辞》的女性意识有关。《楚辞》中很多作品的主人公以女性形象出现，甚至可以说《楚辞》是一部“拟女性”的文学作品。游国恩先生在其《楚辞女性中心说》中便指出楚辞观是以女性为核心的：“‘女人’是象征他自己，象征他自己的遭遇，好比一个见弃于男子的妇人。”[③]《楚辞》以男女喻君臣，女性意象成为赋家表达其政治诉求的书写策略。“赋家如何出场，君王又是如何观看，性别的模拟与转换，生动地刻画了政治场中的角力网络。”[④] 而现实生活中的男性追求的是“富贵不能淫，贫贱不能移，威武不能屈”的大丈夫形象，“楚辞”推崇的女性人格形象与社会的普遍观念相违背，这也会造成士大夫的不理解与难以接受。

“不能持论”的《楚辞》创作者，得不到主流社会的重视与注意。《汉书·枚皋传》说：“皋赋辞中自言为赋不如相如，又言为赋乃俳，见视如倡，自悔类倡也。”[⑤]《扬雄传》亦有类似之言：“颇似俳优淳于髡、优孟之徒，非法度所存，贤人君子诗赋之正也，于是辍不复为。”[⑥]

---

① [汉]班固：《汉书》卷五十六《董仲舒传》，中华书局，1962年版，第2498—2499页。

② [南朝梁]刘勰著，周振甫注：《文心雕龙注释》卷二《明诗》，人民文学出版社，2008年版，第48页。

③ 游国恩：《屈原》，胜利出版公司，1946年版，第204页。

④ 郑毓瑜：《性别与家国——汉晋辞赋的楚骚论述》，三联书店，2006年版，第6页。

⑤ [汉]班固：《汉书》卷五十一《枚皋传》，中华书局，1962年版，第2367页。

⑥ [汉]班固：《汉书》卷八十七下《扬雄传下》，中华书局，1962年版，第3575页。

汉灵帝时期鸿都文学的设置，最能凸显出辞赋与儒学之间的矛盾。汉灵帝光和六年（公元 176）“始置鸿都门学生”，注曰：“时其中诸生，皆敕州、郡三公举召能为尺牍辞赋及工书鸟篆者相课试，至千人焉。”① 可知鸿都文学的核心是以辞赋等技艺取士，这些辞赋之士迅速走上政治舞台：“或出为刺史、太守，入为尚书侍中，乃有封侯赐爵者。”② 对于这种现象，儒学之士纷纷反对：“士君子皆耻与为列焉。”③ 时任议郎的蔡邕上言曰：

> 臣闻古者取士，必使诸侯岁贡。孝武之世，郡举孝廉，又有贤良、文学之选，于是名臣辈出，文武并兴。汉之得人，数路而已。夫书画辞赋，才之小者，匡国理政，未有其能。……其高者颇引经训风喻之言；下则连偶俗语，有类俳优；或窃成文，虚冒名氏。……昔孝宣会诸儒于石渠，章帝集学士于白虎，通经释义，其事优大，文武之道，所宜从之。若乃小能小善，虽有可观，孔子以为“致远则泥”，君子故当志其大者。④

蔡邕指出取士的标准在于“通经释义”，文臣武将彬彬多儒风才是国家的理想状态。而辞赋等文学技能是“致远恐泥”的“才之小者”，不值得贤才花力气去经营与学习，以此取士只会扰乱国家的正常运作。蔡邕指出辞赋中有价值的地方在于其能够符合经义的规训，“颇引经训风喻之言”，而纯属娱情性质的“连偶俗语”则与俳优类似。大儒杨赐亦有相似的谏言：

> 又鸿都门下，招会群小，造作赋说，以虫篆小技见宠于时，如驩兜、共工更相荐说，旬月之间，并各拔擢，乐松处常伯，任芝居纳言。郄俭、梁鹄俱以便辟之性，佞辩之心，各受丰爵不次之宠，而令搢绅之徒委伏畎亩，口诵尧舜之言，身蹈绝俗之行，弃捐沟壑，不见逮及。冠履倒易，陵谷代处，从小人之邪意，顺无知之私欲，不念《板》《荡》之作，虺蜴之诫。⑤

① ［南朝宋］范晔：《后汉书》卷八《孝灵帝纪》，中华书局，1965 年版，第 340—341 页。
② ［南朝宋］范晔：《后汉书》卷六十下《蔡邕列传》，中华书局，1965 年版，第 1998 页。
③ ［南朝宋］范晔：《后汉书》卷六十下《蔡邕列传》，中华书局，1965 年版，第 1998 页。
④ ［南朝宋］范晔：《后汉书》卷六十下《蔡邕列传》，中华书局，1965 年版，第 1996—1997 页。
⑤ ［南朝宋］范晔：《后汉书》卷五十四《杨赐列传》，中华书局，1965 年版，第 1780 页。

杨赐指责鸿都门下招揽的是一群“造作赋说”的“便辟”“佞辩”小人，他们有类于上古圣贤放逐的“驩兜、共工”等奸佞。鸿都门徒的上位令“口诵尧舜之言，身蹈绝俗之行”的“搢绅之徒”——即儒学之士沉沦下僚，由此造成一副社会颠倒、黑白难分的景象。党人阳球也说：

> 或献赋一篇，或鸟篆盈简，而位升郎中，形图丹青。亦有笔不点牍，辞不辩心，假手请字，妖伪百品，莫不被蒙殊恩，蝉蜕滓浊。是以有识掩口，天下嗟叹。臣闻图像之设，以昭劝戒，欲令人君动鉴得失。未闻竖子小人，诈作文颂，而可妄窃天官，垂像图素者也。今太学、东观足以宣明圣化。愿罢鸿都之选，以消天下之谤。①

阳球直接指出鸿都文学的设置令“有识掩口，天下嗟叹”，接着说“太学、东观足以宣明圣化”，太学、东观为汉代习讲经学之所，这便是说经术足以宣明圣化、治政理民，所以用辞赋等文学技能选士的做法并不可取，应该早日罢免。“愿罢鸿都之选，以消天下之谤。”钱志熙先生在其专文中指出朝野关于鸿都文学的争论反映的是儒学与文学之间的矛盾：“从思想文化的层面来看，造成灵帝及鸿都门学士与朝野舆论者之间的矛盾的最直接的原因，当然是汉代的儒学与文艺之间复杂的关系。”② 仕进之路关乎士人的身家性命，而鸿都文学对仕进之路的大力抢占，就是导致儒学之士对鸿都文学极力摈斥的根本原因。

综上可知，汉代的仕宦之路主要由经学所主导，官僚阶层吸收大量的经术通明之士，以维持政治秩序的有效运转；而以《楚辞》仕宦凭借的多是帝王的个人爱好，故其地位低下、备受社会轻视，有如司马迁所言的文史星历：“固主上所戏弄，倡优畜之，流俗之所轻也。”③

---

① [南朝宋]范晔：《后汉书》卷七十七《阳球列传》，中华书局，1965年版，第2499页。

② 钱志熙：《“鸿都门学”事件考论——从文学与儒学关系、选举及汉末政治等方面着眼》，《北京大学学报（哲学社会科学版）》2008年第1期，第91—101页。

③ [汉]班固：《汉书》卷六十二《司马迁传》，中华书局，1962年版，第2732页。

二、依诗释骚：立足经学的《楚辞》研究

王逸在《楚辞章句序》中指出："夫《离骚》之文，依托《五经》以立义焉。"[①]"依经立义"指的是以儒家义理为核心，去批评与检讨《楚辞》的价值与意义。"依经立义"四个字不但概括了汉代《楚辞》研究的文化特征，而且也是后世《楚辞》研究的理论基础与主要方法。

汉代的"楚辞"研究以刘安为发端，刘安《离骚传》曰："《国风》好色而不淫，《小雅》怨诽而不乱，若《离骚》者，可谓兼之。"[②]刘安用《诗经》中《国风》与《小雅》的特征来概括《离骚》，可以说是宗经思想的先声，为后世建立了研究楚辞的范式。《汉书·艺文志》承此范式并发扬光大："大孺孙卿及楚臣屈原，离谗忧国，皆作赋以风，咸有侧隐古诗之义。"[③]班固认为屈原所作"楚辞"的价值在于其继承了"古诗之义"，能够讽谏政治得失。王逸亦云："屈原履忠被谮，忧悲愁思，独依诗人之义而作《离骚》，上以讽谏，下以自慰。"[④]《离骚》的功能首先是政治性的讽谏，其次才是抚慰情感，故王逸阐释《离骚》的价值时说："依诗人之义，而作《离骚》。"这便是所谓的"依诗释骚"。王氏将此原则贯穿于《楚辞章句》之中，以《离骚》为例：

> "帝高阳之苗裔"，则"厥初生民，时惟姜嫄"也；"纫秋兰以为佩"，则"将翱将翔，佩玉琼琚"也；"夕揽洲之宿莽"，则《易》"潜龙勿用"也；"驷玉虬而乘鹥"，则"时乘六龙以御天"也；"就重华而陈词"，则《尚书》咎繇之谋谟也；登昆仑而涉流沙，则《禹贡》之敷土也。[⑤]

王逸将《离骚》的诗句附着于《诗》《书》《易》等经学经典之上，暗示了

---

① [宋]洪兴祖撰，白化文等点校：《楚辞补注》卷一《离骚经章句》，中华书局，1983年版，第49页。

② [汉]司马迁：《史记》卷八十四《屈原列传》，中华书局，1959年版，第2482页。

③ [汉]班固：《汉书》卷三十《艺文志》，中华书局，1962年版，第1756页。

④ [宋]洪兴祖撰，白化文等点校：《楚辞补注》卷一《离骚经章句》，中华书局，1983年版，第48页。

⑤ [宋]洪兴祖撰，白化文等点校：《楚辞补注》卷一《离骚经章句》，中华书局，1983年版，第49页。

《离骚》自身没有独立存在的价值，只有附和于经学经典才拥有了生命与意义。后世高似孙《纬略》仿此，在“大小山犹二雅”条将《楚辞》作品一一比附于儒学经典《诗经》：“《淮南书》有大山、小山，犹《诗》有二《雅》，黄太史言章子厚论楚辞，皆有所本。予初不以为然，因叩之，子厚曰：‘《离骚经》本之《国风》，《九歌》本之《大雅》，《九辨》本之《小雅》。’考之信然。”① 这就是“依经立义”在后世的回响与余声。

《文心雕龙·辨骚》对汉代的楚辞研究做了一个整体俯瞰：“淮南作传……班固……王逸……及汉宣嗟叹，以为皆合经术；扬雄讽味，亦言体同诗雅。四家举以方经。”② 无论是“皆合经术”，还是“体同诗雅”，表现的都是“楚辞”对经学的响应，而不是说“楚辞”自身拥有独立的价值。“举以方经”是刘勰对汉代《楚辞》研究特征的总结，也是刘勰自己研究的基点。“固知《楚辞》者，体宪于三代，而风杂于战国，乃雅颂之博徒，而词赋之英杰也。观其骨鲠所树，肌肤所附，虽取镕经意，亦自铸伟辞。”③ “取镕经意”是《楚辞》的根源价值，若无此，所谓“自铸伟辞”也就流于言语的游戏。

依经立义的另外一个表现就是以儒家道德原则来评判屈原。依托圣人言行与经典传统来作为出处进退的准则，古来有自，《孝经》便言：“非先王之法服不敢服，非先王之法言不敢道，非先王之德行不敢行。是故非法不言，非道不行。口无择言，身无择行。言满天下无口过，行满天下无怨恶。三者备矣，然后能守其宗庙。”④《孝经》所推崇的是个体效仿圣君先王言行举止，认为只有这样才能安然地维持着自身的传承与地位。选择经典作为价值判断的标准，是因为圣哲经典作为理想的原型，建构出了社会生活的典范形式，后世只要不断重复经典所展示的范例，便可以回归到理想的黄金时代。德国学者扬·阿斯曼在研究早期文化时指出：

> 每种文化都会形成一种“凝聚性结构”，它起到的是一种连接和联

---

① [宋]高似孙撰：《纬略》卷九，中华书局，1985年版，第153页。

② [南朝梁]刘勰著，周振甫注：《文心雕龙注释》卷一《辨骚》，人民文学出版社，1981年版，第35页。

③ [南朝梁]刘勰著，周振甫注：《文心雕龙注释》卷一《辨骚》，人民文学出版社，1981年版，第36页。

④《孝经注疏》卷二《卿大夫章》，清嘉庆本《十三经注疏》，中华书局，2009年版，第5538页。

> 系的作用，这种作用表现在两个层面上：社会层面和时间层面。凝聚性结构可以把人和他身边的人连接到一起，其方式便是让他们构造一个“象征意义体系”（贝格尔 / 卢克曼）——一个共同的经验、期待和行为空间，这个空间起到了连接和约束的作用，从而创造了人与人之间的相互信任并且为他们指明了方向。[①]

经学便是汉代的一种“凝聚性结构”，在阐释与传播间形成了一个极具象征意义的公共场域。在此场域中，经学不但成为国家政治制度的引导者与社会文化的编织者，更是士人心目中“道”的载体，成为一般知识阶层的思想典范与价值信仰，具有无上的神圣性与权威性。光武帝时的陈元在建言立《左传》博士时说：“臣元愚鄙，尝传师言。如得以褐衣召见，俯伏庭下，诵孔氏之正道，理丘明之宿冤，若辞不合经，事不稽古，退就重诛，虽死之日，生之年也。”[②] 陈元将自己的生死依托于是否“合经”“稽古”，这极具意味地展示了经学的安身立命价值。

流风所袭，推崇先圣先王之言行，并将其作为永恒不变的真理，成为汉代知识阶层的普遍信仰。故扬雄在《反离骚》中说：“昔仲尼之去鲁兮，斐斐迟迟而周迈，终回复于旧都兮，何必湘渊与涛濑！”[③] 扬雄以至圣先师孔子离开故都鲁国为依据，来否定屈原固守楚国的价值意义。《论语·述而》有言：“用之则行，舍之则藏。”[④]《诗经·大雅·烝民》亦云：“既明且哲，以保其身。”[⑤] 先圣以明哲保身为自身的处世原则，故扬雄“以为君子得时则大行，不得时则龙蛇，遇不遇命也，何必湛身哉”[⑥]。屈原固守一端而不知变通，本就犯了孔子所绝的“毋意，毋必，毋固，毋我”[⑦] 之中的“必”和“固”，况且还为此牺牲了性命，这深为信仰儒家价值观的汉代士人所不取。所以班彪在《悼离骚》中曰：“圣哲之有穷达，亦命之故也。惟达人进止得时，行以遂

① ［德］扬·阿斯曼著，金寿福、杨晓晨等译：《文化记忆——早期高级文化中的文字、回忆和政治身份》，北京大学出版社，2015 年版，（导论）第 6 页。

② ［南朝宋］范晔：《后汉书》卷三十六《陈元传》，中华书局，1965 年版，第 1232 页。

③ ［汉］班固：《汉书》卷八十七上《扬雄传上》，中华书局，1962 年版，第 3521 页。

④ ［宋］朱熹：《四书章句集注·论语集注》，中华书局，1983 年版，第 95 页。

⑤ 《毛诗正义》卷十八《烝民》，清嘉庆本《十三经注疏》，中华书局，2009 年版，第 1225 页。

⑥ ［汉］班固：《汉书》卷八十七上《扬雄传上》，中华书局，1962 年版，第 3515 页。

⑦ ［宋］朱熹：《四书章句集注·论语集注》，中华书局，1983 年版，第 109 页。

伸。否则诎而坼蠖，体龙蛇以幽潜。”① 圣贤哲人随时势而动，而如屈原般拘泥固执是不可取的。

与此同时，也有学者从先圣经典中发掘屈原自沉的正面性。王逸对屈原的固守楚国、自沉汨罗做了新的阐释：“且人臣之义，以忠正为高，以伏节为贤。故有危言以存国，杀身以成仁。……今若屈原，膺忠贞之质，体清洁之性，直若砥矢，言若丹青，进不隐其谋，退不顾其命，此诚绝世之行，俊彦之英也。”② “杀身成仁”与“直若砥矢”均出自《论语·卫灵公》：“志士仁人，无求生以害仁，有杀身以成仁。”“直哉史鱼！邦有道，如矢；邦无道，如矢。”③ 王逸以孔子盛称的“杀身成仁”与“直若砥矢”品性来解释屈原的自沉行为，将屈原塑造成“忠贞伏节”的儒家圣贤形象，从而瓦解扬雄等人以为屈原自沉不合经义的解释。

可以看出，无论肯定《楚辞》与屈原的价值与否，其立足点都是经学大义。然而屈原作为传承楚文化的典型人物，其自身的价值系统与理想观念是不同于北方儒家价值观的，以经学大义来剖判楚文化的代表人物与作品，可谓是一种削足适履的做法。

综上可知，经学与楚辞学在汉代是两条不同的仕进之路，取得优势地位的经学不断挤压与排斥楚辞学的生存空间，沦为边缘的楚辞学成为经学欣赏把玩的一件精致玩具。在此把玩审视中，“哀怨”被提炼为《楚辞》的文学传统，也被固化为江南的形象。

三、江南之哀：《楚辞》的文学传统

汉代研究者认为《楚辞》的总体风格是“哀怨”。司马迁认为屈原的创作缘于哀怨之情：“屈平之作《离骚》，盖自怨生也。”④ 此哀怨伤悼的文学风格被后世作者的自觉模仿。《汉书·地理志》言：“始楚贤臣屈原被谗放流，作《离骚》诸赋以自伤悼。后有宋玉、唐勒之属慕而述之，皆以显名。”⑤《文

① [唐]欧阳询撰，汪绍楹校：《艺文类聚》卷五十六，中华书局，1965年版，第1016页。

② [宋]洪兴祖撰，白化文等点校：《楚辞补注》卷一《离骚经章句》，中华书局，1983年版，第48页。

③ [宋]朱熹：《四书章句集注·论语集注》，中华书局，1983年版，第162—163页。

④ [汉]司马迁：《史记》卷八十四《屈原列传》，中华书局，1959年版，第2482页。

⑤ [汉]班固：《汉书》卷二十八下《地理志下》，中华书局，1962年版，第1668页。

心雕龙·时序》曰："爰自汉室，迄至成哀，虽世渐百龄，辞人九变，而大抵所归，祖述楚辞，灵均馀影，于是乎在。"[①] 此"慕而述之"的"灵均余影"，就是屈原自伤自悼的哀怨风格，"哀怨"因创作者的共同选择而成为《楚辞》的文学传统与思想特质，也由此构建了一个特殊的楚辞场域。南宋朱熹在解读《楚辞》的编纂缘由时说道：

> 盖屈子者，穷而呼天，疾痛而呼父母之词也。故今所欲取而使继之者，必其出于幽忧穷蹙怨慕凄凉之意，乃为得其余韵，而宏衍巨丽之观，懽愉快适之语，宜不得而与焉。[②]

朱熹认为《楚辞》是穷悴无聊心境下的作品，后世欲要接续"楚辞"，就必须是在"幽忧穷蹙怨慕凄凉"的心境下创作的，而不能是在观赏"宏衍巨丽"的景观或者聆听"懽愉快适"的话语等情况下创作的。朱熹将"哀怨凄凉"作为"续楚辞"的核心要素，唯有具备"哀怨"的风格，才能称作"楚辞"。唐末皮日休《九讽叙》云：

> 在昔屈平既放，作《离骚经》。正诡俗而为《九歌》，辨穷愁而为《九章》。是后词人摭而为之，皆所以嗜其丽词，撢其逸藻者也。若宋玉之《九辩》，王褒之《九怀》，刘向之《九叹》，王逸之《九思》，其为清怨素艳，幽抉古秀，皆得芝兰之芬芳，鸾凤之毛羽也。……扬雄之文，某轲乎？而有《广骚》也；梁竦之词，班马乎？而有《悼骚》也。又不知王逸奚罪其文，不以二家之述，为《离骚》之两派也。[③]

《楚辞》的编纂是基于文本风格的相似，此风格即是"清怨素艳，幽抉古秀"，而《广骚》与《悼骚》不入选的原因就在于这两篇文章不具有"哀怨"特质。《广骚》与《悼骚》传达的是一种"用之则行，舍之则藏"，在出处进退间自由选择，豁达开朗的人生心态，而非《楚辞》所渲染的忠而遭疑

① [南朝梁]刘勰著，周振甫注：《文心雕龙注释》卷十《时序》，人民文学出版社，1981年版，第477页。

② [宋]朱熹：《楚辞集注》，上海古籍出版社，1979年版，(目录)第9页。

③ [清]董诰编：《全唐文》卷七百九十八《九讽系述》，中华书局，1983年版，第8373页。

的哀怨情怀。

以《楚辞》的具体文本而言，不难发现它哀怨悲伤的整体基调。里面既有表现对家国的哀伤，如《哀郢》；也有对命运的哀伤，如《哀时命》《哀命》；还有对节气的哀伤，如《九辩》“悲哉，秋之为气也”。而王逸《九思》的篇目：《逢尤》《怨上》《疾世》《悯上》《遭厄》《悼乱》《伤时》《哀岁》《守志》，从选择与安排中，可以看出他创作时的哀伤凄凉，作品的内容亦是“悲兮愁，哀兮忧”，“哀哉兮涠涠，上下兮同流”，“哀世兮睩睩，諓諓兮嗌喔”[①]。王逸对《楚辞》作品的解题，亦是无处不离“哀”字：《惜誓》：“惜者，哀也。”《招隐士》：“小山之徒，闵伤屈原。”《七谏》：“东方朔追悯屈原，故作此辞。”《哀时命》：“忌哀屈原受性忠贞，不遭明君而遇暗世，斐然作辞，叹而述之。”《九怀》：“追而愍之，故作《九怀》，以裨其词。”《九叹》：“叹者，伤也，息也。”《九思》：“伤愍屈原。”[②]可以说，“楚辞”的外在表现与后世接受皆为一曲悲怨、哀叹的咏调，故马正学教授说：“两汉士人对生命过程中的种种挫折遭际，于悲悲凄凄地怨叹之际，依托骚体赋这一善抒幽怨之情的文学体式，对其理想受挫、时命不遇的根源作一哲理性探讨。”[③]

这种哀怨情绪源于对命运不公的控诉。王逸说“屈原履忠被谮”，晁公武认为后世楚辞作品“皆拟其文，而哀平之死于忠”[④]。忠贞正直作为被社会所倡导的价值观，履行其义却没有得到应有的结果，反而沉沦驱逐。汉代学者于屈原身上发现人生追求的无奈与价值观念的颠覆，当他们遭受命运不公、黑白颠倒时，便会对屈原报以最大的认可与同情，并开始对命运与社会的主流价值观发出质疑。王充《论衡·命义篇》云：“及屈平、伍员之徒，尽忠辅上，竭王臣之节，而楚放其身，吴烹其尸。行善当得随命之福，乃触遭命之祸，何哉？言随命则无遭命，言遭命则无随命，儒者三命之说，竟何所定？”尽忠触死，行善遭祸，王充以屈原的例子向命运发出疑问的声音：“儒者三命之说，竟何所定？”[⑤]崔寔在《政论》亦曰：“故言事者，虽合

① [宋]洪兴祖撰，白化文等点校：《楚辞补注》，中华书局，1983年版，第314、316、319页。

② [宋]洪兴祖撰，白化文等点校：《楚辞补注》，中华书局，1983年版，第227、232、236、259、269、282、313页。

③ 马正学：《宣情寄志联类己身——两汉骚体赋与文人不遇心态》，《甘肃社会科学》1996年第1期，第77—79页。

④ [宋]晁公武撰：《昭德先生郡斋读书志》卷四上，商务印书馆，1937年版，第319页。

⑤ [汉]王充著，黄晖撰：《论衡校释》卷二《命义》，中华书局，1990年版，第52页。

圣德，辄见掎夺。……斯贾生之所以排于绛、灌，屈子之所以摅其幽愤者也。”[①] 纵然行事处世合于先圣之法，仍不免遭遇罹患，这是令崔寔等人幽愤的无奈事实。王符在《潜夫论·贤难》中对此解释道：“夫体至行仁义，据南面师尹卿士，且犹不能无难，然则夫子削迹，叔向缧绁，屈原放沈，贾谊贬黜，钟离废替，何敞束缚，王章抵罪，平阿斥逐，盖其轻士者也。”[②] 因为上位者轻视贤才，所以才会发生种种悲剧。

贤才遭难、怀才不遇是一个让汉代知识阶层反复共鸣的主题，董仲舒《士不遇赋》、东方朔《答客难》、扬雄《解嘲》、班固《答宾戏》等文章就是此类主题的伸展与延续。屈原忠而见弃、直而遭难的遭遇，让汉代学者对《楚辞》的理解升级到对出处进退的选择与用舍行藏的取舍的抉择层面，升级到对命运的思考与反省层面。故扬雄说：“以为君子得时则大行，不得时则龙蛇，遇不遇命也，何必湛身哉！”[③] 班固曰：“且君子道穷，命也。”[④] 扬、班虽然否定屈原自沉的价值，但对于命运的无常却是感同身受，面对神秘而难以捉摸的命运，渺小的个体除了接受，别无选择。《楚辞》在此基础上便带上了控诉命运不公、思考人生道路的特性与作用。

历此进程，“哀怨”已然成为《楚辞》的公共期待视域和创作主体间的共通感官。所谓公共期待视域，“指在一定的历史时期占统治地位的共同期待视域，它以隐蔽的方式影响着个人期待视域的构成并决定着文学接受在一定历史时期中的深度与广度”[⑤]。在后世学者的思想世界中，“哀怨”是《楚辞》的代表性象征符号，后世溯源“哀怨”的源头时多将其指向《楚辞》。《诗品》的“李陵诗”条便说：“其源出于《楚辞》。文多凄怆，怨者之流。陵，名家子，有殊才，生命不谐，声颓身丧。使陵不遭辛苦，其文亦何能至此！”[⑥]

---

① [南朝宋]范晔：《后汉书》卷五十二《崔寔列传》，中华书局，1965年版，第1726页。

② [汉]王符撰，[清]汪继培笺，彭铎校正：《潜夫论笺校正》卷一《贤难》，中华书局，1985年版，第44页。

③ [汉]班固：《汉书》卷八十七上《扬雄传上》，中华书局，1962年版，第3515页。

④ [宋]洪兴祖撰，白化文等点校：《楚辞补注》卷一《离骚经章句》，中华书局，1983年版，第49页。

⑤ 朱立元主编：《当代西方文艺理论》（增补版），华东师范大学出版社，2005年版，第290页。

⑥ [南朝梁]钟嵘著，王叔岷笺证：《钟嵘诗品笺证稿》卷上《汉都尉李陵诗》，中华书局，2007年版，第140页。

李陵的诗歌因为“文多凄怨”，而被认为继承了《楚辞》的文学传统，可见“凄怨”与《楚辞》在研究者心目中联系之密切。《乐府古题要解》“四愁”条有言：“汉张衡所作，伤时之文也。其皆以所思之处方朝廷，美之为君子，珍玩为义，岩险雪霜为谗谄。其流本出于《楚辞》《离骚》。”[①] 这里也是将哀怨伤感的源流回溯至《楚辞》。明焦竑《澹园集·雅娱阁集序》亦云：“古之称诗者，率羁人怨士、不得志之人，以通其郁结，而抒其不平，盖《离骚》所从来也。”[②] 这是说后世不平之曲效仿的祖师爷就是《楚辞》，“以通其郁结，而抒其不平”。

这种“哀怨”的《楚辞》风格给后世文学史留下了“哀江南”的文学传统[③]。《楚辞·招魂》是中国最早对“江南”进行文学书写的篇章：“湛湛江水兮上有枫，目极千里兮伤春心。魂兮归来哀江南！”[④]“魂兮归来兮哀江南”成为后世经典性的一幕，铸造了一个不可磨灭的哀江南形象，胡晓明教授便说：“楚辞中‘魂兮归来兮哀江南’，江南几乎成了一个伤心之所、负面的辞语，了无文化的义涵。”[⑤]《楚辞》整体哀怨的情调，令其生产之地——江南背负上了哀怨伤感的地域形象。在《楚辞》中，传达哀江南之情的作品俯拾皆是。如《涉江》：“哀南夷之莫吾知兮，旦余济乎江湘。”《抽思》：“倡曰：有鸟自南兮，来集汉北。”《怀沙》：“伤怀永哀兮，汩徂南土。”《思美人》：“吾且儃徊以娱忧兮，观南人之变态。”《忧苦》：“独愤积而哀娱兮，翔江洲而安歌。三鸟飞以自南兮，览其志而欲北。”[⑥]“哀伤”成为江南的名片，“幽怨”构成了江南的主体形象。

在“哀江南”文学传统的影响下，每当后世文人士大夫踏足南方时，他

---

① 丁福保：《历代诗话续编·乐府古题要解》卷下《四愁·七哀》，中华书局，2006年版，第59页。

② 蔡景康：《明代文论选》，人民文学出版社，1991年版，第245页。

③ 有趣的是，虽然他们哀的都是“江南”，但江南所指的地域却有所不同。屈原哀伤的“江南”指的是江湘之地，而庾信等传统士人的“哀江南”指的多为吴楚之地，现在的“江南”则指的是吴越之地。

④ [宋]洪兴祖撰，白化文等点校：《楚辞补注》卷九《招魂》，中华书局，1983年版，第215页。

⑤ 胡晓明：《“江南”再发现——略论中国历史与文学中的“江南认同”》，《华东师范大学学报（哲学社会科学版）》2011年第2期，第119页。

⑥ [宋]洪兴祖撰，白化文等点校：《楚辞补注》，中华书局，1983年版，第129、139、141、148、299页。

们的脑海中就会自觉浮现出哀怨伤感的情绪，创作出了一批叙述江南之哀的文学作品。南朝庾信所著之《哀江南赋》，就将此哀怨传统发挥得淋漓尽致。庾信在序中说道："楚歌非取乐之方，鲁酒无忘忧之用。追为此赋，聊以记言，不无危苦之辞，唯以悲哀为主。"庾信认为听取楚歌并不能带来快乐，反而会带来无尽的痛苦。文中以众多悲哀伤感的意象来渲染江南的主题形象："申包胥之顿地，碎之以首；蔡威公之泪尽，加之以血。"[①] 血泪铸就的江南形象，无疑进一步固化了江南的"哀怨"情怀。

同时，"楚吟"也成了一个负面、哀伤的专用名词。谢灵运《登池上楼》："祁祁伤豳歌，萋萋感楚吟。""楚吟"，张铣注："《楚辞》曰：'王孙游兮不归，芳草生兮萋萋。'言感伤此歌吟也。"[②] 远游不归的王孙，萋萋迷迷的芳草，共同构筑了一幅烟雨朦胧、凄凉感伤的江南图画。李贺《伤心行》云："咽咽学楚吟，病骨伤幽素。"王琦注："学楚吟，学《楚辞》哀怨之吟。"[③] 李商隐《楚吟》："山上离宫宫上楼，楼前宫畔暮江流。楚天长短黄昏雨，宋玉无愁亦自愁。"张采田《玉谿生年谱会笺》云："此亦荆楚感遇之作。"[④] 在诗人的笔下，此感怀的产生之地是荆楚，此忧伤模仿的是《楚辞》的哀怨。因畔暮的江流，黄昏的细雨，诗人产生了无边的愁绪。故刘禹锡《酬乐天扬州初逢席上见赠》有"巴山楚水凄凉地，二十三年弃置身"之语。楚吟成为哀怨伤感之音，楚地成为悲愁抑郁之地。朱熹点评陶渊明《归去来兮辞》也说："其词义夷旷萧散，虽托楚声，而无其尤怨切蹙之病云。"[⑤] 朱熹直接将楚声与"尤怨切蹙之病"结合起来，其心中的观感不言而喻。

江南在传统士人的认知中是一片气候闷热潮湿、瘴气密布之地："江南卑湿，丈夫早夭。"常怀生命之忧的士人易受时物之感而生哀伤之情。开发落后于北方的江南被主流阶层视为野蛮之地，官宦于江南被视为畏途，因此江南成为贬谪与流放的大本营。当仕途失意的文人沉浸在伤心失意、怀才不

---

① [唐]令狐德棻：《周书》卷四十一《庾信列传》，中华书局，1971年版，第735页。

② [南朝梁]萧统编，[唐]吕延济、刘良、张铣、吕向、李周翰、李善注，俞绍初、刘群栋、王翠红点校：《新校订六家注文选》卷二十二《谢灵运登池上楼》，郑州大学出版社，2013年版，第1373页。

③ [唐]李贺著，[清]王琦等注：《李贺诗歌集注》，上海古籍出版社，1978年版，第115页。

④ 吴慧：《李商隐诗要注新笺》，方志出版社，2010年版，第684页。

⑤ [宋]朱熹：《楚辞集注·楚辞后语》卷四《归去来兮辞》，上海古籍出版社，1979年版，第262页。

遇、人生维艰、困厄忧患等哀怨情绪时，其对“楚辞”有着自觉的认可与模仿。柳宗元“既窜斥，地又荒疠，因自放山泽间，其堙厄感郁，一寓诸文，仿《离骚》数十篇，读者咸悲恻”[①]。哀怨成了读者与“楚辞”的共鸣之桥，“楚辞”能够流传千古，籍借的就是“哀怨”的精神特质。

结　语

宇文所安先生曾指出：“两汉读者以他们自己时代所有的两种政治比喻来阐释《九歌》(洪兴祖也沿用了这一阐释)：一是贬低南方，视之为半开化地区，其俗耽好“淫祀”；二是认为诗歌的创作目的在于表达个人情志。”[②]汉代学者在解读《楚辞》时，以经学眼光来评价其价值，文化水平、政治传统、性别意识都是汉代学者批判《楚辞》的武器，由此在后世形成了“其兴托高远，则附于《国风》，其忿世疾邪，则附于《楚辞》”[③]的刻板印象，用高低分《国风》《楚辞》，以黑白定南北，在不断深化中巩固着北方中心论的文化偏见。

---

① [宋]欧阳修、宋祁撰：《新唐书》卷一百六十八《柳宗元列传》，中华书局，1975年版，第5132页。

② [美]孙康宜、[美]宇文所安主编，刘倩等译：《剑桥中国文学史》(上卷)，生活·读书·新知三联书店，2013年版，第111页。

③ [宋]黄庭坚著，郑永晓整理：《黄庭坚全集》，江西人民出版社，2008年版，第304页。

参考文献

[德]阿莱达·阿斯曼著，潘璐译:《回忆空间——文化记忆的形式和变迁》，北京大学出版社，2016年版。

[日]阿部幸信:《论汉朝的"统治阶级"——以西汉时期的变迁为中心》，《台大东亚文化研究》，2013年第1期。

[日]阿部幸信:《西汉时期内外观的变迁——印制的视角》，《浙江学刊》，2014年第3期。

[日]安部健夫著，宋文杰译:《中国人的天下观念——政治思想史试论》，《西北民族论丛》，2017年第1期。

安介生:《"华夷"五方格局论之历史渊源与蜕变》，《历史教学问题》，2000年第4期。

[日]安居香山、中村璋八纂辑:《纬书集成》，河北人民出版社，1994年版。

[英]爱德华·霍列特·卡尔著，吴柱存译:《历史是什么》，商务印书馆，1981年版。

[美]S.N.艾森斯塔德著，阎步克译:《帝国的政治体系》，贵州人民出版社，1992年版。

[美]艾兰著，杨民等译:《早期中国历史、思想与文化》，商务印书馆，2011年版。

[汉]班固:《汉书》，中华书局，1962年版。

[美]本杰明·史华兹著，程钢译:《古代中国的思想世界》，江苏人民出版社，2004年版。

毕奥南:《历史语境中的王朝中国疆域概念辨析——以天下、四海、中国、疆域、版图为例》，《中国边疆史地研究》，2006年第2期。

[美]彼得·贝格尔著，高师宁译:《神圣的帷幕——宗教社会学理论之

要素》，上海人民出版社，1991 年版。

蔡丹君：《西汉甘泉祭祀仪式的文学影响——从“采诗夜诵”到甘泉诸赋》，《文学评论》，2016 年第 2 期。

蔡景康：《明代文论选》，人民文学出版社，1991 年版。

[汉] 蔡邕：《独断》，中华书局，1985 年版。

常金仓：《“夷夏之辨”与“以德怀远”说》，《陕西师范大学学报（哲学社会科学版）》，1997 年第 1 期。

[晋] 常璩撰，刘琳校注：《华阳国志》，巴蜀书社，1984 年版。

[宋] 晁公武撰，孙猛校证：《郡斋读书志校证》，上海古籍出版社，2011 年版。

Charles Keyes. “Tile Dialects of Ethnic Change” . *Ethnic Change*. University of Washington Press，1981.

[清] 陈立撰，吴则虞点校：《白虎通疏证》，中华书局，1994 年版。

陈来：《古代思想文化的世界——春秋时代的宗教、伦理与社会思想》，生活·读书·新知三联书店，2009 年版。

陈来：《古代宗教与伦理——儒家思想的根源》，生活·读书·新知三联书店，1996 年版。

Clifford Geertz. “The Integrative Revolution: Primordial Sentiments and Civil Politics in the New States” . *Old Societies and New States: The Quest for Modernity in Asia and Africa*, Free Press, 1963.

陈广忠：《淮南文集》，中国文史出版社，2014 年版。

陈桥驿：《越为禹后说溯源》，《浙江学刊》，1985 年第 3 期。

[清] 陈乔枞述，[清] 陈寿祺撰：《三家诗遗说考》，清刻左海续集本。

陈苏镇：《〈春秋〉与“汉道”：两汉政治与政治文化研究》，中华书局，2011 年版。

陈苏镇主编：《中国古代政治文化研究》，北京大学出版社，2009 年版。

[晋] 陈寿：《三国志》，中华书局，1971 年版。

[清] 陈廷敬编：《皇清文颖》，摛藻堂《四库全书》荟要本。

陈文华：《南昌东郊西汉墓》，《考古学报》，1976 年第 2 期。

陈炎、张艳华：《家族血缘关系在中国文化中的作用》，《思想战线》，2002 年第 2 期。

[明] 陈耀文：《天中记》，文渊阁《四库全书》本，上海古籍出版社，

1987 年版。

陈玉屏:《略论中国古代的“天下”、“国家”和“中国”观》,《民族研究》, 2005 年第 1 期。

陈寅恪:《隋唐制度渊源略论稿》, 中华书局, 1963 年版。

陈直:《秦汉瓦当概述》,《文物》, 1963 年第 11 期。

陈直:《文史考古论丛》, 天津古籍出版社, 1988 年版。

陈直校证:《三辅黄图校证》, 陕西人民出版社, 1980 年版。

陈致著, 吴仰湘、黄梓勇、许景昭译:《从礼仪化到世俗化:〈诗经〉的形成》, 上海古籍出版社, 2009 年版。

陈致:《当代西方汉学研究集萃》(上古史卷), 上海古籍出版社, 2012 年版。

陈志坚:《“越为禹后”说新论》,《清华大学学报(哲学社会科学版)》, 2013 年第 4 期。

[宋]程大昌撰, 黄永年点校:《雍录》, 中华书局, 2002 年版。

程诸兰:《周代亲亲伦理思想之承袭——以先秦孔孟为探讨》,《华梵人文学报》, 2014 年第 21 期。

程妮娜:《从“天下”到“大一统”——边疆朝贡制度的理论依据与思想特征》,《社会科学战线》, 2016 年第 1 期。

程千帆:《文论十笺》, 黑龙江人民出版社, 1983 年版。

成祖明:《诏策贤良文学制度背景下的“天人三策”》,《历史研究》, 2012 年 4 期。

《春秋公羊传注疏》, 清嘉庆本《十三经注疏》, 中华书局, 2009 年版。

《春秋谷梁传注疏》, 清嘉庆本《十三经注疏》, 中华书局, 2009 年版。

《春秋左传正义》, 清嘉庆本《十三经注疏》, 中华书局, 2009 年版。

淳化县地方志办公室整理:《淳化县志》, 中国文化出版社, 2007 年版。

[英]崔瑞德、[英]鲁惟一主编:《剑桥中国秦汉史》, 中国社会科学出版社, 1992 年版。

[汉]董仲舒著, [清]苏舆撰:《春秋繁露义证》, 中华书局, 1992 年版。

[清]董诰编:《全唐文》, 中华书局, 1983 年版。

丁福保:《历代诗话续编》, 中华书局, 2006 年版。

[日]渡边信一郎著, 徐冲译:《中国古代的王权与天下秩序》, 中华书局, 2008 年版。

[唐]杜佑撰，王文锦等点校:《通典》，中华书局，1988年版。

杜正胜:《古代社会与国家》，允晨文化，1992年版。

杜正胜:《编户齐民——传统政治社会结构之形成》，联经出版事业公司，1990版。

杜正胜:《周代封建制度的社会结构》,《“中央研究院”历史语言研究所集刊》第50本第3分册，1979年。

杜正胜编:《中国上古史论文选集》，华世出版社，1979年版。

杜正胜、黄进兴编:《中国考古学与历史学之整合研究》，“中央研究院”历史语言研究所，1994年版。

[德]恩斯特·卡西尔著，范进等译:《国家的神话》，北京：华夏出版社，1998年版。

Eric Hobsbawm. “Introduction：Inventing Tradition”. *The Inventing of Tradition*. Cambridge University Press，1983.

《法国汉学》丛书编辑委员会编:《古罗马和秦汉中国——风马牛不相及乎》，中华书局，2011年版。

[南朝宋]范晔:《后汉书》，中华书局，1965年版。

范藻:《中国当代地域文学的形成及意义》,《天府新论》，2004年第5期。

方豪:《中西交通史》，上海人民出版社，2008年版。

[唐]房玄龄等撰:《晋书》，中华书局，1974年版。

费振刚等校注:《全汉赋校注》，广东教育出版社，2005年版。

冯达文主编:《两汉思想与信仰》，巴蜀书社，2013年版。

冯其庸著:《秋风集》，青岛出版社，2014年版。

冯友兰:《三松堂自序》，生活·读书·新知三联书店，2009年版。

冯友兰:《中国哲学史》，商务印书馆，2011年版。

冯天瑜:《中国文化生成史》，武汉大学出版社，2013年版。

冯永轩:《史记楚世家会注考证校补》，湖北教育出版社，1993年版。

傅乐成:《汉唐史论集》，联经出版事业公司，1977年版。

傅斯年:《傅斯年史学论著》，上海书店，2014年版。

傅亚庶撰:《孔丛子校释》，中华书局，2011年版。

高明士:《天下秩序与文化圈的探索——以东亚古代的政治与教育为中心》，上海古籍出版社，2008年版。

[宋]高似孙撰:《纬略》，中华书局，1985年版。

甘怀真:《皇权、礼仪与经典诠释——中国古代政治史研究》，华东师范大学出版社，2008 年版。

甘怀真:《秦汉的“天下”政体——以郊祀礼改革为中心》,《新史学》，2005 年第 4 期。

甘怀真:《“天下”概念成立的再探索》,《北京大学中国古文献研究中心集刊》，2010 年第 9 辑。

甘怀真编:《东亚历史上的天下与中国概念》，“国立”台湾大学出版中心，2009 年版。

[晋] 葛洪:《西京杂记》，中华书局，1985 年版。

[法] 葛兰言著，杨英译:《中国文明》，中国人民大学出版社，2012 年版。

葛晓音:《汉唐文学的嬗变》，北京大学出版社，1990 年版。

葛兆光:《众妙之门——北极、太一、太极与道》,《中国文化》，1991 年第 3 期。

《湖北萧家山战国西汉墓》,《考古与文物》，1989 年第 3 期。

葛兆光:《宅兹中国——重建有关“中国”的历史论述》，中华书局，2011 年版。

葛兆光:《中国思想史》，复旦大学出版社，1998 年版。

龚克昌:《汉赋研究》，山东文艺出版社，1990 年版。

龚克昌:《全汉赋评注》，花山文艺出版社，2003 年版。

龚友德:《滇文化之谜》，云南民族出版社，1993 年版。

[日] 工藤元男著，[日] 广濑薰雄、曹峰译:《睡虎地秦简所见秦代国家与社会》，上海古籍出版社，2010 年版。

[日] 谷川道雄著，马彪译:《中国中世社会与共同体》，中华书局，2002 年版。

[日] 谷中信一著，孙佩霞译:《先秦秦汉思想史研究》，上海古籍出版社，2015 年版。

顾颉刚:《秦汉的方士与儒生》，上海古籍出版社，2005 年版。

顾颉刚、史念海著:《中国疆域沿革史》，商务印书馆，1999 年版。

[清] 顾炎武著，[清] 黄汝成集释，栾保群、吕宗力校点:《日知录集释》，上海古籍出版社，2014 年版。

[宋] 郭茂倩:《乐府诗集》，中华书局，1979 年版。

郭沫若:《殷契粹编》，科学出版社，1965 年版。

郭绍虞辑:《宋诗话辑佚》，中华书局，1980 年版。

[法]哈布瓦赫著，毕然、郭金华译:《论集体记忆》，上海人民出版社，2002 年版。

[汉]韩婴撰，许维遹校释:《韩诗外传集释》，中华书局，1980 年版。

[唐]韩愈著，刘真伦、岳珍校注:《韩愈文集汇校笺注》，中华书局，2010 年版。

[元]郝经:《续后汉书》，商务印书馆，1958 年版。

[汉]桓谭撰，朱谦之校辑:《新辑本桓谭新论》，中华书局，2009 年版。

何建章注释:《战国策注释》，中华书局，1990 年版。

何芳川:《"华夷秩序"论》，《北京大学学报(哲学社会科学版)》，1998 年第 6 期。

[清]何焯著，崔高维点校:《义门读书记》，中华书局，1987 年版。

胡宝国:《汉唐间史学的发展》，商务印书馆，2003 年版。

湖北省人民政府文史研究馆、湖北省博物馆整理:《湖北文征》，湖北人民出版社，2014 年版。

胡鸿:《能夏则大与渐慕华风——政治体视角下的华夏与华夏化》，北京师范大学出版社，2017 年版。

胡鸿:《秦汉帝国扩张的制约因素及突破口》，《中国社会科学》，2014 年第 11 期。

胡键:《"天下"秩序——一种文化意象》，《学海》，2017 年第 4 期。

胡厚宣:《甲骨学商史丛初集》，齐鲁大学国学研究所，1944 年版。

侯文学:《甘泉赋的文化承载——兼论扬雄〈甘泉赋〉的创作背景》，《贵州社会科学》，2017 年第 7 期。

侯文学:《威权之域与首善之区——两汉散体赋都邑理念的差异》，《复旦学报(社会科学版)》，2017 年第 4 期。

侯斌英:《空间问题与文化批评——当代西方马克思主义空间理论与文化批评》，四川大学 2007 年博士学位论文。

胡朴安、闻一多、傅斯年著:《胡朴安诗经学·闻一多诗经讲义·傅斯年诗经讲义》，吉林人民出版社，2013 年版。

胡晓明:《"江南"再发现——略论中国历史与文学中的"江南认同"》，《华东师范大学学报(哲学社会科学版)》，2011 年第 2 期。

胡学常:《文学话语与权力话语——汉赋与两汉政治》，浙江人民出版社，2000年版。

黄怀信、张懋镕、田旭东撰，李学勤审定:《逸周书汇校集注》，上海古籍出版社，1995年版。

[宋]黄伯思:《宋本东观余论》，中华书局，1988年版。

黄清连主编:《台湾学者中国史研究论丛·制度与国家》，中国大百科全书出版社，2005年版。

[宋]黄庭坚著，郑永晓整理:《黄庭坚全集》，江西人民出版社，2008年版。

黄文弼:《黄文弼历史考古论集》，文物出版社，1989年版。

黄懿陆:《滇国研究》，云南美术出版社，2001年版。

[宋]黄震:《黄氏日钞》，张伟、何忠礼:《黄震全集》，浙江大学出版社，2013年版。

黄展岳:《先秦两汉考古论丛》，科学出版社，2008年版。

[宋]洪适编:《隶释·隶续》，中华书局，1986年版。

[宋]洪兴祖撰，白化文等点校:《楚辞补注》，中华书局，1983年版。

纪晓建:《汉代楚辞学研究》，苏州大学2014年博士学位论文。

[汉]贾谊撰，阎振益、钟夏校注:《新书校注》，中华书局，2000年版。

蒋炳钊:《“越为禹后”说质疑——兼论越族的来源》，《民族研究》，1981年第3期。

蒋大沂:《保卣铭考释》，《中华文史论丛》，1964年第5辑。

金发根:《中国古代地域观念之转变》，兰台出版社，2014年版。

金其祯:《秦始皇刻石探疑》，《北京大学学报(哲学社会科学版)》，2001年第6期。

[日]金子修一著，肖圣中、吴思思、王曹杰译:《古代中国与皇帝祭祀》，复旦大学出版社，2017年版。

荆门市博物馆:《郭店楚墓竹简》，文物出版社，1988年版。

[美]柯马丁著，刘倩译:《秦始皇石刻——早期中国的文本与仪式》，上海古籍出版社，2015年版。

[美]克利福德·格尔茨著，韩莉译:《文化的解释》，译林出版社，1999年版。

[美]克利福德·吉尔兹著，王海龙、张家宣译:《地方性知识——阐释人类学论文集》，中央编译出版社，2000年版。

劳干:《论汉代的内朝与外朝》,《“中央研究院”历史语言研究所集刊》,1948 年第 13 册。

劳干:《古代中国的历史与文化》,中华书局,2006 年版。

雷戈:《秦汉之际的政治思想与皇权主义》,上海古籍出版社,2006 版。

雷戈:《道术为天子合——后战国思想史论》,河北大学出版社,2008 年版。

雷闻:《郊庙之外——隋唐国家祭祀与宗教》,生活·读书·新知三联书店,2009 年版。

冷德熙:《超越神话——纬书政治神话研究》,东方出版社,1996 年版。

黎虎:《汉代外交体制研究》,商务印书馆,2013 年版。

黎翔凤撰,梁运华整理:《管子校注》,中华书局,2004 年版。

《礼记正义》,清嘉庆本《十三经注疏》,中华书局,2009 年版。

李步嘉撰:《越绝书校释》,武汉大学出版社,1992 年版。

李诚:《汉人拟楚辞入选〈楚辞〉探由》,《文学遗产》,2006 年第 2 期。

李丰楙、刘苑如主编:《空间、地域与文化——中国文化空间的书写与阐释》,“中央研究院”中国文哲研究所,2002 年版。

[唐]李贺著,[清]王琦等注:《李贺诗歌集注》,上海古籍出版社,1978 年版。

李剑农:《先秦两汉经济史稿》,生活·读书·新知三联书店,1957 年版。

李零:《中国方术考》(修订本),东方出版社,2001 年版。

李零:《中国方术续考》,东方出版社,2001 年版。

李开元:《汉帝国的建立与刘邦集团——军功收益阶层研究》,生活·读书·新知三联书店,2000 年版。

李昆声:《云南考古材料所见百越文化考》,《云南考古》,1983 年第 14 期。

李清凌:《畤文化考论》,《西北师大学报(社会科学版)》,2004 年第 5 期。

李申:《关于儒教的几个问题》,《世界宗教研究》,1995 年第 2 期。

李宪堂:《九州、五岳与五服——战国人关于天下秩序的规划与设想》,《齐鲁学刊》,2013 年第 5 期。

李宪堂:《“天下观”的逻辑起点与历史生成》,《学术月刊》,2012 年第 10 期。

李修生主编:《全元文》,凤凰出版社,2004 年版。

[唐]李延寿撰:《南史》,中华书局,1975 年版。

李扬帆：《涌动的天下——中国世界观变迁史论（1500—1911）》，知识产权出版社，2012年版。

李泽厚：《秦汉思想简议》，《中国社会科学》，1984年第2期。

廖伯源：《制度与政治——政治制度与西汉后期之政局变化》，中华书局，2017年版。

梁二平：《谁在世界的中央——古代中国的天下观》，花城出版社，2010年版。

梁启超：《先秦政治思想史》，东方出版社，1996年版。

梁治平：《"天下"的观念——从古代到现代》，《清华法学》，2016年第5期。

梁涛：《20世纪以来〈左传〉〈国语〉成书、作者及性质的讨论》，《邯郸学院学报》2005年第4期。

凌纯声：《中国古代海洋文化与亚洲地中海》，《海外杂志》，1954年第3卷第10期。

林贞爱：《扬雄集校注》，四川大学出版社，2001年版。

[唐]令狐德棻：《周书》，中华书局，1971年版。

[汉]刘安编撰，何宁集释：《淮南子集释》，中华书局，1998年版。

刘岱总主编：《根源篇——永恒的巨流》，生活·读书·新知三联书店，1991年版。

刘俊文主编：《日本学者研究中国史论著选译》，中华书局，1993年版。

刘丽文：《清华简〈周公之琴舞〉与孔子删〈诗〉说》，《文学遗产》，2014年第5期。

刘敏：《论"编户齐民"的形成及其内涵演化——兼论秦汉时期"编户齐民"与"吏民"关系》，《天津社会科学》，2009年第3期。

刘庆柱辑注：《三秦记辑注·关中记辑注》，三秦出版社，2006年版。

[汉]刘熙撰，[清]毕沅疏证，[清]王先谦补，祝敏彻、孙玉文点校：《释名疏证补》，中华书局，2008年版。

刘晓达：《秦始皇至汉武帝时代对"天下"观念的视觉艺术形塑》，中央美术学院2013年博士学位论文。

[汉]刘向撰，向宗鲁校证：《说苑校证》，中华书局，1987年版。

[南朝梁]刘勰著，周振甫注：《文心雕龙注释》，人民文学出版社，1981年版。

[南朝宋]刘义庆著，徐震堮校笺:《世说新语校笺》，中华书局，1984年版。

[澳大利亚]刘易斯著，郭镇之等译:《文化研究基础理论》，清华大学出版社，2012年版。

刘跃进:《有关唐前文献研究的几个理论问题》,《深圳大学学报(人文社会科学版)》，2016年第6期。

刘跃进:《中国早期文献稳定性与可信度的矛盾问题》,《复旦学报(社会科学版)》，2016年第1期。

刘再聪:《畤祭与秦人“天下共主”意念的萌芽》,《青海社会科学》2009年第2期。

[汉]刘珍撰，吴树平校注:《东观汉记校注》，中华书局，2008年版。

刘泽华:《中国的王权主义——传统社会与思想特点考察》，上海人民出版社，2000年版。

[北齐]刘昼著，傅亚庶校释:《刘子校释》，中华书局，1998年版。

刘宗迪:《失落的天书——〈山海经〉与古代华夏世界观》，商务印书馆，2006版。

柳岳武:《“一统”与“统一”——试论中国传统“华夷”观念之演变》,《江淮论坛》，2008年第3期。

龙文玲:《扬雄〈甘泉赋〉作年考辨》,《首都师范大学学报(社会科学版)》，2016年第5期。

[宋]娄机编:《汉隶字源》,《原国立北平图书馆甲库善本丛书》(第37册)，国家图书馆出版社，2013年版。

[秦]吕不韦编，许维遹集释，梁运华整理:《吕氏春秋集释》，中华书局，2009年版。

[宋]吕大临撰，陈俊民辑校:《蓝田吕氏遗著辑校》，中华书局，1993年版。

吕文利:《中国古代天下观的意识形态建构及其制度实践》,《中国边疆史地研究》，2013年第3期。

吕思勉:《读史札记》，上海古籍出版社，2016年版。

吕思勉:《秦汉史》，中国友谊出版公司，2009年版。

吕思勉:《先秦学术概论》，东方出版中心，2008年版。

吕宗力:《汉代的谣言》，浙江大学出版社，2011年版。

《论语注疏》，清嘉庆本《十三经注疏》，中华书局，2009 年版。

[汉] 陆贾著，王利器校注：《新语校注》，中华书局，1986 年版。

[英] 鲁惟一著，王浩译：《汉代的信仰、神话和理性》，北京大学出版社，2009 年版。

鲁迅：《汉文学史纲要》，译林出版社，2014 年版。

[清] 陆棻：《历朝赋格》，《四库全书存目丛书》本。

陆侃如：《中古文学系年》，人民文学出版社，1985 年版。

[晋] 陆云：《陆云集》，中华书局，1988 年版。

[明] 陆时雍：《楚辞疏》，《续修四库全书》本，上海古籍出版社，2002 年版。

逯钦立辑：《先秦汉魏晋南北朝诗》，中华书局，1983 年版。

逯耀东：《抑郁与超越——司马迁与汉武帝时代》，三联书店，2008 年版。

罗新：《王化与山险——中古早期南方诸蛮历史命运之概观》，《历史研究》，2009 年第 2 期。

罗志田：《夷夏之辨的开放与封闭》，《中国文化》，1996 年第 2 期。

罗志田：《民族主义与近代中国思想》，东大图书公司，1998 年版。

卢向国：《中国传统政治文化研究》，中共中央党校出版社，2004 年版。

《毛诗正义》，清嘉庆本《十三经注疏》，中华书局，2009 年版。

马长寿：《北狄与匈奴》，生活·读书·新知三联书店，1962 年版。

马承源：《何尊铭文初释》，《文物》，1976 年 1 期。

马积高：《赋史》，上海古籍出版社，1987 年版。

马积高总主编：《历代辞赋总汇》(先秦汉魏晋南北朝卷)，湖南文艺出版社，2014 年版。

马敏：《政治仪式——对帝制中国政治的解读》，《社会科学论坛》，2003 年第 4 期。

马正学：《宣情寄志，联类己身——两汉骚体赋与文人不遇心态》，《甘肃社会科学》，1996 年第 1 期。

[美] 曼纽尔·卡斯特著，夏铸九、王志弘等译：《网络社会的崛起》，社会科学文献出版社，2001 年版。

[美] 曼纽尔·卡斯特著，周凯译：《网络社会——跨文化的视角》，社会科学文献出版社，2009 年版。

[美] 米尔恰·伊利亚德著，杨儒宾译：《宇宙与历史——永恒回归的神

话》，联经出版事业公司，2000年版。

[法]米歇尔·福柯著，刘北成、杨远婴译：《规训与惩罚——监狱的诞生》，生活·读书·新知三联书店，2003年版。

[宋]欧阳修、宋祁撰：《新唐书》，中华书局，1975年版。

[唐]欧阳询撰，汪绍楹校：《艺文类聚》，中华书局，1965年版。

[元]欧阳玄著，汤锐注解：《欧阳玄全集》，四川大学出版社，2010年版。

彭卫：《论汉代的血族复仇》，《河南大学学报（哲学社会科学版）》，1986年第4期。

彭宗超、陶鹏等著：《中国应急管理研究报告·2012—2013·应急准备文化建设》，清华大学出版社，2014年版。

[法]皮埃尔·布尔迪厄著，刘晖译：《区分：判断力的社会批判》，商务印书馆，2015年版。

[清]皮锡瑞著，周予同注释：《经学历史》，中华书局，2004年版。

蒲慕州：《追寻一己之福——中国古代的信仰世界》，上海古籍出版社，2007年版。

齐光：《孙吴兵法注释》，北京古籍出版社，1988年版。

钱穆：《国史大纲》（修订本），商务印书馆，1996年版。

钱穆：《两汉经学今古文平议》，商务印书馆，2001年版。

钱穆：《先秦诸子系年》，商务印书馆，2005年版。

钱穆：《中国历史研究法》，生活·读书·新知三联书店，2001年版。

钱穆：《中国文化史导论》（修订本），商务印书馆，1994年版。

钱志熙：《"鸿都门学"事件考论——从文学与儒学关系、选举及汉末政治等方面着眼》，《北京大学学报（哲学社会科学版）》，2008年第1期。

[清]秦蕙田：《五礼通考》，文渊阁《四库全书》本，上海古籍出版社，1987年版。

[明]丘濬著，蓝田玉等校点：《大学衍义补》，中州古籍出版社，1995年版。

[美]瞿同祖著，邱立波译：《汉代社会结构》，上海人民出版社，2007年版。

任剑涛：《道德与中国传统政治的合法性》，《华中师范大学学报（人文社会科学版）》，2005年第1期。

山东省邹城市地方史志编纂委员会编：《邹城市志》，中国经济出版社，

1995年版。

《尚书正义》，清嘉庆本《十三经注疏》，中华书局，2009年版。

邵杰：《〈楚辞〉编纂体例“经传说”析论》，《中国诗歌研究》，2012年第9辑。

沈松侨：《“我以我血荐轩辕”——黄帝神话与晚清的国族建构》，《台湾社会研究季刊》，1997年第28期。

盛树屏：《从接受美学角度看屈骚、楚辞在汉初的流传》，《安庆师范学院学报（社会科学版）》，2002年第2期。

睡虎地秦墓竹简整理小组：《睡虎地秦墓竹简》，文物出版社，1978年版。

《史林挥麈：纪念方诗铭先生学术论文集》，上海古籍出版社，2015年版。

[宋]司马光编著，[元]胡三省点校：《资治通鉴》，中华书局，1956年版。

[汉]司马迁：《史记》，中华书局，1959年版。

四川大学古籍整理研究所编，曾枣庄、刘琳主编：《全宋文》，巴蜀书社，1990年版。

苏秉琦：《关于考古学文化的区系类型问题》，《文物》，1981年第5期。

[宋]苏轼著，茅维编，孔凡礼点校：《苏轼文集》，中华书局，1986年版。

[美]孙康宜、[美]宇文所安主编，刘倩等译：《剑桥中国文学史》（上卷），生活·读书·新知三联书店，2013年版。

孙少华：《周秦汉唐经典文本的“记录传统”与“诠释义法”》，《复旦学报（社会科学版）》，2016年第1期。

孙少华：《从“西北来”到“东南飞”——〈艳歌何尝行〉、〈孔雀东南飞〉的文本流变与文化意蕴》，《中南民族大学学报（人文社会科学版）》，2016年第3期。

孙卫国：《传说、历史与认同——檀君朝鲜与箕子朝鲜历史之塑造与演变》，《复旦学报（社会科学版）》，2008年第5期。

[清]孙星衍等辑，周天游点校：《汉官六种·汉官仪》，中华书局，1990年版。

[清]孙诒让撰，孙启治点校：《墨子间诂》，中华书局，2001年版。

[明]宋濂撰：《元史》，中华书局，1976年版。

谭其骧主编：《中国历史地图集》，中国地图出版社，1982年版。

汤炳正：《〈楚辞〉编纂者及其成书年代的探索》，《江汉学报》，1963年第10期。

汤晓芳编:《蒙古族族源研究论文选集》，内蒙古社会科学院，1985 年版。

唐长孺:《魏晋南北朝史论丛》，武汉大学出版社，2013 年版。

唐晓峰:《从混沌到秩序——中国上古地理思想史述论》，中华书局，2010 年版。

陶东风、金元浦、高丙中编:《文化研究（第四辑）》，中央编译出版社，2003 年版。

田天:《西汉太一祭祀研究》，《史学月刊》，2014 年第 4 期。

田天:《秦汉国家祭祀史稿》，生活·读书·新知三联书店，2015 年版。

田晓菲:《烽火与流星——萧梁王朝的文学与文化》，中华书局，2010 年版。

田余庆:《秦汉魏晋史探微》（重订本），中华书局，2004 年版。

万仕国辑校:《仪征刘申叔遗书》，广陵书社，2014 年版。

汪春泓:《〈汉书·朱买臣传〉笺注》，《文学评论》，2011 年第 5 期。

汪高鑫:《汉代民族关系与夷夏之辨》，《人文杂志》，2011 年第 2 期。

汪高鑫:《论汉代公羊学的夷夏之辨》，《南开学报》，2006 年第 1 期。

汪高鑫:《司马迁与董仲舒“大一统”思想不一致论》，《史学理论与史学史学刊》，2012 年版。

汪篯:《汉唐史论稿》，北京大学出版社，1992 年版。

王爱和著，[美]金蕾、[美]徐峰译:《中国古代宇宙观与政治文化》，上海古籍出版社，2011 年版。

王柏中:《神灵世界：秩序的建构与仪式的象征——两汉国家祭祀制度研究》，民族出版社，2005 年版。

[汉]王充著，黄晖撰:《论衡校释》，中华书局，1990 年版。

王德华:《东汉前期赋颂二体的互渗与散体大赋的走向》，《文学遗产》，2004 年第 4 期。

王德华:《汉武帝时代两越西南夷开发之争及文章创作中的文化地理观》，《安徽大学学报（哲学社会科学版）》，2013 年第 3 期。

王德华:《屈原〈远游〉的空间书写与精神指向》，《文学遗产》，2014 年第 2 期。

王德华:《〈诗经〉中的“南土”诗歌与毛传郑笺的文化指向》，《浙江大学学报（人文社会科学版）》，2011 年第 4 期。

王德华:《唐前南北文学地理研究的历史演进与思考》，《中文学术前沿》，2015 年第 2 期。

王德华：《扬雄赋论准则及其大赋创作模式》，《浙江师范大学学报（社会科学版）》，2011 年第 4 期。

王德华：《主文谲谏，以颂为讽——扬雄〈甘泉赋〉〈羽猎赋〉〈长杨赋〉解读》，《古典文学知识》，2010 年第 1 期。

王德华：《左思〈三都赋〉邺都的选择与描写——兼论“洛阳纸贵”的历史与政治背景》，《浙江大学学报（人文社会科学版）》，2013 年第 4 期。

王德华、宋雪玲：《司马相如〈难蜀父老〉新论》，《四川师范大学学报（社会科学版）》，2012 年第 4 期。

王德华：《屈骚精神及其文化背景研究》，中华书局，2004 年版。

王德华：《唐前辞赋类型化特征的文体思考》，浙江大学出版社，2011 年版。

王谔：《〈礼记·曲礼〉成篇年代考》，《南京师范大学文学院学报》，2006 年第 3 期。

王锷：《清代〈王制〉研究及其成篇年代考》，《古籍整理研究学刊》，2006 年第 1 期。

[清] 王夫之：《读通鉴论》，中华书局，1975 年版。

[清] 王夫之：《楚辞通释》，上海人民出版社，1975 年版。

[汉] 王符撰，[清] 汪继培笺，彭铎校正：《潜夫论笺校正》，中华书局，1985 年版。

王冠辑：《赋话广聚》，北京图书馆出版社，2006 年版。

王国维：《观堂集林》（外二种），河北教育出版社，2003 年版。

王利器校注：《盐铁论》，中华书局，1992 年版。

王健文：《帝国秩序与族群想象——帝制中国初期的华夏意识》，《新史学》，2005 年第 4 期。

王健文：《奉天承运——古代中国的“国家”概念及其正当性基础》，东大图书公司，1995 年版。

[南朝梁] 王筠撰，黄大宏校注：《王筠集校注》，中华书局，2013 年版。

王明珂：《华夏边缘——历史记忆与族群认同》，允晨文化，1997 年版。

王明珂：《羌在汉藏之间——川西羌族的历史人类学研究》，中华书局，2008 年版。

王明珂：《英雄祖先与弟兄民族——根基历史的文本与情境》，中华书局，2009 年版。

王青：《扬雄评传》，南京大学出版社，2000 年版。

王泉伟：《构想天下秩序——汉代中国的对外战略》，《外交评论（外交学院学报）》，2016 年第 3 期。

[清] 王先谦撰，沈啸寰点校：《庄子集解》，中华书局，1987 年版。

[清] 王先谦撰，沈啸寰、王星贤点校：《荀子集解》，中华书局，1988 年版。

[清] 王先谦著，吴格点校：《诗三家义集疏》，中华书局，1987 年版。

[清] 王先慎撰，钟哲点校：《韩非子集解》，中华书局，1998 年版。

王小红，何新华著：《天下体系——一种建构世界秩序的中国经验》，光明日报出版社，2014 年版。

王兴国：《贾谊评传》，南京大学出版社，1992 年版。

王永祥：《董仲舒评传》，南京大学出版社，1995 年版。

王永平：《从“天下”到“世界”——汉代中国对世界的探索与认知》，《全球史评论》，2012 年刊。

[宋] 王应麟撰，武秀成、赵庶洋校证：《玉海艺文校证》，凤凰出版社，2013 年版。

王玉哲：《殷商疆域史中的一个重要问题——“点”和“面”的概念》，《郑州大学学报（哲学社会科学版）》，1982 年 2 期。

王元化主编：《释中国》，上海文艺出版社，1998 年版。

王子今：《秦汉边疆与民族问题》，中国人民大学出版社，2011 年版。

王震中：《从复合制国家结构看华夏民族的形成》，《中国社会科学》，2013 年第 10 期。

[日] 尾形勇著，张鹤泉译：《中国古代的“家”与国家》，中华书局，2010 年版。

[唐] 魏征等撰：《隋书》，中华书局，1973 年版。

[北齐] 魏收：《魏书》，中华书局，1974 年版。

[宋] 卫湜撰：《中庸集说》，漓江出版社，2011 年版。

[美] 巫鸿著，郑岩、王睿等编译：《礼仪中的美术——巫鸿中国古代美术史文编》，生活·读书·新知三联书店，2005 年版。

吴慧：《李商隐诗要注新笺》，方志出版社，2010 年版。

吴文治主编：《明诗话全编》，江苏古籍出版社，1997 年版。

吴晓明:《多维视野中的后真相时代——问题与对策》,《探索与争鸣》,2017 年第 4 期。

吴在庆:《杜牧集系年校注》，中华书局，2008 年版。

吴展良编:《东亚近世世界观的形成》,“国立”台湾大学出版中心，2007 版。

[日]西嶋定生著，武尚清译:《中国古代帝国的形成与结构》，中华书局，2004 年版。

[日]西嶋定生著，顾珊珊译:《秦汉帝国——中国古代帝国之兴亡》，社会科学文献出版社，2017 年版。

[美]夏含夷著，周博群等译:《重写中国古代文献》，上海古籍出版社，2012 年版。

夏铸九、王志宏编译:《空间的文化形式与社会理论读本》，明文书局，2004 年版。

萧公权:《中国政治思想史》，辽宁教育出版社，1998 年版。

[南朝梁]萧统编，[唐]李善注:《文选》，上海古籍出版社，1986 年版。

[南朝梁]萧统编，[唐]吕延济、刘良、张铣、吕向、李周翰、李善注，俞绍初、刘群栋、王翠红点校:《新校订六家注文选》，郑州大学出版社，2013 年版。

《孝经注疏》，清嘉庆本《十三经注疏》，中华书局，2009 年版。

辛更儒笺校:《杨万里集笺校》，中华书局，2007 年版。

辛土成、严晓辉:《于越族源探索》,《厦门大学学报(哲学社会科学版)》，1984 年第 3 期。

邢义田:《秦汉史论稿》，东大图书股份有限公司，1987 年版。

邢义田:《地不爱宝——汉代的简椟》，中华书局，2011 年版。

邢义田:《画为心声——画像石、画像砖与壁画》，中华书局，2011 年版。

邢义田:《天下一家——皇帝、官僚与社会》，中华书局，2011 年版。

邢义田:《治国安邦——法制、行政与军事》，中华书局，2011 年版。

熊铁基:《熊铁基学术论著选》，华中师范大学出版社，2012 年版。

熊良智:《扬雄“四赋”时年考》,《四川师范大学学报(社会科学版)》，2005 年第 3 期。

熊伟业:《〈难蜀父老〉的双重主题》,《文艺评论》，2011 年第 8 期。

《匈奴论文选集》，蒙古语言文学历史研究所历史研究室，1977 年版。

徐冲：《中古时代的历史书写与皇帝权力起源》，上海古籍出版社，2012年版。

徐复观：《两汉思想史》，华东师范大学出版社，2001年版。

徐复观：《论文学》，九州出版社，2014年版。

徐复观：《中国艺术精神》，商务印书馆，2010年版。

[唐]徐坚等著：《初学记》，中华书局，1962年版。

徐建委：《史料来源与周秦汉文学研究之关系》，《学术论坛》，2012年第3期。

许结：《汉赋祀典与帝国宗教》，《南京大学学报（哲学·人文科学·社会科学）》，2004年第4期。

[宋]徐天麟：《西汉会要》，上海人民出版社，1977年版。

[宋]徐天麟：《东汉会要》，上海古籍出版社，1978年版。

徐兴无：《谶纬文献与汉代文化构建》，中华书局，2003年版。

徐兴无：《刘向评传》，南京大学出版社，2005年版。

徐兴无：《新古典新义》，学生书局，2001年版。

徐旭生：《中国古史的传说时代》，文物出版社，1985年版。

徐中舒：《先秦史十讲》，中华书局，2009年版。

徐志啸：《历代赋论辑要》，复旦大学出版社，1991年版。

徐宗元辑：《帝王世纪辑存》，中华书局，1964年版。

许倬云：《求古编》，联经出版事业公司，1982年版。

许结：《赋体文学的文化阐释》，中华书局，2005年版。

许结：《赋学讲演录》，北京大学出版社，2009年版。

许进雄：《中国古代社会——文字与人类学的透视》，台湾商务印书馆有限股份公司，1988年版。

[汉]荀悦：《汉纪》，中华书局，2002年版。

严耕望：《严耕望史学论文选集》，中华书局，2006年版。

严耕望：《中国地方行政制度史》甲部《秦汉地方行政制度》，“中央研究院”历史语言研究所，1990年版。

[清]严可均编：《全上古三代秦汉三国六朝文》，中华书局，1958年版。

阎步克：《察举制度变迁史稿》，中国人民大学出版社，2009年版。

阎步克：《士大夫政治演生史稿》，北京大学出版社，1996年版。

阎步克：《乐师与史官——传统政治文化与政治制度论集》，生活·读书·

新知三联书店，2001 年版。

[北齐]颜之推撰，王利器撰：《颜氏家训集解》(增补本)，中华书局，1993 年版。

[德]扬·阿斯曼著，金寿福、杨晓晨等译：《文化记忆——早期高级文化中的文字、回忆和政治身份》，北京大学出版社，2015 年版。

杨伯峻撰：《列子集释》，中华书局，1979 年版。

杨鸠霞：《安徽霍山县西汉木椁墓》，《文物》，1991 年第 9 期。

杨鸠霞：《安徽潜山彭岭战国西汉墓》，《考古学报》，2006 年第 2 期。

杨联陞：《国史探微》，新星出版社，2005 年版。

杨向奎：《中国古代社会与古代思想研究》，上海人民出版社，1962 年版。

[汉]扬雄撰，汪荣宝注疏，陈仲夫点校：《法言义疏》，中华书局，1987 年版。

杨英：《祈望和谐——周秦两汉王朝祭礼的演进及其规律》，商务印书馆，2009 年版。

[宋]叶适：《习学记言序目》，中华书局，1977 年版。

姚生民：《甘泉宫志》，三秦出版社，2003 年版。

宜昌地区博物馆：《湖北肖家山战国西汉墓》，《考古与文物》1989 年第 3 期。

易小平：《关于扬雄四赋作年的两个问题》，《古籍整理研究学刊》，2010 年第 6 期。

[汉]应劭撰，王利器校注：《风俗通义校注》，中华书局，1981 年版。

[德]尤尔根·哈贝马斯著，刘北成、曹卫东译：《合法性危机》，上海人民出版社，2000 年版。

[以色列]尤锐著，孙英刚译：《展望永恒帝国——战国时代的中国政治思想》，上海古籍出版社，2013 年版。

[清]永瑢等撰：《四库全书总目》，中华书局，1965 年版。

于逢春：《华夷衍变与大一统思想框架的构筑——以〈史记〉有关记述为中心》，《中国边疆史地研究》，2007 年第 2 期。

于逢春：《疆域视域中"中国"与"天下"、"中原王朝"与"中央政权"之影像》，《云南师范大学学报》，2010 年第 1 期。

于赓哲：《恶名之辨——对中古南方风土史研究的回顾与展望》，《南京大学学报·哲学人文社会科学版》，2012 年第 5 期。

[唐]虞世南编撰:《北堂书钞》,中国书店,1989年版。

游国恩:《屈原》,胜利出版公司,1946年版。

游逸飞:《四方、天下、郡国——周、秦、汉天下观的变革与发展》,台湾大学2009年硕士学位论文。

俞伟超:《先秦两汉考古学论集》,文物出版社,1985年版。

余英时:《汉代贸易与扩张》,上海古籍出版社,2005年版。

余英时:《论天人之际——中国古代思想起源试探》,联经出版事业股份有限公司,2014年版。

余英时:《士与中国文化》,上海人民出版社,1987年版。

于迎春:《汉代文人与文学观念的演进》,东方出版社,1997版。

[晋]袁宏撰,张烈点校:《后汉纪》,中华书局,2002年版。

查屏球:《从游士到儒士——汉唐士风与文风论稿》,复旦大学出版社,2005年版。

詹鄞鑫:《神灵与祭祀——中国传统宗教综论》,江苏古籍出版社,1992年版。

张大可:《司马迁评传》,南京大学出版社,1994年版。

张大可、丁德科主编:《史记集评》,商务印书馆,2015年版。

张大可、丁德科主编:《史记通解》,商务印书馆,2015年版。

张大可、丁德科主编:《史记人物与事件》,商务印书馆,2015年版。

张岱年主编:《戴震全书》,黄山书社,1994年版。

张光直著,明歌编译:《宗教祭祀与王权》,《华夏考古》,1996年第3期。

张光直:《考古学专题六讲》,文物出版社,1986年版。

张光直:《中国青铜时代》,生活·读书·新知三联书店,1999年版。

张光直著,郭净译:《美术、神话与祭祀》,生活·读书·新知三联书店,2013年版。

张鹤泉:《周代郊天之祭初探》,《史学集刊》,1990年第1期。

张荣明:《中国的国教——从上古到东汉》,中国社会科学出版社,2001年版。

张烁著:《中国传统合法性话语的文化研究》,武汉大学出版社,2014年版。

张文:《论古代中国的国家观与天下观——边境与边界形成的历史坐标》,《中国边疆史地研究》,2007年第3期。

张新科:《大一统——〈史记〉十表的共同主题》,《学术月刊》,2003年第 6 期。

张星久:《政治情境中的“华夷之辨”——秦汉以后“华夷之辨”的历史语境与意义生成》,《武汉大学学报(哲学社会科学版)》,2015 年第 5 期。

张增祺:《中国西南民族考古》,云南人民出版社,1990 年版。

张正明:《张正明学术文集》,湖北长江出版集团,2007 年版。

章培恒:《从〈诗经〉与〈楚辞〉看我国南北文学的差别》,《中国文化》,1989 年第 1 期。

[宋]章樵注:《古文苑》,中华书局,1985 年版。

赵化成、高崇文:《秦汉考古》,文物出版社,2002 年版。

赵敏俐:《读书仕进与精思著文——论汉代官僚士大夫与文人文学之关系》,《文学遗产》,2013 年第 3 期。

赵敏俐:《汉代骚体抒情诗主题与文人心态——兼论骚体赋的意义及其在文学史中的位置》,《中国文化研究》,2010 年第 2 期。

赵敏俐:《如何认识先秦文献的汉代传承及其价值》,《中国高校社会科学》,2017 年第 3 期。

赵敏俐:《中国早期书写的三种形态》,《中国社会科学》,2018 年第 2 期。

赵敏俐:《两汉诗歌研究》,商务印书馆,2011 年版。

赵敏俐:《周汉诗歌综论》,学苑出版社,2002 年版。

赵萍主编:《声律启蒙》,吉林大学出版社,2010 年版。

赵汀阳:《“天下体系”——帝国与世界制度》,《世界哲学》,2003 年第 5 期。

赵汀阳:《天下体系的一个简要表述》,《世界经济与政治》,2008 年第 10 期。

赵汀阳:《没有世界观的世界》,中国人民大学出版社,2003 年版。

赵汀阳:《天下体系——世界制度哲学导论》,江苏教育出版社,2005 年版。

[清]赵翼著,王树民校正:《廿二史札记校证》,中华书局,1984 年版。

赵毅衡:《仪式的黄昏——以白先勇的怀旧小说为例》,《当代文坛》,2016 年第 4 期。

[元]赵悳:《诗辨说》,《丛书集成初编》本,商务印书馆,1937 年版。

[汉]郑玄:《周礼郑氏注》(附札记),中华书局,1985 年版。

郑毓瑜:《性别与家国——汉晋辞赋的楚骚论述》,三联书店,2006 年版。

郑志强、周颖:《〈周南〉〈召南〉之“南”正义——兼论二〈南〉与“楚风”的关系》,《中州学刊》,2004 年第 6 期。

中国秦汉史研究会编:《秦汉史论丛》(第九辑),三秦出版社,2004 年版。

中国秦汉史研究会编:《秦汉史研究译文集》(第一辑),1983 年版。

中国社会科学院考古研究所编著:《中国考古学·秦汉卷》,中国社会科学出版社,2010 年版。

《中国中古史研究:中国中古史青年学者联谊会会刊》(第 2 集),中华书局,2011 年版。

[南朝梁]钟嵘著,王叔岷笺证:《钟嵘诗品笺证稿》,中华书局,2007 年版。

钟肇鹏:《谶纬论略》,辽宁教育出版社,1991 年版。

周长山:《汉代地方政治史论》,中国社会科学出版社,2006 年版。

周良霄:《皇帝与皇权》,上海古籍出版社,1999 年版。

周计武、周雪娉译:《艺术与社会理论——美学中的社会学论争》,南京大学出版社,2010 年版。

周苇风:《〈楚辞〉编纂体例探微》,《文学遗产》,2006 年第 5 期。

周宏伟:《西周都城诸问题试解》,《中国历史地理论丛》,2014 年第 1 期。

《周礼注疏》,清嘉庆本《十三经注疏》,中华书局,2009 年版。

周振鹤:《中国历史文化区域研究》,复旦大学出版社,1997 年版。

周振鹤:《中国历代行政区划的变迁》,商务印书馆,1998 年版。

[清]朱嘉征:《乐府广序》,康熙清远堂刻本。

朱杰人等主编:《朱子全书》,上海古籍出版社与安徽教育出版社,2002 年版。

朱立元主编:《当代西方文艺理论》(增补版),华东师范大学出版社,2005 年版。

[宋]朱熹:《楚辞集注》,上海古籍出版社,1979 年版。

[宋]朱熹:《四书章句集注》,中华书局,1983 年版。

朱谦之撰:《老子校释》,中华书局,1984 年版。

朱自清等编:《闻一多全集(三)杂文》,开明书店,1948 年版。

[春秋]左丘明撰,徐元诰集解:《国语集解》,中华书局,2002 年版。

[日]佐竹靖彦主编:《殷周秦汉史学的基本问题》,中华书局,2008 年版。

《日本中国史研究年刊》刊行会:《日本中国史研究年刊(2006 年度)》,上海古籍出版社,2008 年版。

致　谢

博士生涯即将结束，记忆已然晦涩婆娑。也许若干年后，记忆的浪漫谎言会消融文字的黑白真实，顺势而变的诉求则遮掩着淡而寡味的心绪。这段朦胧的岁月会被雕刻成奋发刻苦或是怡然自得，便交由时光来解答了。

二十多年赓续不绝的书山路，嵩目之间犹有蓬心，砥砺之时仍觉困惑。勿固勿必，何必河鲂之鱼？大化流行，更觉正信无益。天地逆旅，素履难往；光阴过客，一苇不航；此心不静，难得光明。

负笈四年，王师德华循循善诱，不但有学术能力的训练与培养，更有高洁人格的熏陶与感化。在王师的严格指导下，这篇论文勉强完成了。天下秩序是一个很宏大的论题，王师建议我从南北文化的视野来观照这个命题。虽已指出明路，但写作之时深觉才识不足，常有力不从心之感，因此论文整体比较粗糙，瑕疵还有很多。

读博期间，同门葛师兄亚杰的肃正，冀师姐虹雁的飘逸，黄君淑仪的娴静，李师弟凯的坚毅，印师弟志远的淡泊，孙师弟正亚的周密，吴师弟志刚的激情，让我仰慕不已。同届项君鸿强的通达，韩君辰的渊博，汪君妍青的洒脱，屈君玉丽的细致，令我深感佩服。旧友上官师兄、谢君桂芳、肖君佳佳的扶持与鼓励，硕士导师张靖龙老师的教导与帮助，以及父母和胡君芬对我的理解与支持，让我感谢不已。

流年不再，待到他年，不知诸君可否与我再赏此钱塘光景？

致谢

[illegible]